高等职业教育创新创业课程系列教材

创业与创新实务

主　编　王　鑫　高炳易　盛　强
副主编　陈永华　王　攀　苏　洪

北京理工大学出版社
BEIJING INSTITUTE OF TECHNOLOGY PRESS

版权专有　侵权必究

图书在版编目（CIP）数据

创业与创新实务 / 王鑫，高炳易，盛强主编 . —北京：北京理工大学出版社，2023.8重印

ISBN 978 – 7 – 5682 – 3588 – 4

Ⅰ．①创…　Ⅱ．①王…②高…③盛…　Ⅲ．①企业管理 – 高等学校 – 教材　Ⅳ．①F272

中国版本图书馆 CIP 数据核字（2016）第 323688 号

出版发行 /	北京理工大学出版社有限责任公司
社　　址 /	北京市海淀区中关村南大街 5 号
邮　　编 /	100081
电　　话 /	（010）68914775（总编室）
	（010）82562903（教材售后服务热线）
	（010）68944723（其他图书服务热线）
网　　址 /	http：//www.bitpress.com.cn
经　　销 /	全国各地新华书店
印　　刷 /	北京虎彩文化传播有限公司
开　　本 /	787 毫米 × 1092 毫米　1/16
印　　张 /	15
字　　数 /	352 千字
版　　次 /	2023 年 8 月第 1 版第 5 次印刷
定　　价 /	39.00 元

责任编辑 /	李玉昌
文案编辑 /	李玉昌
责任校对 /	周瑞红
责任印制 /	李志强

图书出现印装质量问题，请拨打售后服务热线，本社负责调换

前 言

大学教育对大学生的未来发展十分关键,而近年来随着大学毕业生人数大幅度增加,大学生们都在主动思考:"我来大学干什么,对自己的未来是否有清醒的认识和把握,如何正确而有效地选择人生道路。"通过学习"创业与创新"这门课程,能更好地帮助大学生们回答这些问题。大学生自主创业就是其中非常重要的一部分。

完成学业、探索职业、成功就业、自主创业是生涯的四个重要阶段。大学生作为国家最宝贵的人力资源,他们的人生发展和职业生涯成熟事关国家发展大计。高职和大专学生作为大学生半壁江山,随着我国对一线实用型人才的大量需求,愈来愈得到社会的欢迎和重视。作为全国高校创业指导课程,在编写的过程中,本教材遵循"贴近实际、注重实用、注重实效、有所创新"的基本思路,内容选取多来自平时学生的困惑与疑问,案例和数据出自近年文献或经典著作,力求体现实用性、时代性和可持续性。本教材由来自一线的任课教师编写而成,可作为高等院校"创业与创新"课程的教材。与现行流行的相关创业与创新书籍比较,本教材具有以下特色。

1. 紧密结合高等院校大学生创业实际情况。本教材结合当期我国大学生的创业形势,详细阐述了创业与创新认知、创新思维、创业教育与职业生涯规划、创业机会识别、创业团队、创业资源、创业模式、创业计划、创业企业的设立、创业者、大学生的成长、创业模拟等内容,以全面提升大学生的创业能力。

2. 案例丰富。本教材题材新颖,内容丰富,引用了许多毕业生创业的真实案例,并对此进行了深入浅出的分析,具有较强的针对性、实用性和指导性。

3. 内容全面。本教材紧密结合教育部新课程大纲,满足教学需要,内容上完全满足高校学生及授课老师的需要。

本书由南充职业技术学院王鑫、高炳易、盛强任主编,由成都工业学院陈永华,南充职业技术学院王攀、苏洪任副主编。

在本书的编写过程中,参考和使用了有关资料,在此谨向这些资料的作者致以诚挚的谢意。由于编者水平有限,书中难免存在不足之处,恳请广大读者给予批评指正。

编 者

目 录

第一篇 大学生创业基础

学习情境一 创业与创新认知 ……………………………………………………（3）
　　单元一 创业 ………………………………………………………………………（4）
　　单元二 创新 ………………………………………………………………………（7）
　　单元三 创新与创业的关系 ………………………………………………………（12）

学习情境二 创新思维 ……………………………………………………………（15）
　　单元一 创新意识与创新能力 ……………………………………………………（15）
　　单元二 创新思维 …………………………………………………………………（18）
　　单元三 创新方法 …………………………………………………………………（23）

学习情境三 创业教育与职业生涯规划 …………………………………………（32）
　　单元一 创业教育 …………………………………………………………………（32）
　　单元二 职业生涯规划 ……………………………………………………………（37）

第二篇 大学生创业过程

学习情境一 创业机会识别 ………………………………………………………（47）
　　单元一 创业机会的选择与评估 …………………………………………………（49）
　　单元二 创业机会选择 ……………………………………………………………（58）

学习情境二 创业团队 ……………………………………………………………（75）
　　单元一 组建创业核心团队 ………………………………………………………（75）
　　单元二 制定员工岗位责任 ………………………………………………………（80）

学习情境三 创业资源 ……………………………………………………………（86）
　　单元一 创业信息的获取 …………………………………………………………（86）

单元二　创业融资 ………………………………………………………（97）

学习情境四　创业模式 …………………………………………………（116）
　　单元一　网络商贸模式的选择 …………………………………………（117）
　　单元二　经纪与中介模式的选择 ………………………………………（121）
　　单元三　广告模式的选择 ………………………………………………（127）

学习情境五　创业计划 …………………………………………………（132）
　　单元一　创业计划书规划 ………………………………………………（134）
　　单元二　创业计划书编写 ………………………………………………（137）
　　单元三　创业计划书编写案例（产品类）……………………………（142）

学习情境六　创业企业的设立 …………………………………………（157）
　　单元一　创办新企业 ……………………………………………………（158）
　　单元二　制定企业战略 …………………………………………………（164）
　　单元三　管理企业员工 …………………………………………………（169）

第三篇　大学生的创业与成长

学习情境一　创业者 ……………………………………………………（179）
　　单元一　创业成功的标准与评价 ………………………………………（179）
　　单元二　成功创业者的素质特征 ………………………………………（186）
　　单元三　成功创业者的行为特征 ………………………………………（193）

学习情境二　大学生的成长 ……………………………………………（202）
　　单元一　坚定做一个成功创业者的信念 ………………………………（202）
　　单元二　准确选择创业型事业 …………………………………………（207）
　　单元三　积极投身创业实践活动 ………………………………………（211）

学习情境三　创业模拟 …………………………………………………（215）
　　单元一　了解沙盘 ………………………………………………………（215）
　　单元二　建立模拟企业 …………………………………………………（217）
　　单元三　企业模拟经营电子沙盘 ………………………………………（220）

参考文献 …………………………………………………………………（227）

第一篇 大学生创业基础

学习情境一

创业与创新认知

知识目标

1. 知道并理解创业的内涵、特点和原则。
2. 知道并理解创新的内涵、特点和原则。
3. 理解创业与创新的关系。

能力目标

掌握创新思维的应用。

> **导读案例**
>
> ### 鲁班发明锯的故事
>
> 相传春秋时期,鲁班接受了一项建筑一座巨大宫殿的任务。建造这座宫殿需要大量的木料,因为当时还没有锯子,鲁班和徒弟们只好上山用斧头砍木料,效率非常低。一次上山的时候,鲁班无意中抓了一把山上长的一种野草,一下子将他的手划破了。鲁班很奇怪,一根小草为什么这样锋利?于是他摘下了一片叶子来仔细观察,发现叶子两边长着许多小细齿,用手轻轻一摸,这些小细齿非常锋利。他明白了,他的手就是被这些小细齿划破的。后来,鲁班又看到一只蝗虫在一株草上啃吃叶子,蝗虫的两颗大板牙非常锋利,一开一合,很快就吃下一大片叶子。这同样引起了鲁班的好奇心,他抓住一只蝗虫,仔细观察蝗虫牙齿的结构,发现蝗虫的两颗大板牙上同样排列着许多小细齿,蝗虫正是靠这些小细齿来咬断草叶的。这两件事给了鲁班很大的启发。于是,他就用大毛竹做成一条带有许多小锯齿的竹片,然后到小树上去做试验,结果果然不错,几下子就把树干划出一道深沟,鲁班非常高兴。但是由于竹片比较软,强度比较差,不能长久使用,拉了一会儿,竹片上的小锯齿有的断了,有的变钝了,需要更换新的竹片。鲁班想到了铁片,便请铁匠帮助制作带有小锯齿的铁片。鲁班和徒弟各拉一端,在一棵树上拉了起来,只见他俩一来一往,不一会儿就把树锯断

了，又快又省力，锯就这样发明了。锯发明以后，鲁班又接连发明了许多木工工具，古书对此有很多记载。因为鲁班在木工领域的创新精神和创造性贡献，后来他被尊称为木匠行业的祖师爷，为后世所纪念。

案例分析

在鲁班之前，肯定会有不少人碰到手被野草划破的类似情况，为什么单单只有鲁班从中受到启发而发明了锯呢？这非常值得我们思考。大多数人认为这只是一件生活小事，不值得大惊小怪，他们往往在治好伤口以后就把这件事忘掉了。而鲁班却有比较强烈的好奇心，很注意对生活当中一些微小事件的观察、思考和钻研，从中找到解决问题的方法和思路，甚至获得某些创造性发明。这告诉我们一个道理，留意生活中许多不起眼的小事，勤于思考，就会有收获。

单元一　创　　业

创业是一条没有尽头的路

一、创业的概念

创业有广义与狭义之分。

广义的创业是指所有具有开拓性和创新性特征的能够增进经济价值或社会价值的活动。

广义的创业内容十分丰富，外延也非常广阔，创业形式多种多样，创业机会随处可见，创业手段灵活多样。

由此可见，广义的创业概念具有如下特征：

（1）创业主体的自主性。任何一项创业都必须由人来完成，承担创业责任的人就是创业主体，这个主体可能只是一个人，也可能是由几个人或一群人组成的团队。但无论这个主体是单个人还是一个团队，他们都具有独立地作出创业决定和创业计划以及采取创业行动的权利，只要他们的行为符合国家的法律、法规和政府的政策，就不受任何组织或个人的强迫或阻挠。

（2）创业领域的广泛性。创业不仅在商业领域和产业领域中进行，也可以在教育、科技、文化、服务等各个社会领域中进行。社会的每一个领域中都存在创业的机会和可能，都可能成为创业者大显身手的地方。

（3）创业途径的多样性。不要简单地认为只有创办企业才是创业，其实创业的途径和方式多种多样。开工厂办公司是创业，开书店办敬老院、托儿所也是创业；自己当老板是创业，帮别人开创新事业也是创业。是不是创业，判别的标准不是自己是不是法人，也不是从事的活动能不能给自己带来丰厚的经济报酬，而是从事的活动对社会是不是具有积极意义、是不是具有开创性或创新性特点。

（4）创业手段的灵活性。手段是为目的服务的，创业方式的多样性决定了创业手段的灵活性。

（5）创业成果的可测性。由于创业的开创性或创新性特点，因此，创业的成果具有不确定性。但是，不确定性并不等于不可测性。每一个创业主体在决定创业之前对选择的创业项目、创业方式和所采用的创业手段都必须胸中有数，对可能遇到的困难和风险都必须有所了解并且准备好应对措施。创业之初，对创业的结果必须有一个比较清楚的预测；在每一个创业阶段结束之后，对本阶段的创业成绩应当有一个准确的了解。在整个创业过程中，应当经常性地对创业活动进行必要的评估，以保证创业预期的实现。

狭义的创业是指创办企业，即指能够创造劳动岗位、增加社会财富的活动。关于狭义的创业概念同样具有不同的定义，下面列举五个具有代表性的定义：

(1) 罗伯特·荣斯戴特认为：创业是一个创造增长的财富的动态过程。

(2) 霍华德·H·斯蒂文森认为：创业是一个人——不管是独立的还是在一个组织内部——追踪和捕获机会的过程，这一过程与其当时控制的资源无关。

(3) 杰弗里·A·蒂蒙斯认为：创业是一种思考、推理和行为方式，这种行为方式是机会驱动、注重方法和与领导相平衡。创业导致价值的产生、增加、实现和更新，不只是为所有者，也为所有的参与者和利益相关者。

(4) 由美国巴布森商学院和英国伦敦商学院联合发起，加拿大、法国、德国、意大利、日本、丹麦、芬兰、以色列等国家和地区的研究者应邀参加的"全球创业监测"项目，把创业定义为："依靠个人、团队或一个现有企业，来建立一个新企业的过程，如自我创业、一个新的业务组织或一个现有企业的扩张。"

(5) 宋克勤认为：创业是创业者通过发现和识别商业机会，组织各种资源提供产品和服务，以创造价值的过程。

以上各个关于创业的定义虽然都具有广义创业的特征，但是它们的概念外延都限制在商业和产业领域中，其核心是捕捉商机，其目的是建立企业，其结果是实现价值（财富）增值，其效果是增加了劳动就业岗位，促进了经济和社会发展。

从上述关于狭义创业的定义中，可以看出狭义创业概念的核心内容是：商业机会、价值（财富）增值、创立企业。

狭义创业与广义创业的区别主要在以下两点：

(1) 领域不同。广义创业的领域比狭义创业的领域要广泛得多，狭义创业的领域只是广义创业的领域的一部分。

(2) 目的不同。狭义创业的目的是追求（财富）价值的增值，其标志是赚取财富的数量，广义创业的目的是追求自我价值的实现，其标志是社会的认可度。所以，狭义的创业目的只是广义的创业目的的一种特殊表现形式。

广义创业与狭义创业的关系，可以用图1-1来描述。

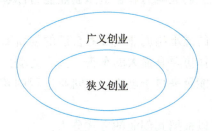

图1-1　广义创业与狭义创业的关系

二、创业的环境

无论是广义的创业还是狭义的创业都是一种使经济价值或社会价值增值的活动。活动就有空间广度和时间长度，活动的空间广度被称为活动范围，活动的时间长度被称为活动时间，把空间广度的区域性和时间长度的阶段性以及其中相关的事物统一起来考虑就称之为活动环境。任何一项创业活动都必须在一定的环境下进行，环境是创业活动发生与发展的基础。

环境是特定的、可变的。环境的特定性是指空间广度的区域性和时间长度的阶段性；环境的可变性是指环境可以迁移、变化，环境中的事物可以改变。环境影响人的行为，反过来，人可以利用和改造环境。

在同一时间和同一地点有无数事物在发生、发展，这样既构成了环境内容的丰富性又构成了环境成分的复杂性。创业活动是在一定环境中进行的，因此，了解并熟悉所处的环境是创业成功的前提。

环境可分为软环境和硬环境。软环境是指某一空间区域和时间阶段中人们的思想观念、文化习俗和国家的法律制度、政府的政策等；硬环境一般是指某一区域和某一时间阶段的地理条件、自然气候和经济状况等。创业的环境是指对创业产生影响的软环境和硬环境的总和。了解创业的环境就是分析所处的环境中有哪些有利因素，哪些不利因素。有利的因素如何利用，不利的因素如何改变或者避免。

虽然环境是创业的基础性条件，但是，由于环境的可变性和人对环境具有改造与利用的能动性。因此，环境并不是创业的决定性条件，人才是创业的决定性条件。

三、创业的类型

从内容上可以把创业分为广义创业和狭义创业，如果从创业所包含的自主知识产权的比重上分，还可以把创业分为创造型创业、创新型创业和继承型创业。

（1）创造型创业是那些核心技术属于完全自主产权的创业活动，如王选发明激光照排、袁隆平发明杂交水稻种植技术、比尔·盖茨创立微软公司等。

（2）创新型创业是那些在部分关键技术上有自主产权的创业活动，如我国的大庆油田开发、三峡水利工程建设等。

（3）继承型创业是指利用别人的核心技术和关键技术，运用自己的创新思维和开拓性行动进行的创业活动。大部分创业属于继承型创业。

继承型创业构成了促进社会发展的基础，而创新型创业，特别是创造型创业是带动社会进步的动力。一个国家的创新型创业能力和创造型创业能力标志着这个国家的发展能力和竞争能力。

作为一个国家，要有大量的继承型创业更要有自己的创新型创业和创造型创业，就像一列火车一样，既要有长长的车体更要有强大的车头。火车的动力是发动机，能量来自于电能或热能，创业的动力是人才，能量来自于创新。"创业过程的核心是创新精神"，所以，创业的本质特征就是创新与开拓。

狭义的创业，其类型还可以根据其创业的方式分为：

（1）独立创业，即创业主体白手起家进行的创业。

（2）母体脱离，即公司或企业内部的管理者从母公司中脱离出来，新成立一个独立的公司。

（3）企业内创业，即企业的管理者或员工在企业内进行的创业，比如开拓新市场、发明新产品、创造新技术、采用新战略、实行新方法等。

单元二 创 新

你是否有创新意识

"创新"已经成为当今时代的主旋律。上至国家社会，下至百姓生活，无不与创新息息相关。在此时代背景下，对各级各类学校学生也提出了培养创新意识和创新能力的要求。然而，创新到底是什么？创新对大学生创业又具有什么重要意义呢？

一、认识创新

一个人如果一辈子只做别人做过的事，或者只按照别人使用过的方式去做事，自己的成长发展就会永远落后于别人。一群人也是一样，如果仅仅是重复做事，那这一群人也就会永远是一个落后的群体。正如网络上流行的一句话："100万个富士康企业员工不如一个乔布斯。"原因何在？因为富士康的员工不论是生产线上的工人，还是管理层的职员，他们尽管生产了数以亿计的苹果产品，但都是在做别人已经做过的事情，而乔布斯却是在做别人从来没有做过的事情。这就是创新的力量。创新不仅是一个人走向成功的康庄大道，更是一个组织追求卓越的根本驱动力。

那么，创新到底是什么呢？

通俗地讲，创新就是创造出前所未有的事物。比如，古代人发明和使用车轮是创新，现代人研究和制造出飞机、计算机也是创新；前人发现几何学的"勾股定理"是创新，第一次设计并制造出指甲刀也是一种创新。可见，创新的事物可以是有形的，也可以是无形的；可以是复杂的劳动工具，也可以是简单的生活用品。因此，那种绝对地以"创造出新事物"来理解创新，其实是不完整的。

创新也可以是对现有事物的改良。比如指甲刀被发明出来以后，尽管给人们的生活带来了极大的便利，但是指甲刀在使用过程中还存在着很多问题。如果通过改良指甲刀，把这些使用中的问题解决了，同样可以算是一种创新。

创新案例

韩国 777 指甲刀

韩国777指甲刀是畅销世界的知名指甲刀品牌，由创始人金炯奎创立于1975年，属于韩国777株式会社旗下品牌。777指甲刀有耐用不锈、持久锋利、包装精美、款式新颖等特点。777指甲刀的电镀水平是目前指甲钳行业中最为优秀的，其生产工艺处于世界领先水平。777指甲刀以其电镀防锈能力为它产品的一大卖点，产品经久使用不生锈。钳口生锈的问题是指甲钳生产中一大技术难题，777指甲刀因其出色独特的生产工艺，采用先打磨再上色，在刀口位置进行多次电镀等技术，指甲钳钳口能够保持持久的抗锈能力。777指甲刀的刀口是经过热处理，开口呈弧形，上下错位，剪后指甲光滑，无须再用锉刀磨平，剪掉的指甲不会乱飞，自然落下。除此以外，777指甲刀还一直以来引领着指甲刀的款式潮流。777指甲刀年生产8 000万个以上，供应世界各地。生产所需的机械设备有80%以上是自主设计和制作，已获得多项专利。先进专业制造设备结合专业的技术指导，通过一系列的质量检查，使其产品的每一项功能都符合设计标准。经过多年的不懈努力和坚持，在指甲刀领域中成为佼佼者，甚至于777已经成为指甲刀的代名词。777指甲刀在韩国国内高端市场占有率为90%，在世界市场占有率为50%，出口全球90多个国家。

资料来源：品牌故事的博客，http：//blog.sina.com.cn/allpinpai

无论是创造出新的事物，还是对原有事物的改良，都不是一件随随便便就能做到的事情。也就是说，创新不是来自于偶然和运气，而是靠脚踏实地的实践和思考得来的。也许很多人认为创新离自己很遥远，其实不然。创新，可从更广泛的角度来理解。比如，我们做一件事情，尽管对于人类来说不是第一次创造出新的事物或者改良原有事物，但是对于我们自己来说，这是我们第一次尝试做什么，第一次想到什么，第一次使用什么，这种活动也可以称为"创新"。比如班级第一次组织课堂小组讨论，这是对学习方式的创新；再比如我们第一次离开学校去街上摆摊，这是对自己课余生活方式的创新。

综上所述，创新是指人类为了满足自身的需要，不断拓展对客观世界及自身的认知，从而产生有价值的新思想、新举措、新事物的实践活动。

创新的实质，就是变革旧事物，并将其更新为新的事物。简单地说，创新往往能够突破常规和原有的思维定式，是一种新的变革，能够产生新的事物，带来新的变化。

二、创新的类型

1. 产品创新

产品创新就是研究开发和生产出更好的满足顾客需要的产品，使其性能更好，外观更美，使用更便捷、更安全，费用更低，更符合环境保护的要求。因为产品是满足社会需要，参与竞争，直接体现企业价值的实物，因而产品创新成为企业创新的主要任务。产品创新可在三个层面上实现：

（1）开发出具有新功能的产品。

（2）产品结构方面的改进。

（3）外观方面的改进。

2. 技术创新

技术创新是指采用新的生产方法或新的原料生产产品，以达到保证质量、降低成本、保护环境或使生产过程更加安全和省力。技术创新可在四个层面上实现：

（1）工艺路线的革新。这是生产方式思路的改变。例如，用精密铸造、精密锻造、粉末冶金代替金属切削生产复杂的机械零件，可大大缩短生产周期，降低成本。

（2）材料替代和重组。例如，前些年美国农产品过剩，农场主就与大学合作，从环保角度，以农产品作原料生产工业产品；用玉米生产一次性水杯、餐具和包装盒；从玉米中提取燃烧用的乙醇；从大豆中提取润滑油替代石油产品等。

（3）工艺装备的革新。例如，用电脑绣花机代替手工绣花；用数控机床代替手动操作机床等。

（4）操作方法的革新。用更省力、更高效的操作方法，代替过去的一些传统的、不适应现代技术进步的操作方法。

3. 制度创新

制度创新是从社会经济角度来分析企业系统中各成员间正式关系的调整和变革。企业制度主要包括产权制度、经营制度和管理制度等方面的内容。

产权制度、经营制度、管理制度这三者之间的关系是错综复杂的（实践中相邻的两种制度之间的划分甚至很难界定）。一般来说，一定的产权制度决定了相应的经营制度。但是，在产权制度不变的情况下，企业具体的经营方式可以不断进行调整。同样，在经营制度不变时，具体的管理规则和方法也可以不断改进。而当管理制度的改进发展到一定程度时，则会要求经营制度作相应的调整。经营制度的不断调整，则必然会引起产权制度的革命。因此，管理制度的变化会反作用于经营制度，经营制度的变化会反作用于产权制度。

制度创新的方向是不断调整和优化企业所有者、经营者、劳动者三者之间的关系，使各个方面的权力和利益得到充分体现，使组织中各类成员的作用得到充分发挥。

4. 职能创新

职能创新就是在计划、组织、控制、协调等管理职能方面采用新的更有效的方法和手段。我国不少企业技术陈旧，管理观念落后，因此职能创新任务非常紧迫。

（1）计划方式创新。许多企业在计划工作中运用运筹学取得显著成效。例如，某企业从2016年开始在购电、电网运行和用电方面采用目标规划，使企业电费年节约额达2 000万元以上。

（2）控制方式创新。例如，丰田公司首创准时生产制（JIT），显著降低了成本。

（3）用人方式创新。例如，应用测评法招聘选拔和考核干部员工，采用拓展训练等方法改善培训效果等。

（4）激励方式创新。例如，美国企业实行"订自助餐式"奖励制度，使同样的支出获得了更好的激励效果。

（5）协同方式创新。例如，福建南平市政府试行科技特派员制度，他们通过调查，了解村镇农业大户需要哪些技术支持，同时将全市3 500多名农业科学技术人员按专长分类公布，然后将两者对接起来，实行双向选择，结果农户收入和农业科技部门、农业科技人员的收入都大幅度增加。

5. 结构创新

结构创新是指设计和应用新的更有效率的组织结构。结构创新按其影响系统的范围可分为技术结构的创新和经济与社会结构的创新两种类型。

（1）技术结构创新。例如，美国福特汽车公司在20世纪20年代首创流水线生产方式，让工人依次地完成简单工序，大大提高了生产率，由此开创了大规模生产标准产品的工业经济时代。

（2）经济与社会结构创新。通过调整人们的责、权、利关系以提高组织效能。例如，美国通用汽车公司20世纪20年代采用事业部制，解决了统一领导与分散经营的矛盾，使规模经营与适应市场的要求得到了统一，极大地增强了竞争力。

6. 环境创新

环境是企业经营的土壤，同时也制约着企业的经营。环境创新不是指企业为适应外界变化而调整内部结构或活动，而是指通过企业积极的创新活动去改造环境，去引导环境朝着有利于企业经营的方向变化。例如，通过企业的公关活动，影响政府政策的制定；通过企业的技术创新，影响社会技术进步的方向等。

三、创新的基本过程与原则

1. 创新的基本过程

创新思维的基本活动过程包括四个阶段。

（1）准备期。在准备期，需要解决的创新问题存在着许多未知数，主要任务是搜集信息、整理资料，通过搜集前人的知识、经验来对问题形成新的认识。也就是说，要了解问题的具体情况，产生创新的需求，激发创新动机，在发现问题的基础上，通过深入分析使问题更加明确，从而为创造活动的下一阶段做好准备。

（2）酝酿期。明确问题后，就需要找出问题的关键点，以便考虑解决这一问题的各种策略。一方面，应通过搜集整理有关知识信息，弥补知识缺陷；另一方面，要消化原始材料、构思假说和寻找解决方案。有些问题可能一时难以找到答案，可能会被暂时搁置，但是这些问题仍然会一直萦绕在脑海之中，成为一种潜意识。

（3）明朗期。明朗期即顿悟期或突破期，寻找到了解决办法。明朗期很短促，很突然，呈猛烈爆发状态。人们通常所说的"脱颖而出""豁然开朗""众里寻他千百度，蓦然回首，那人却在灯火阑珊处"等，都是描述这种状态的。如果说"踏破铁鞋无觅处"描绘的是酝酿期的话，"得来全不费功夫"则是明朗期的形象刻画。在明朗期，灵感思维往往起决定作用。

（4）验证期。验证期又称实施期，主要是对创新思维所产生的新成果中的方法和策略进行检验，对其不足之处进行完善，使其更加合理，最后以适当的形式表达出来，能够有效地指导实践。验证一是进行理论验证，二是进行实践检验。验证期需耐心、周密、慎重，不能急于求成或急功近利。

创新案例

爱迪生发明灯泡的故事

在爱迪生没有发明灯泡之前，人们晚上的照明都使用蜡烛灯或煤油灯，这让人们生活倍感不便，爱迪生内心也十分苦恼，于是，他决心要发明一种经久耐用的光线明亮的灯泡。

爱迪生在实验室里不断地进行各种材料试验，他首先使用了一种碳条进行试验，可是这种材料十分脆弱，根本难以作为灯泡材料，失败之后又开始使用钌和铬等材料进行试验，当灯泡亮起来时他非常高兴，认为这种材料十分适合用于制作灯泡的灯丝，可是大约几分钟之后灯丝也烧断了。

几年之后，爱迪生失败的经历被许多人嘲笑，认为他是做白日梦。面对别人的质疑和不信任，爱迪生并没有放弃灯丝试验计划，反而以此为动力继续展开自己的科学试验。他又试验了一种碳化棉签作为灯丝材料，尽管这种材料可以坚持很久，可在四五十小时后依然烧断了。但功夫不负有心人，他发现了钨丝可以作为灯丝材料，为此他欣喜若狂。这种材料是制作灯丝的绝佳材料，发出的光线既十分明亮，又不易烧断，适合长期使用。自此，灯泡开始慢慢进入寻常百姓家，成为人们夜晚必备的照明工具。

2. 创新的原则

创新原则就是开展创新活动所依据的法则和判断创新构思所凭借的标准。具体来说，创新需要遵循以下六个方面的原则：

（1）科学原理原则。创新必须遵循科学技术原理，不能违背科学发展规律。因为任何违背科学技术原理的创新都是不能获得成功的。为了使创新活动取得成功，在进行创新构思时，必须做到：①对创新设想进行科学原理相容性检验；②对创新设想进行技术方法可行性检验；③对创新设想进行功能方案合理性检验。

> **拓展阅读**
>
> **失败的"永动机"**
>
> 永动机的想法起源于印度，1200年前后，这种思想从印度传到了伊斯兰教世界，并从这里传到了西方。在欧洲，早期最著名的一个永动机设计方案是13世纪时一个叫亨内考的法国人提出来的。后来，文艺复兴时期意大利的达·芬奇（1452—1519）也曾制造实验装置，进行科学实验。达·芬奇敏锐地由此得出结论：永动机是不可能实现的。事实上，近百年来，许多才思敏捷的人耗费心思，力图发明一种既不消耗任何能量、又可源源不断对外做功的"永动机"。但无论他们的构思如何巧妙，结果都逃不出失败的命运。其原因在于他们的创新违背了"能量守恒"的科学原理。
>
> 资料来源：永动机，http://baike.baidu.com/

（2）市场评价原则。创新设想要获得最后的成功，必须经受走向市场的严峻考验。爱迪生曾说："我不打算发明任何卖不出去的东西，因为不能卖出去的东西都没有达到成功的顶点。能销售出去就证明了它的实用性，而实用性就是成功。"

创新设想经受市场考验，实现商品化和市场化，就要按市场评价的原则来分析。市场评价通常从市场寿命、市场定位、市场特色、市场质量、市场价格和市场风险等方面入手，考察创新对象的商品化和市场化发展前景。然而，在实践中，要估计一种新产品的生产成本和销售价格不难，而要估计一种新发明的使用价值和潜在意义则较难。这需要在市场评价时把握住评价事物使用性能最基本的五个方面，包括：①解决问题的迫切程度；②功能结构的优化程度；③使用操作的可靠程度；④维修保养的方便程度；⑤美化生活的美学程度。

（3）相对较优原则。创新产物不可能十全十美。利用创造原理和方法，获得的许多创新设想常常各有千秋。这时，就需要人们按照相对较优的原则，对设想进行判断选择，具体包括：①从创新技术先进性上进行比较选择；②从创新经济合理性上进行比较选择；③从创新整体效果性上进行比较选择。

（4）机理简单原则。在现有科学水平和技术条件下，需要对创新方式和创新手段的复杂性进行科学合理的评估。特别是在科技竞争日趋激烈的今天，结构复杂、功能冗余、使用烦琐已成为技术不成熟的标志。因此，在创新过程中需要坚持机理简单原则。为使创新的设想或成果更符合机理简单原则，应检查：①新事物所依据的原理是否重叠，超出应有范围；②新事物所拥有的结构是否复杂，超出应有程度；③新事物所具备的功能是否冗余，超出应有数量。

（5）构思独特原则。创新贵在独特。创新的独特性可从如下三个方面加以考察：①创新构思的新颖性；②创新构思的开创性；③创新构思的特色性等。

（6）不轻易否定、不简单比较原则。不轻易否定、不简单比较原则是指在分析评判各种创新方案时，应注意避免轻易否定的倾向。在飞机发明之前，科学界曾从"理论"上进行了否定的论证。过去也曾有权威人士断言，无线电波不可能沿着地球曲面传播，无法成为通信手段。这些结论都被证明是错误的。不同的创新，包括非常相近的创新，原则上也不能以简单的方式比较其优劣，这有利于促进相关技术在市场上的优势互补，形成共存共荣的局面。例如，市场上常见的钢笔、铅笔就互不排斥，即使都是铅笔，也有普通木质的铅笔和金属或塑料杆的自动铅笔之分，它们之间也不存在排斥的问题。

单元三　创新与创业的关系

创新和创业既有区别，又有密切联系。

一、创新与创业的差异

在学术界，很多学者都曾尝试对创新和创业的差异进行界定。如有的学者认为，创新包含新技术的导入，而创业导致新财富的创造；有的学者认为，创新体现的是一种结果，而创业是工具或手段，它是通过创业而获得创新的过程。有的学者认为，创业不是创新，创新也不是创业，创业可能涉及创新，也可能并不涉及；反之亦然。

《国务院关于加快构建大众创业万众创新》（国发〔2015〕53号）

北大创投研究中心刘键钧认为，创新泛指创新成果被商业化的价值实现过程，而创业则特指创建企业的过程。前者完全可以在已有的企业组织框架内实现，不一定涉及企业组织制度的建设；而后者则必然要涉及企业组织制度的建设。尽管创业活动必然涉及创新活动，但创新活动并不必然是创业活动。

二、创新与创业的融合

近些年，国内外学者在关注创新与创业之间差异的同时，也在努力探索创新与创业之间的联系及其本质上的渗透与融合，主要从以下三个方面阐述了创新与创业的融合关系：

（1）创新是创业的源泉，是创业的本质。创业者在创业过程中，需要具有持续旺盛的创新精神、创新意识，才可能产生富有创意的想法或方案，才可能不断寻求新的思路、新的方法、新的模式、新的出路，最终获得创业成功。

（2）创新的价值在于创业。从某种程度上讲，创新的价值就在于将潜在的知识、技术和市场机会转化为现实生产力，实现社会财富增长，造福人类社会。实现这种转化的根本途径就是创业。创业者可能不是创新者或发明家，但必须具有能发现潜在商业机会并敢于冒险的特质；创新者也并不一定是创业者或企业家，但科技创新成果则必须经由创业者推向市场，使其潜在价值市场化，创新成果才能转化为现实生产力。

（3）创业推动并深化创新。创业可以推动新发明、新产品或新服务的不断涌现，创造出新的市场需求，从而进一步推动和深化科技创新，提高企业或整个国家的创新能力，推动经济增长。

可见，创新与创业有着各自明确的边界，创新不等于创业，创业也不等于创新。但创新与创业并非是相互独立甚至对立的，而是有着不可分割的内在联系，两者之间相互交叉、渗透与融合。

三、创新与创业本质的一致性

创新和创业都是开创有别于其他的、新颖的、同时能产生积极作用的做法或结果，在本质上具有一致性，即都具有"开创"的性质。创新一般多指理论、思维方面的创造活动，是整个创造活动的第一阶段；创业是实际活动中的创造，是创新思维、理论和技法的应用和现实体现，属于创造活动的第二阶段，也是创新的终极目的。

创新是创业的前提和理论指导。创业者只有具备创新精神和创新意识，才能为创业竭尽自己的聪明才智与智慧。当今社会，人人都从事一业或多业，很多情况下都有意无意地在创业，因为多数人并不是完全被动地去适应职业，否则事业不会发展，社会难以进步。人类靠创新不断推出新的行业和职业，靠创新把各种行业和职业提升到新的高度。

创新案例

比尔·盖茨成功的秘诀

现如今，当人们打开电脑时，都会发现微软和比尔·盖茨的影子。比尔·盖茨这个富可敌国的中年男子，已经凭借紧随时代的步伐而把触角伸到了现代生活的方方面面。如果把微软公司看作一个国家，用 GDP 来衡量，它在世界上的排名竟然达到第 11 位！拥有微软公司 20% 股份的比尔·盖茨，其财富竟然超过新加坡！可以买下非洲好几个国家！然而，令人难以置信的是，开创了软件帝国的他竟然是一个中途退学的穷小子。没有任何权力背景或者家族余荫的比尔·盖茨，凭借的是不断的技术创新和管理创新。比尔·盖茨有一句名言：微软距离倒闭永远只有18个月。所以，他表示微软的第一目标永远是创新："因为，在飞速发展的市场，保持不败的唯一选择就是不断创新。"正是凭借着创新，微软公司在十多年的竞争中发展成为世界上最大的公司之一，比尔·盖茨也成为新经济的英雄和偶像。

资料来源：《时代步伐》副刊博客，http：//bulo. cn. yahoo. com/blog/blog_article

学习情境二

创新思维

知识目标

1. 知道并理解创新意识。
2. 知道创新的基本过程。
3. 理解创新能力、创新思维、创新方法是什么。

能力目标

掌握创新方法的应用。

单元一 创新意识与创新能力

开展创新活动，需要有创新意识和创新能力。创新意识的培养和开发是培养创新型人才的起点。作为大学生，如何培养自己的创新精神、提高创新能力呢？这就需要提高自己的智力水平，培育自己的创新意识和科学思维方法，注重自身动机、兴趣、爱好、情感、价值观、信念和意志等非智力因素的培养。

一、创新意识

创新意识引导着创新行为，具有较强的能动性，是创新型人才所必须具备的条件之一。

1. 创新意识的内涵

创新意识是指人们对创新及其价值观的思想、态度、认识水平和认识程度，以及用于调整和规范自己活动方向的一种稳定的心理状态。一般来说，创新意识代表着一定社会主体奋斗的目标和价值指向性，是主体产生稳定持久的创新需要、价值追求的推动力量，是唤醒、激励和发挥主体潜力的重要精神力量。

创新意识包括创新动机、创新兴趣、创新情感、创新信念和意志等。其中，创新动机是创新活动的动力因素，是推动和激励人们发动和维持创新的精神力量；创新兴趣是促使人们积极探求新奇事物的一种积极的心理倾向，有利于促进创新活动的顺利展开；创新情感是引起、推进以至完成创新活动的心理情感因素，只有积极、正向的创造情感才能促进创新活动取得成功；创新信念和意志是指创造中克服困难、冲破阻碍的心理因素。创造信念和意志具有目的性、顽强性和自制性等特征。

2. 创新意识的作用

创新意识的作用主要体现在以下三个方面：

（1）创新意识是决定一个国家、民族创新能力最直接的精神力量。创新是一个民族进步的灵魂，是一个国家兴旺发达的不竭动力。2010年颁布的《国家中长期教育改革和发展规划纲要（2010—2020年）》指出，职业教育面临的问题是"学生适应社会和就业创业能力不强，创新型、实用型、复合型人才紧缺"。2012年教育部、财政部制定的《关于实施高等学校创新能力提升计划的意见》（教技〔2012〕6号）文件指出，要"促进教育与科技、经济、文化事业的融合发展，提高国家整体创新能力和竞争实力。"2015年，国务院印发的《关于深化高等学校创新创业教育改革的实施意见》，为高校开展"双创"教育指明了方向，明确了发展目标。2016年5月，中共中央、国务院印发的《国家创新驱动发展战略纲要》进一步指出，党的十八大提出实施创新驱动发展战略，强调科技创新是提高社会生产力和综合国力的战略支撑，必须摆在国家发展全局的核心位置。

（2）提高和发展创新意识有利于推动社会的全面进步。创新意识根源于社会生产方式，并反作用于生产方式。由于创新推动着人类社会生产力的持续发展，创新教育被世界各国高度重视。创新教育，就其内涵来讲，就是培养人的创造性，使人能够具备从事一定职业的能力教育，使人能够适应社会生活的教育。就其本质来讲，就是职业技能与创造能力的教育。创新意识的发展，必然推动人的思想解放，有利于人们形成开拓意识，有利于促进社会生产方式的发展进步。

（3）提高和发展创新意识有利于促进人才素质的结构性变化，提升人才质量。提高和发展创新意识，能够有效激发人的主体性、能动性、创造性，有利于促进人才素质的结构性变化，提升人才质量，使人自身的内涵获得极大的丰富和发展。现代社会的发展，需要充满生机和活力的人、具有开拓精神的人、拥有创新思想和现代科学文化素质的人。

3. 创新意识与实践能力的关系

创新意识和实践能力是人的精神发展的有机组成部分，是人的本质属性的重要表现，是不可分割的。创新意识是在实践基础上产生的在人的思想层面的实践预演。这既是过去实践的精神结果，又是即将开展的实践活动的准备。这种观念性的东西是否正确、是否符合实际需要，必须在实践过程中去验证。实践能力是实践主体在实践过程中逐渐形成的对目的、计划、方案等思想意识付诸行动的执行力，是创新意识的施展，对创新意识必然产生促进作用。

创新意识和实践能力都来自于实践，同时对即将进行的实践具有促进作用。当代大学生只有具备创新意识和实践能力，才能适应快速发展的社会需要。

> **拓展阅读**
>
> **李克强总理在2014年夏季达沃斯论坛上的讲话（节选）**
>
> 加快体制机制创新步伐，是创新的题中应有之意。中国经济每一回破茧成蝶，靠的

都是创新。创新不单是技术创新，也包括体制机制创新、管理创新、模式创新，中国30多年来改革开放本身就是规模宏大的创新行动，今后创新发展的巨大潜能仍然蕴藏在制度变革之中。试想，13亿人口中多达8.9亿的劳动者都动起来，投入创新创业和创造中，这将是多么大的力量啊！

关键是进一步解放思想，进一步解放和发展社会生产力，进一步解放和增强社会活力，打破一切体制、机制的障碍，让每个有创业愿望的人都拥有自主创业的空间，让创新创造的血液在全社会自由流动，让自主发展的精神在全体人民中蔚然成风。借改革创新的"东风"，在960万平方千米大地上掀起一个"大众创业""万众创新"的新浪潮，中国人民勤劳智慧的"自然禀赋"就会充分发挥，中国经济可持续发展的"发动机"就会更新换代升级。

二、创新能力

创新的过程是一项复杂的社会实践活动。具备较强的创新能力是创新和创业取得成功的重要条件和保障。

1. 创新能力概述

1998年11月，江泽民同志指出："创新是一个民族进步的灵魂，是一个国家兴旺发达的不竭动力。创新的关键在人才，人才的成长靠教育。"之后，我国将大学生创新能力的培养作为教育改革的重要目标，在教育界引发了一场对创新能力的内涵、创新能力培养的影响因素以及方式方法的大讨论。

国内外学者对创新能力的理解并不相同，但他们对创新能力内涵的阐述基本上可以概括为三种观点：第一种观点认为，创新能力是个体运用一切已知信息，包括已有的知识和经验等，产生某种独特、新颖、有社会或个人价值的产品的能力。它包括创新意识、创新思维和创新技能三部分，核心是创新思维。第二种观点认为，创新能力表现为两个相互关联的部分：一部分是对已有知识的获取、改组和运用；另一部分是对新思想、新技术、新产品的研究与发明。第三种观点从创新能力应具备的知识结构着手，认为创新能力应具备的知识结构包括基础知识、专业知识、工具性知识或方法论知识以及综合性知识四类。

综上所述，所谓创新能力，是指为了达到某一目标，综合运用所掌握的知识，通过分析解决问题，获得新颖、独创的，具有社会价值的精神和物质财富的能力。创新能力从来不是孤立地存在于个体的心理活动中的，而是与个体所具有的人格特征紧密相连的。

2. 创新能力的来源

根据马克思主义认识论的基本原理，创新能力是来源于社会实践的。具体来说，创新能力的来源可以是：意外的机遇，新知识的产生，现实生活中的不协调现象，工作任务的需要，人文环境的变化，知觉和观念的变化等。继承已有的基础、传统和成功经验是创新成功的前提。

3. 创新能力的构成

创新能力由多方面内容构成，主要包括学习能力、观察能力、思维能力、想象能力、分析能力、综合能力、批判能力、解决问题的能力、实践能力、组织能力以及整合多种因素的能力等。

此处先来介绍学习能力、观察能力，其他的内容将在本书后续部分介绍学习。

（1）学习能力。创新者通过学习，可以有效提升个人能力。实践证明，一个真正的创新者最长久的创新优势就在于具备较强的学习能力。一个人只有通过不断的学习，才可以使自己的知识融会贯通，始终以崭新的精神面貌面对发展变化的客观事物。

（2）观察能力。观察能力，简称观察力。人的观察力并非与生俱来，而是在学习过程中培养的，在实践活动中锻炼出来的。为了有效地进行观察，更好地锻炼观察力，掌握良好的观察方法是创新的必要条件。

①确立观察目的。对一个事物进行观察时，要明确观察什么，怎样观察，达到什么目的，做到有的放矢。目的性是观察力的最显著的特点，只有带着目的性的观察才是有效的观察，这样才能尽快提高自己的观察力。

②制订观察计划。在观察前，对观察的内容作出安排，制订周密的计划。在观察前就要打算好，先观察什么，后观察什么，按部就班，系统进行。

③培养浓厚的观察兴趣。每个人由于观察敏锐性的差异，在同一件事物的观察上会出现不同的兴趣，注意到不同事物或同一事物的不同特点。因此，培养浓厚的观察兴趣是培养观察能力的重要前提条件。

④观察现象，探寻本质。观察力是思维的触角，要善于把观察的任务具体化，善于从现象乃至隐蔽的细节中探索事物的本质。

单元二　创新思维

创新思维是创新实践和创造能力发挥的前提。大学生要想实现自己的创新和创业梦想，不仅需要积极主动地激发自己的创新意识，还要认识、训练自己的创新思维。

一、认识创新思维

1. 创新思维

创新思维是指人们为解决某一问题，自觉、能动地综合运用各种思维方式进行思考。通过创新思维常常能突破常规思维的界限，以超常规甚至反常规的方法、视角去思考问题，提出与众不同的解决方案，从而产生新奇的独特的有社会进步意义的思维成果。

创新思维是进行创新实践活动的基础条件，是思维的高级形式。创新思维的培育是提高创新能力的关键。

2. 创新思维的基本特征

创新思维就是以新颖的思路和崭新的方法解决问题，其基本特征如下：

（1）敏感性。要想打破常规思维的界限，产生新的思维成果，就必须敏感地感知客观世界的变化。

（2）新颖性。创新思维重在创新，体现为在思考的方式上、思路的方向上、思维的角度上具有创造性和开拓性。认识事物时不停留在原有的层面上，而是进行重新的认识和分析，以独特的方法解决问题，用新奇的方式处理事情，产生新产品、新工艺、新方法、新方案等，从而形成和产生新的实用性或新的价值。

（3）联动性。创新思维具有由此及彼的联动性，这是创新思维所具有的重要特征。联动方向有三个：一是纵向，就是看到一种现象，就向纵深思考，探究其产生的原因；二是逆向，就是发现一种现象，则想到它的反面；三是横向，就是能联想到与其相似或相关的事物。创新思维的联动性表现为由浅入深、由小及大、触类旁通、举一反三，从而获得新的认识和新的发现。

（4）开放性。创新思维是开放的，要创新就必须善于学习、勤于思考，实现与外界的物质、能量和信息的交换。

（5）跨越性。创新思维属于非常规性、非逻辑性的思维活动。具有创新思维的人常常独具卓识，敢于质疑，善于破除陈规和思想的禁锢，善于从新的角度思考问题，力求另辟蹊径，得到突破性的新发现。

图书馆"搬家"

英国国家图书馆是世界上著名的图书馆，里面的藏书非常丰富。有一次，图书馆要搬家，即从旧馆搬到新馆，结果一算，光搬运费就要几百万英镑，图书馆根本没有那么多钱。怎么办？有一个馆员向馆长提出了一个建议，结果只花了几千英镑就解决了图书馆搬家的问题。

按照该馆员的建议，图书馆在报上登了一则广告：从即日开始，每个市民可以免费从英国国家图书馆借10本书，其条件是：从旧馆借出，还到新馆去。结果，广告一出，市民蜂拥而至，没几天，就把图书馆的书借光了，而且大家都按期把书还到了新馆。就这样，图书馆借用大家的力量搬了一次家。

资料来源：http://jysbnews.shuren100.com/article/318670/

二、创新思维的表现形式

1. 直觉思维、灵感思维和顿悟思维

（1）直觉思维。直觉思维是指对一个问题未经逐步分析，仅依据感知迅速地对问题答案作出判断、猜想、设想的一种思维方式。直觉思维是一种潜意识的思维活动，是基于对研究对象的整体把握，在思维主体还没有意识到自己思维过程的情况下，就已经找到结果。

直觉是人们在认识过程中，在有意识和无意识之间、新知识和旧知识之间的突然结合而产生的认识上的飞跃。例如，德国数学家高斯曾经花了数年都没能成功地求证一个数学定理，却在突然之间就解决了。他说："像闪电一样，谜一下子就被揭开了。"

直觉是不可言传的预感，有人称之为第六感觉，它像人的肌肉那样，可以通过锻炼来强化。强化直觉思维能力可从以下两点入手：一是获取广博的知识和丰富的生活经验；二是培养敏锐的观察力和洞察力。

（2）灵感思维。灵感思维也称为顿悟，是人们借助直觉启示而猝然迸发的一种领悟或理解的思维形式。灵感是一种高度复杂的思维活动。现代科学研究表明，灵感是大脑的一种

特殊技能,是思维发展到高级阶段的产物,是人脑的一种高级感知能力。

灵感是人们思维过程中认识飞跃的心理现象,一种新的思路的突然接通。灵感思维是人们在文艺创作、科学研究中因创造力突然达到超水平发挥的一种特定心理状态。灵感不是唯心的、神秘的东西,它是客观存在的,是思维的特殊形式。灵感来自于信息的诱导,经验的积累,联想的升华,事业心的催化。诗人、文学家的"神来之笔",科学家、发明家的"茅塞顿开"等,都说明了灵感的这一特点。

灵感思维有多种形式:一是自发灵感。自发灵感,是由于潜意识的大量活动而产生的灵感。二是诱发灵感。诱发灵感是人们利用灵感产生的情境,根据灵感生发的心理和生理机制,有机地配合自己的"灵感经验"进行自觉的诱发灵感的思维方法。人们总结出以下一些可能诱发灵感的方法:清晨起床前"假睡"一会儿;沐浴放松;听音乐;悠闲散步;阅读书籍报刊;喝酒等。三是触发灵感。触发灵感是指人们在对问题进行长时间思考的执着探索过程中,接触某些事物时,受其启发而在头脑中突然闪现灵感火花。四是逼发灵感。根据经验和科学研究表明,人的脑力是越用越灵,特别是在遇到某些紧张状态中,某种危急的情况下,会由于急切的情绪刺激加速运转,产生出超常的活力,创造出在一般情况下不可能出现的奇迹。人们常说"急中生智",就是逼发灵感。

(3) 顿悟思维。顿悟即顿时领悟,是指思维主体对百思不得其解的问题突然明白了,或者知道了如何解决问题的一种思维方法。格式塔心理学认为,顿悟是一种特殊的思维加工过程,是一种不同于常规的非线性信息加工思维。这种特殊的加工过程表现出:思维的无意识跳跃、心理加工过程被极大地加快、认知加工过程产生某种类型的短路等。其特征主要有:

> **创新案例**
>
> **裸奔的阿基米德**
>
> 阿基米德是古希腊著名的数学家、物理学家。2 000多年前,古希腊希洛王请人制造了一顶皇冠,皇冠的重量与国王交给制造者的黄金重量相等,但是他怀疑制造者掺了白银。于是国王请阿基米德鉴定。由于皇冠的形状极不规则,阿基米德冥思苦想也想不出好的鉴定方法。有一天,阿基米德躺入澡盆洗澡时,由于澡盆中的水加得太满了,水溢了出来。突然,阿基米德跳出澡盆,赤身裸体向王宫跑去,边跑边喊:"找到了,我找到了……"原来,阿基米德从澡盆中溢出的水,突然得出了解决问题的办法。因为一定重量的银的体积要比同重量的黄金大,如果皇冠中掺了白银,那么它排出的水肯定要比同重量的黄金多。这就是有名的阿基米德定律,即浸在液体中的物体受到向上浮力的大小等于物体所排出液体的重量。

① 突发性。突发性是指思维主体的"突然明白"或"突然觉悟"。顿悟和渐悟是相对应的。渐悟是逐渐明白,是一种渐变性的、循序渐进的过程;顿悟的产生往往由于受到某一认知事件的启发,顿悟者从该事件中获得启发的信息。

②自发性。自发性是指顿悟的产生表现为一种潜意识的、自发的形式，它不自觉地但又自然而然地在大脑中获得问题的答案。顿悟前有一段"潜伏期"，一旦受到环境或外物的影响，就会自发的产生。

③直指性。直指性是指思维主体直接把握事物的原理或问题的答案。顿悟思维使问题的答案或解决问题的有效方法突然地一下子直接呈现在思维主体的眼前。

2. 质疑思维

在学习、工作中，人们常常会把某些习惯视为理所当然，殊不知许多偏见就是这样形成的。创新思维的关键就在于善于和敢于质疑。

（1）质疑思维。质疑思维就是对于各种问题都要持怀疑、好奇的态度进行思考，是主体在原有事物的条件下，通过"为什么"的提问，综合运用多种思维改变原有条件而产生新事物（或新观念、新方案）的思维方法。

（2）质疑思维的形式，包括以下四种：

①起疑思维。起疑思维是把以"为什么"为关键词转换为疑问句作为起始点，探究事物的起因和本质的思维方式。例如，为什么会这样？事情难道真是这样的吗？这究竟是怎么一回事？

②提问思维。提问思维又称设问思维，就是思考、发现和处理问题时，通过对现在、过去的事情提出疑问来寻求准确的答案、观念、理论的一种思维方式。

③追问思维。追问思维也称因果思维，指的是按照原思路刨根寻底，穷追不舍，直至找出原因的创新思维方法。

④目标导向思维。目标导向思维就是通过模糊性的"为什么"，围绕着目标而产生的独特、新颖、有价值和高效的创新思维方法。模糊思维是与精确思维相对立的思维方式，但并非是含混不清，更不是抛开逻辑，放弃精确，而是模糊与精确相统一，逻辑与非逻辑相结合的辩证思维。

3. 发散思维和收敛思维

（1）发散思维。发散思维，也称辐射思维、求异思维，就是从某一问题的不同方面不受拘束地放开思考，从而寻求解决问题的新奇办法或预测事物的发展趋向，发现新事物的思维方式。这种思维方法，突破原有的知识圈，充分发挥想象力，从多角度、多方位、多层次、多学科、多手段，经不同途径、以不同角度去探索，既可以从正面想，也可以从反面、侧面去想，力图真实地反映认识对象的整体以及这个整体和其他周围事物构成关系的一种全面的创新思维方法。

发散思维有多种形式：一是辐射发散。辐射发散是美国心理学家吉尔福特提出来的，是指从不同触角、不同思路去思考，探索解决问题的思维方式。辐射发散要求我们在寻求解决问题的答案时，要像太阳那样由点向面做全方位辐射。二是关系发散。关系发散是指在观察解释某一事物时，应避开单一僵化的解释方法，根据与问题有各种关系的思维触角来重新理解和诠释事物及其关系。三是因果发散。因果发散是指以事情的既成的"果"为辐射源，以"因"为半径，全面进行思维发散以果溯因推断出产生某一结果的可能原因，找出解决问题的突破口。任何一个事物都有它产生的原因，包括直接原因、间接原因、主要原因、次要原因、深层原因、浅层原因、历史原因、现实原因等。同样的道理，任何一个事物又都会作为原因，"产生"出其他事物，成为其他事物这样或那样的原因。四是特性发散。特性散发是指事物每一现象、每一形态、每一性质，都能够引发各种不同的新现象、新形态、新性质的思维方法。

(2) 收敛思维。收敛思维也叫作"聚合思维""求同思维"，是指在解决问题的过程中，尽可能利用已有的知识和经验，把许多发散思维的结果由四面八方集合起来，按照实用的标准来选择一个合理的设想或方案，最终得出一个合乎逻辑规范的结论。

收敛思维也是创新思维的一种形式。前期进行思维发散，后期进行思维集中是人们应用创新思维解决问题的两个必要阶段。即先运用思维发散提出大量的设想，然后再运用收敛思维对提出来的这些设想进行审查、筛选和提炼加工，选出最佳方案。

收敛思维有很多运用的方法：一是辏合显同法。"辏"的引申意义为聚集，"辏合显同"就是把所感知到的对象依据一定的标准"聚合"起来，显示出它们的共性和本质，大致类似于逻辑学中的"归纳法"。二是层层剥笋法（分析综合法）。层层剥笋法是指人在思维过程中，通过层层分析，向问题的核心一步一步地逼近，抛弃那些非本质的、繁杂的特征，以便揭示出隐蔽在事物表象后面的深层本质。三是目标确定法。确定搜寻目标（注意目标），进行认真观察，作出判断，找出其中的关键。四是聚焦法。聚焦法就是人们常说的沉思、再思、三思，是指在思考问题时，有意识有目的地将思维过程停顿下来，并将前后思维领域浓缩和聚拢起来，以便帮助我们更有效地审视和判断某一事件、某一问题、某一片段信息。

4. 联想与逆向思维

客观世界是复杂的，是由许多形形色色的事物构成的，不同事物之间又存在着各种各样的差异。事实证明，两个事物之间的差异越大，将它们联想到一起就越困难，而一旦将两种看似不相干的事物联系起来，往往就能作出创新。

(1) 联想思维。联想，就是指在头脑中根据事物之间在空间或时间上的彼此接近进行联想，从而引发出某种新的设想的创新思维方法。联想思维具有很多不同的表现形式，如接近联想、相似联想、相对联想、飞跃联想等。

(2) 逆向思维。逆向思维是一种重要的思维方式，是指利用事物间相互联系、相互制约的特性，从问题反面或侧面探寻事物本质属性的思维方法。逆向思维也具有很多不同的表现形式，如原理逆向、功能逆向、条件逆向、程序（方向）逆向、状态（过程）逆向等。

5. 组合思维

组合思维作为一种创新思维方式，就是将两个或两个以上看似不相干的事物（侧面、属性、因素等）组合在一起或把多个貌似不相关的事物通过想象加以连接，使之变成不可分割的新的整体。组合思维有同类组合、异类组合、重组组合、共享与补代组合、概念组合和综合等多种形式。

6. 系统思维与逻辑思维

(1) 系统思维。系统是指由两个或两个以上的元素相结合而形成的有机整体，系统不等于其局部的简单相加。系统思维就是把认识对象作为系统，从系统和要素、要素和要素、系统和环境的相互联系、相互作用中综合地考察认识对象的一种思维方法。系统思维具有整体性、结构性、立体性、动态性和综合性等特征。系统思维的具体方法包括整体法、结构法、要素法、功能法等。

①在分析和处理问题的过程中，整体法要求把思考问题的方向对准全局和整体，从全局和整体出发。例如，解决城市交通问题，就要把城市交通问题作为一个由若干要素构成的系

统来考察，不仅要考察系统内部车辆、客流量、道路等参数（要素），还要考察车辆的运行情况。同时，还要把城市交通这个系统，纳入城市市政建设的大系统中去考察。只有从市政建设的整体角度去考虑解决城市交通这个子系统问题，才是根本而有效的解决方法。

②结构法是基于系统思维的结构性，树立系统结构的观点，认识和把握系统构成要素和功能的关系，优化、创新结构，实现系统最佳功能。

③每个系统都由其要素构成，要使整个系统正常运转并发挥最好的作用或处于最佳状态，必须充分发挥各要素的作用，这就是要素法。

④功能法是指为了使一个系统呈现出最佳态势，从大局出发来调整或是改变系统内部各部分的功能与作用。

（2）逻辑思维。逻辑思维通常也称为"抽象思维"，是人们在认识过程中借助于概念、判断、推理等思维形式能动地反映客观现实的理性认识过程。研究显示，逻辑思维能力与工作中的应变与创新能力密切相关。常见的逻辑思维方法有分析与综合、分类与比较、归纳与演绎、抽象与概括等。

逻辑思维具有如下三个特点：首先，逻辑思维是思维的一种高级形式，是以抽象的概念、判断和推理作为思维的基本形式，以分析、综合、比较、抽象、概括作为思维的基本过程，从而揭示事物的本质和规律。其次，逻辑思维具有规范、严密、确定和可重复的特点。第三，逻辑思维凭借科学的抽象揭示事物的本质，具有自觉性、过程性、间接性和必然性等特点。

单元三　创新方法

创新方法也称创新技法，是指根据创新思维的发展规律而总结出来的一些原理、技巧和方法。创新有规律可循、有步骤可依、有技巧可用、有方法可行。应用创新方法不仅可以启发人的创新思维，直接产生创新成果，而且能够提高人们的创造力和创新成果的实现率。

创新方法能力自测

一、头脑风暴法及其应用

1. 头脑风暴法

头脑风暴法又称智力激励型技法或自由思考法，是由美国创造学家 A. F. 奥斯本于 1939 年首次提出，1953 年正式发表的一种激发性思维方法。头脑风暴最早是精神病理学上的用语，直译为精神病人的胡言乱语。奥斯本借用这个词来形容会议的特点，就是让与会者敞开思想，使各种设想在相互碰撞中激起脑海中的创造性"风暴"，无限制地自由联想和讨论，其目的在于产生新观念或激发创新设想。

头脑风暴法的核心是"集智"和"激智"。"集智"就是把众人的智慧集中起来，其基础是相信人人都有创造力。"激智"就是把众人潜在的智慧激发出来。由于头脑风暴法的种种非同寻常的特殊规定和方法技巧，有助于形成一种有益于激励而不会压抑创造力的气氛，使与会者能够自由思考，任意遐想，并在相互启发中引出更多、更新颖的创造性设想。

2. 头脑风暴法的应用

头脑风暴法一般是通过召开会议的形式进行的，其实施步骤包括准备、热身、明确问题、畅谈、整理筛选。

(1) 准备，包括以下四个方面的工作：

①选择会议主持人。合适的会议主持人，既应熟悉智力激励法的基本原理、原则、程序与方法，又应对会议所要解决的问题有比较明确的理解，还应能够灵活地处理会议中出现的各种情况，使会议自始至终遵照有关规则，在愉快热烈的气氛中进行。

②确定会议主题。由主持者和问题提出者一起分析研究，明确会议所讨论的主题。主题应具体单一，对涉及面广或包含因素过多的复杂问题应进行分解，使会议主题明确。

③确定参加会议的人选。参加会议的人数一般以 5~10 人为宜。与会人员的专业构成要合理，大多数人应对讨论的主题有较丰富的专业知识，同时也要有少数外行参加。与会者应关系和谐、相互尊重、平等议事、无上下高低之分，以利于消除各自的心理障碍。

④提前下达会议通知。提前几天将议题的有关内容及背景通知与会者，以利于思想上有所准备，提前酝酿解决问题的设想。

(2) 热身。头脑风暴法会议安排与会者"热身"，其目的是使与会者尽快进入"角色"。热身活动所需要的时间，可由主持人灵活确定。热身活动有多种方式，如看一段有关发明创造的录像，讲一个发明创造的故事，出几道大脑急转弯之类的问题让与会者回答，使会场尽快形成热烈轻松的气氛，使大家尽快进入创造的"临战状态"。

(3) 明确问题。这个阶段主要由主持人介绍问题。介绍问题时应注意坚持简明扼要原则和启发性原则。例如，针对革新一种加压工具问题，如果选择"请大家考虑一种机械加压工具的设计构思"，这种表述方式，就容易把大家的思路局限在"机械加压"的技术领域之内。如果改为"请大家考虑一种提供压力的先进方案"，则会给大家提供更广阔的思考天地，除了机械加压之外，大家还可能会想到气压、液压、电磁等技术的应用。

(4) 畅谈。这是头脑风暴法会议的最重要环节，是决定智力激励成功与否的关键阶段，其要点是想方设法营造一种高度激励的气氛，使与会者能突破种种思维障碍和心理约束，让思维自由驰骋，借助与会者之间的知识互补、信息互补和情绪鼓励，提出大量有价值的设想。

畅谈阶段要遵守以下规定：①不许私下交谈，始终保持会议只有一个中心。否则，会使与会者精力分散，并产生无形的评判作用。②不许以权威或集体意见的方式妨碍他人提出个人设想。③设想表述力求简明、扼要，每次只谈一个设想，以保证此设想能获得充分扩散和激发的机会。④所提设想一律记录。⑤与会者不分职位高低，一律平等对待。

畅谈阶段的时间由主持人灵活掌握，一般不超过 1 个小时。

(5) 整理筛选。畅谈结束后，会议主持者应组织专人对设想进行分类整理，并进行去粗取精的提炼工作。如果已经获得解决问题的满意答案，智力激励会就完成了预期的目的。倘若还有悬而未决的问题，还可以召开下一轮智力激励会议。

二、设问检查型技法及其应用

设问检查型技法，简称设问法，是指围绕现有的事物或想要开发的新事物提出各种问题，通过提问，发现其存在的问题或者不能满足消费者要求的地方，从而找到需要革新的方面，开发出新的产品的一种创新技法。

设问检查型技法是人们经常使用的一种创新技法，关键在于能否提出高质量的问题。经验证明，巧妙的设问可以启发想象、开阔思路、导引创新。常见的设问检查型技法，主要包括奥斯本检核表法、和田12动词法和5W1H法。

1. 奥斯本检核表法

奥斯本检核表法，又称奥斯本法则，是引导主体在创造过程中对照九个方面的问题进行思考，以便启迪思路，开拓思维想象的空间，促进人们产生新设想、新方案的创新技法。奥斯本检核表法根据需要解决的问题，或者需要创造发明的对象，从用途、实施方案、形态、结构、体积、材料、程序、位置、组合等九个方面提出有关问题：能否他用、能否借用、能否改变、能否扩大、能否缩小、能否替代、能否调整、能否颠倒、能否组合，然后一个个进行核对讨论，从中获得解决问题的方法和创造发明的设想。

2. 和田12动词法

和田12动词法，也叫"和田十二技法"，由我国创造学研究者许立言、张福奎和上海市和田路小学的师生在奥斯本检核表法和其他技法的基础上，结合我国实际情况，提炼和总结出来的思维方法。

和田12动词法的12个动词，即加一加、减一减、扩一扩、搬一搬、缩一缩、连一连、仿一仿、变一变、改一改、代一代、反一反、定一定。"和田十二技法"为人们提供了一条开拓创新的新思维方式。

3. 5W1H法

"5W1H"即What、Why、Who（Whom）、Where、When、How，是由美国陆军部首创的一种创新技法，强调对选定的项目、工序或操作，都要通过连续提出为什么（Why）、是什么（What）、何人（Who）、何时（When）、何地（Where）、如何（How）六个问题，明确需要探索和创新的范围，设法找到满足条件的答案，最终获得创新方案。5W1H法强调从上述不同角度思考问题，往往能够得出比较完善、甚至意想不到的成果，实现思考内容的深化和科学化。此法广泛应用于改进工作、改善管理、技术开发、价值分析等方面。

三、列举型技法与应用

列举型技法有分析列举法、特性列举法和缺点列举法等。

1. 分析列举法

分析列举法就是针对某一具体事物的特定对象从逻辑上进行分析并将其本质内容全面地逐一罗列出来的一种手段，用以启发创造设想，找到发明创造主题的创新技法。

列举法本质上就是一种分析方法，就是把整体分解为部分，把复杂的事物分解为简单要素，分别加以研究。这种思维方法有助于克服感知觉不敏锐的障碍，把思维从僵化、麻木的状态下解放出来，促使人们全面感知事物，防止遗漏。因而，列举法带有一种强制性，必须分析罗列所有的因素，然后逐个分析，以促使人们全面地思虑问题。

为了寻找创新的设想，借助于列举的方式将问题展开。每个列举法都是一览表，是带有比较性的一览表，从中可以发现问题、明确目标、解决矛盾。一般来说，列举法因其分析问题要求全面、精细，甚至比较烦琐，所以较适于小的简单的问题。列举法基本上只是一个提供思路的方法，进一步的实施还需要借助其他技法与手段才行。

> **创新案例**
>
> **多用圆规的发明**
>
> 山东省烟台市第二中学高二学生刘国仁，通过创新技法的学习和实际应用，不仅激发了他的学习能力，还发明了多用圆规，在山东省举办的"青少年科学小发明创造"竞赛中获创造发明奖。
>
> 刘国仁运用列举法对圆规进行分析，列出其性质："全体——圆规；部分——圆规脚、铅笔头、垫片、扭头、螺丝；功能——画画、作图。"然后逐项分析其缺点与不足，如"夹铅笔不方便，应予改进""功能太少，最好一物多用""结构太笨，要小巧一些""改用别的材料是否可行"等。随后，针对其缺点采取具体措施，吸取其他圆规的优点，本着价廉、物美、多用途的原则，逐项进行改革，把刻度尺、三角板、量角器组合到圆规中去，最后发明成功。多用圆规式样美观，可以画圆、角和直线，还可作角与线段的量度，一物多用，非常方便。

进行发明创新，首先要认定目标、选择题目。选题的恰当与否，将直接关系到创造发明能否成功。经验证明：分析列举型技法通过对事物的分析而列出其各方面的特性，有助于创造发明题目的选择和确定，是一种常用的创新技法。

2. 特性列举法

特性列举法就是通过对需要革新改进的对象作观察分析，尽量列举该事物的各种不同特征或属性，然后确定应加以改善的方向，以及如何实施的思维方法。

特性列举法解决问题的主要手段是逐一列举创意对象的特征，进行联想，提出解决方案。具体实施时可分为以下四个步骤：①选择目标较明确的创意课题，将对象的特征或属性全部写出来；②列举创意对象的特征；③在各项目下试用可替代的各种属性加以置换，引出具有独创性的方案；④提出方案并对方案进行评价讨论。

特性列举法的应用，既可以从物理特性、化学特性、结构特性、功能特性和形态特性等方面列举创新对象的特征，也可以从自身特性、经济性特性、使用者特性和用途特性等方面列举创意对象的特征。以圆珠笔的设计为例，借助特性列举法进行创新思考，圆珠笔的特性列举结果如下：感观特性（银灰色、无声、无味）；外观特性（圆柱形、细长、重量轻）；用途特性（办公、学习、美术、书写、绘图、复写、送礼、装饰）；使用者特性（青少年、中老年、各类职业）。

3. 缺点列举法

缺点列举法是抓住事物的缺点进行分析，通过发现、发掘事物的缺陷，把它的具体缺点——列举出来，针对这些缺点，设想改革方案以确定发明目的创新技法。

使用缺点列举法，并无十分严格的步骤，一般可按如下程序进行：①找出事物的缺点，也就是选定研究的课题；②将缺点加以归类整理并分析缺点产生的原因；③针对所列缺点逐条分析，分析要有针对性和系统性，要研究其改进方案或能否将缺点逆用、化弊为利。例如，对现有的雨衣作缺点列举如下：胶布雨衣夏天闷热不透风；塑料雨衣冬季变硬变脆容易坏；穿雨衣骑自行车上下车不方便；风雨大时，脸部淋雨使人睁不开眼，影响安全；雨衣下摆贴身，雨水顺此而下弄湿裤腿与鞋；胶布色彩太单调，无装饰感等。针对这些缺点可提出许多改进方案，如采用新材料使塑料雨衣不脆不硬；在雨帽上加一副防雨眼镜或眼罩；增加色彩；分别设计针对男、女、老、少不同对象的不同式样的雨衣；可防弄湿裤腿及穿着方便的雨衣等。

缺点列举法的特点是直接从社会需要的功能、审美、经济等角度出发，研究对象的缺陷，提出改进方案，显得简便易行。在具体运用缺点列举法作创造发明时，主要有会议法、用户调查法、对照比较法。此外，还有希望点列举法、成对列举法等。

四、逆向转换型技法及其应用

1. 逆向转换型技法

逆向转换型技法是指把某个复杂的问题变成一个比较简单的问题或者把某个难以解决的问题变成一个比较容易解决的问题，也可以是把某个自己不熟悉的问题变成自己熟悉的问题，从而使问题解决起来更省事省力、效率更高、效果更好的创新技法。

2. 逆向反转法

逆向反转法即反向思考法，其中的"逆"或"反"可以是方向、位置、过程、功能、原因、结果、优缺点、破（旧）、立（新）等矛盾的两个方面的逆转。例如制冷与制热、电动机与发电机、压缩机与鼓风机、保温（保热）与装冰（保冷）、吹尘与吸尘、野生动物园的人和动物的位置，原因结果互相反转即由果到因等。

当一个问题难以解决时，可试着将问题转移，变换成与之相关的另一个问题甚至是完全相反的问题，然后集中精力来思考解决。例如，洗碗是个麻烦事，很多人不愿意干。一些发明家努力发明各种洗碗机以代替人力洗碗。而一位商人却把问题逆转为让碗不用洗。他想到用藤条编织成碟子，吃饭时先用一片圆纸衬在碟子里，再放上食品，饭后将碟内的纸片揭去，收回藤碟便可。另一位发明家受此启发，直接用层压纸制造出"不用洗的碗"，每次用餐后，只要撕去一层纸，就会露出干净的下一层。这种碗很适合缺水的地方及勘探、旅游等场合。

3. 还原分析法

还原分析法是把创新的起点移到创新的原点。即先暂时放下所研究的问题，反过来追本溯源，分析问题的本质，然后从本质出发，另辟蹊径，寻找新的创新方法。还原分析法的应用有两种方式，即还原换元法与换元还原法。

（1）还原换元法。还原换元法即先还原后换元。还原就是在进行发明创造时，不以现有事物为起点，继续沿着原有思路同向探索，而是先摆脱思维惯性和传统影响，反向还原。例如，有人从交叉路口取其中一条路行至某处发生了困难（有障碍物或路难行），解决的思路通常是设法寻找克服困难的办法。还原分析法则先不急于要往下走，而是折回头去查找出发的原点（还原），然后站在原点处重新分析该怎么办；或者另选一条能避开困难或缩短路程的路；或者改变原有的行动方式（如步行、骑车、搭汽车、乘飞机、坐船、甚至托人代办等）。这样无疑为解决问题提供了更多的可能条件。

（2）换元还原法。换元还原法是数学运算中常用的解题方法，如直角坐标与极坐标的互相变换以及换元积分法。此法着重于解决具体问题，并非是提出问题的方法。在飞机驾驶员训练时，初期先在模拟飞行环境中（先换元）训练，再过渡到实际（还原）环境中训练；科学研究中的模拟试验，也都是先换元取得有关参数、经验或方法后，再还原。曹冲秤象就是把无法称重的大象换元成可以分散称重的石块才将问题解决的。

4. 缺点逆用法

缺点逆用法就是指利用事物的缺点进行创新的方法，如在技术创新中，利用事物的缺点，"以毒攻毒"、化弊为利。

世界上的事物无不具有两重性。例如，金属的腐蚀本来是件坏事，但有人却利用腐蚀的原理发明了蚀刻和电化学加工工艺；机械的不平衡转动，会产生剧烈的振动，有人利用它发明了夯实地基的"蛤蟆夯"等。

缺点逆用法的实施步骤有：①探寻事物可以利用的缺点，此乃缺点逆用法的前提；②透过现象，认清缺点的本质，抽象出这种被视为缺点的现象背后所隐藏的可以利用的基本原理或表现为缺点的现象本身的特性、行为、作用过程等；③根据所揭示的现象背后的基本原理或对现象本身特性等的认识，研究利用或驾驭缺点的方法。

五、联想类比型技法及其应用

1. 联想类比型技法

类比是以比较为基础寻找不同事物或现象在一定关系上的部分相同或相似。通过两个（两类）对象之间某些方面的相同或相似推出其他方面的相同或相似的方法，称为联想类比型技法，简称类比法。

人们在探索未知世界的过程中，可以借此把陌生的对象与熟悉的对象、将未知与已知相对比。这样，由此物及于彼物、由此类及于彼类，可以启发思路、提供线索、触类旁通。

美国学者戈登对创造过程中常用的类比进行了分析研究，并将其总结为拟人类比、直接类比、象征类比、幻想类比四种基本的类比方式。

2. 综摄法

综摄法是指通过已知的东西为媒介，把表面上互不相关的各种不同事物结合在一起，以打开"未知世界的门扉"，激起人们的创造欲望，使潜在的创造力发挥出来，产生众多的创造性设想的思维方法。

综摄法的基本原则有：①变陌生为熟悉（异中求同即异质同化），就是在头脑中把给定的陌生事物与以前熟悉了解的事物进行比较，借此把陌生的事物转换成熟悉的事物。例如，计算机领域的术语"病毒""千年虫""黑客"等都是利用人们较熟悉的语言来描述计算机专业的事物或现象，其实质就是"异质同化"。②变熟悉为陌生（同中求异即同质异化），就是对已有的各种事物，选用新知识或从新的角度来观察、分析和处理，使看得习惯了的东西变成看起来新鲜的东西，把熟悉已知的事物变成陌生的事物。例如，拉杆天线本来是用在收音机上的，将它换个新位置去应用便出现了可伸缩的教鞭、照相机的伸缩三脚架、可伸缩的旅行手杖等。

综摄法是一种理论化程度高、技巧性强、效果显著的创新技法。通常此法以小组讨论会的形式进行，但也可以个人使用。综摄法在以小组集体创新时，要求由不同知识背景、不同气质的人组成小组，相互启发，集体攻关。小组一般由5~7人组成。戈登把实施综摄法的全过程分为九个阶段：①问题的给定；②变陌生为熟悉；③问题的理解（分析问题，抓住要点）；④操作机制（发挥各种类比的作用）；⑤变熟悉为陌生；⑥心理状态（关于问题的理解达到卷入、超脱、迟延、思索等心理状态）；⑦把心理状态与问题结合起来（把最贴切的类比与已理解的问题作比较）；⑧观点（得到新见解、新观点）；⑨答案或研究任务（观点付诸实践或变为进一步研究的题目）。

3. 移植法

移植法也称渗透法，是通过相似联想、相似类比，力求从表面上看来是毫不相关的两个领域或现象之间，发现它们的联系，将某个领域或现象中应用的原理、技术、方法，引用或渗透到另外一个领域或现象中，用以改造或创新的思维方法。移植法主要有：

（1）原理移植。无论是理论还是技术，尽管领域不同，但常可发现一些共同的基本原理。例如，红外辐射是一种很普通的物理过程，凡高于绝对温度零度的物体，都有红外辐射，只是温度低时辐射量极微罢了。将这一原理移植到其他领域，可产生一些新奇的成果，如红外线探测、遥感、诊断、治疗、夜视、测距等。在军事领域则有红外线自动导引的"响尾蛇"导弹，装有红外瞄准器的枪械、火炮和坦克，红外扫描及红外伪装，等等。

（2）方法移植。17世纪的笛卡儿是科学方法移植的先驱。他以高度的想象力，借助曲线上"点的运动"的想象，把代数方法移植于几何领域，使代数、几何融为一体而创立解析几何。

（3）回采移植。历史表明，许多被弃置不用的"陈旧"事物，只要用现代技术加以改造（如应用新材料、新技术、新工艺等），往往会导致新的创造。

（4）功能移植。功能移植是指把诸如激光技术、超声波技术、超导技术、光纤技术、生物工程技术以及其他信息、控制、材料、动力等一系列通用技术所具有的技术功能，以某种形式应用于其他领域。例如，应用电子计算机实现机械加工程序化、自动化。

4. 仿生学方法

仿生学方法是指通过模拟生物的结构或功能原理而导致发明创造的方法。仿生学方法的核心是将研究对象（问题）与相关生物系统相类比。这一技法实施大体分为三步：①根据生产实际提出技术问题，选择性地研究生物体的某些结构和功能，简化所得的生物资料，择其有益内容，得到一个生物模型。②对生物资料进行数学分析，抽象出其内在联系，建立数学模型。③采用电子、化学、机械等技术手段，根据教学模型，最终实现对生物系统的工程模拟。

仿生创新有如下六种主要的思路。

（1）信息仿生，通过研究、模拟生物的感觉（包括视觉、听觉、嗅觉、触觉），以及信息贮存、提取、传输等方面的机理，构思和研制新的信息系统。例如，从鸟类想到飞机、从蝙蝠想到雷达、从变色龙想到伪装色、从飞鼠想到降落伞等。人们以不同物质的气味对紫外线的选择性吸收为信息，研制成了"电子警犬"，用它来作检测，其灵敏度甚至可达狗鼻子的1 000倍。

（2）控制仿生，通过研究模拟生物的体内稳态（反馈调控）、运动控制、动物的定向与导航、生态系统的涨落及人机系统的功能原理，来构思和研制新的控制系统。例如，人们根据蜜蜂的复眼能够利用偏振光导航的原理，发明了用于航空和航海的非磁性"偏光天文罗盘"。人们还根据昆虫楫翅导航的原理，研制成功了一种振动陀螺仪，广泛应用于高速飞行的火箭和飞机上。

（3）力学仿生，主要通过研究模拟生物的机械原理以及结构力学和流体力学的原理，构思和研究新的系统（包括机器、装置、力学结构以及人工脏器等）。例如，根据鱼类、鸟类的身体形状的流体力学特性，研制了各种各样的船舶和空间飞行物；特别是根据人体的大多数肌肉都是成对排列的特点，制造了可利用两个产生拉力的"单向力装置"组成的双向运动机械系统，圆满地解决了各种"机器人""步行机"等的行走结构的设计。

（4）化学仿生，通过研究模拟生物酶的催化作用、生物的化学合成、选择性膜和能量转换等，来构思和创造高效催化剂等化学产品、化学工艺以及新材料、新能源等。例如，人们为宇宙飞船设计的所谓"宇宙绿洲"——生态循环系统，就是通过模拟生物"电池"、光合作用转换的原理以及自然生态系统所创造出的。

（5）技术仿生，在隧道工程中曾经得到广泛使用的"构盾施工法"也是以生物为"老师"作出的发明。1820年，英国要在泰晤士河底建造隧道，由于土质条件很差，用传统的支护开挖法极为困难。工程师布鲁纳在室外无意中发现有只蠕虫在其外壳保护下使劲地往坚硬的橡树皮里钻。这使他恍然大悟：河下施工也可以像这种小虫找个保护壳——用空心钢柱打入河底，以此为"构盾"，边掘进边延伸，在构盾的保护下进行施工，此即"构盾施工法"。

（6）原理仿生，原苏联科学院模仿动物的运动原理设计研制了各种新颖的交通工具。例如，按蜘蛛的爬行原理设计了军用越野车；根据蛇的爬行原理设计并改善了履带车的噪声；利用企鹅奔跑的原理设计了雪地汽车等。

六、组合型技法及其应用

1. 组合型技法

所谓组合型技法，指按照一定的技术原理或功能目的，将现有的科学技术原理或方法、现象、物品作适当的组合或重新安排，从而获得具有统一整体功能的新技术、新产品、新形象的创新技法。

运用组合型技法创新产品时需加注意以下三点：①选择组合要素的量要适度。要素多，虽然组合的可能越多、越全面，但相应地耗费的精力、时间也会非常之大。②组合可以使产品具有不同的功能，成为多功能、通用型的产品，但过分追求"万能"也不足取，会出现增加成本、制造困难、功能多余等弊端。如有人开发了一套组合式的女式服装，可以像魔方一样变换组合出144套不同的式样，只要买一套这样的服装，就相当于买进48套套装、24件长袖外衣、36条披肩、36条灯笼裙，然而至今未见上市走俏。变换太多不仅麻烦，而且也牺牲了时装的个性魅力。③参与组合的各要素越是风马牛不相及，由"远缘杂交"形成的新产品其创造性越强。如空气与煤炭的组合开发出了尼龙这一新产品；电脑与游戏相结合发明了电子游戏机。

2. 主体附加法

主体附加法是指以某一特定的对象为主体，通过置换或插入其他技术或增加新的附件而产生发明或创新的方法，它又可称为内插式组合。

此法适用于对产品作不断完善、改进时使用。如最初的洗衣机只是代替人的搓洗功能，以后增加了甩干、喷淋装置使其有了漂洗和晾晒功能。电风扇也是如此，在逐渐加入摇头、定时、变换风量等装置后才成为今天的样子。

主体附加法实施过程为：选出主体—列举缺点—列举希望—确定插入的技术，使主体功能发挥更好或增加辅助功能。主体附加法的具体实施步骤为：①有目的地选定一个主体；②运用缺点列举法，全面分析主体的缺点；③运用希望点列举法对主体提出种种希望；④考虑能否在不变或略微改变主体的前提下，通过增加附属物以克服或弥补主体的缺陷；⑤考虑能否在利用或借助主体的某种功能，附加一种别的东西使其发挥作用。

运用主体附加法往往可使主体获得多种附加功能而成为多功能用品，然而，作为多功能物品的设计应该全面考虑，权衡利弊，否则会事与愿违，出力不讨好。

学习情境三

创业教育与职业生涯规划

单元一　创业教育

一、创业教育的概念

创业教育的英文表述是 Enterprise Education。与 Enterprise 相对应的中文解释很多，比如，王同亿主编的《英汉辞海》给出了如下五种解释：①计划或设想，对于干一件事情的计划或设想；②冒险（事业）、事业、工程，尤指艰巨复杂的或有很大风险的事业；③企业（单位），尤指商业组织，如 a small independent Enterprise，小型独立企业；④有一定目的的活动或活动方式；⑤探索精神，事业心，进取心，胆量。因此，对 Enterprise Education 可以有多种译法，如"企业家才能教育""事业心、进取心教育""开拓精神与技能教育"等。

《牛津现代高级英汉双解辞典》给出了 Enterprise 的三种解释：①事业（尤指需要勇气或难以进行的）；企业；②企业心、事业心，如"a spirit of Enterprise"，进取精神；③从事企业或事业。根据这三方面的含义，参照《英汉辞海》的解释，可以从以下三方面来理解 Enterprise。①作为单位的企业、事业、商业组织或机构，或作为一项工作的事业、企业、商业、工程等；②作为一种精神或意识的心理品质，主要指事业心、进取心、探索精神、开拓精神、冒险精神等；③从事某项事业、企业、工作的过程、活动、计划或设想等。

由此，可以对 Enterprise Education 做如下理解：①进行关于事业、企业、商业等方面知识和关于如何开展事业、企业、商业等计划、活动、过程的教育；②进行事业心、进取心、探索精神、开拓精神、冒险精神等心理品质的教育。

结合以上关于创业的概念，可以用"创业教育"来表示 Enterprise Education 的中文译文，与"企业家才能教育""事业心、进取心教育""开拓精神与技能教育"等译文相比，"创业教育"要更加完整、准确、贴切。

综上所述，创业教育是对学生传授创业知识、创业技能和培养学生的进取、开拓、冒险等创业精神的社会活动。创业教育的目的是培养敢于创业和善于创业的人才。

大学生创业教育就是针对大学生开展的创业教育，大学生创业教育的特点是通过一系列的创业知识学习和创业活动训练,尤其是通过与专业教育、素质教育的结合,培养学生敢于创新、勇于创业的精神,使他们具有较强的适应能力与开拓能力,能够在复杂的环境下寻求发展机会。大学生创业教育的目的是:①培养大学生的创业意识和创新精神,激发大学生的创业热情;②使大学生具备创业的基本知识、基本技能和创业的心理品质;增强大学生的身体素质、提高大学生的动手能力和社会适应能力;③帮助大学生建立科学的创业观,使大学生能够正确地选择创业道路。

大学生创业教育要特别重视以下两点:第一,创业教育要注重培养学生的积极处世观,使学生能以积极的态度对待环境变化,并且在变化中不断地发现机会、捕捉机会,寻求发展。第二,创业教育要强调学习能力与做事能力的统一,强调知识、技能与情感的结合,强调敢于创新与尊重科学的统一。

大学生创业教育不同于一般意义上的创业教育:第一,大学生创业教育具有系统性,是一种理论与实际相结合、精神培育与知识技能教育相结合的教育和教学活动,重点在培养创业精神,而一般的创业教育,比如创业培训,带有明显的功利性,重点在掌握创业知识。第二,大学生创业教育贯穿于专业教育之中,与专业教育紧密联系,而一般的创业教育基本上是单独进行的,与专业教育相分离。

二、创业教育的内容

1. 培养创业意识是创业教育的首要内容

意识是人对外界事物的能动反映,是精神的初级阶段。创业意识是指人对创业这一客观事物的积极反映,是形成创业精神的基础,表现为对创业的认同与赞许。由于创业的核心是创新,创新就意味着要改变传统的思维方式或工作方法,就需要摆脱已经形成的思维定式,克服习惯阻力。所以,创业意识是不大可能自动形成的,必须要施加影响才能形成。开展创业教育就是要对学生施加影响,使其逐步形成强烈的创业意识。

意识又是行动的内在动力,自觉的行动必定是受意识支配的。所以,意识是行动的先导,创业意识同样是创业行动的先导,没有创业意识不可能有创业行动。于是,培养大学生的创业意识就成为大学生创业教育的首要内容。

大学生创业意识的培养不能简单地依靠开设几门创业课程或几场创业教育讲座,而应该营造重视创业、赞美创业、支持创业的环境氛围,尤其要在专业教学过程中自觉地灌输创业思想,使学生逐步形成强烈的创业意识。

精神是自我意识的升华,是人对外部世界能动反映的最高阶段,是已经形成了牢固基础并且能够支配自己行动和影响别人行动的人的内部力量。精神一旦形成就不容易消失,而且可以感染别人,成为行动的内驱力。创业精神正是支配创业主体战胜困难、克服阻力、走向成功的强大的内驱力。培养学生的创业意识,为形成创业精神打下基础,正是创业教育面临的首要任务。

创业意识和创业精神的培养要与大学生创业心理品质的养成结合起来,事实上,创业的心理品质构成了创业意识和创业精神的心理基础,是创业意识的组成部分。

2. 选择创业目标是创业教育的重要内容

目标是行动的指南,大学生创业目标的正确性决定了大学生创业行动的最终效果。"一个科学合理的切合实际的创业目标,可以引导他们沿着正确的道路前进,脚踏实地地干出一番事业、开拓一片新的天地；相反，一个不合理的或者不切实际的创业目标，或者诱导他们在虚无缥缈的幻想中周旋，在无法通行的道路上蹉跎，最终无所成就，心灰意懒；或者他们所追求的目标不符合社会的要求和人民群众的需要，对社会经济发展和人民群众的利益产生的正面效应较小，最终得不到社会的承认。"

创业目标的选择需要考虑多种因素：

首先是社会需要。大学生是社会主义事业的建设者和接班人，是国家和人民的希望，把国家和人们的需要作为自己追求的目标应该是大学生崇高的责任。大学生选择的创业目标只有符合社会的需要才有意义，创业才有价值，才符合实现价值增值的创业根本目的。

其次是自身特点。每个大学生的兴趣、爱好和能力特长各不相同，有的人爱好文学，惯于形象思维；有的人偏爱数学，善于抽象思维；有的人性情开朗，善于交际；有的人思维缜密，善于谋划。因此，大学生创业教育必须教育学生认识自己，了解自己的个性和擅长，选择适合自己特点的创业目标。

再次是环境条件。虽然环境条件不是创业成功的决定因素，但是环境条件能够影响创业的成本和难易程度。所以，教育学生如何分析创业环境，选择适合环境条件的创业目标也是大学生创业教育的重要内容之一。

3. 提高创业能力是创业教育的核心内容

创业是一种复杂的社会活动，必然要遇到很多问题和困难，创业主体需要具备解决问题和克服困难的能力。创业主体只掌握了创业知识是不够的，更需要具备创业能力。

简单地说，创业能力包括应用能力、创新能力、合作能力和组织能力、抗挫能力。

（1）应用能力主要是指将所学的知识应用到实际工作中去的能力，它的基础形式就是动手能力，所以提高应用能力首先要提高动手能力，而动手能力必须经过练习或实践才能获得。

（2）创新能力是指具有开拓新思路、设计新产品、建立新理论、创造新方法或发明新技术的能力。如果说应用能力是创业能力的基础，那么，创新能力就是创业能力的核心。

（3）创业能力中需要合作能力和组织能力，是因为创业活动一般是团队活动，即使是广义的创业，创业主体也离不开组织或团队，也需要合作与协调。如果是狭义的创业，那么创业主体就更需要具备合作能力和组织能力。

（4）无论是广义的创业还是狭义的创业都可能遇到挫折，甚至失败。俗话说"失败乃成功之母"，经受得起挫折和失败，是每一个创业的主体必须具备的品质。所以，作为创业主体一定要具备抗挫能力，这样才能在逆境中求生存，在困难中求发展，才有可能创业成功。

由于创业能力对创业主体的重要性，所以，对大学生进行创业能力的培养是大学生创业教育的核心内容。

4. 掌握创业知识是创业教育的基本内容

创业知识包括创业的基础知识和专业知识。创业的基础知识是指创业需要的文化、法律、管理、社交和财务等方面的知识；创业的专业知识是指与创业目标相关的专业理论知识和专业技能知识。创业知识对于创业主体来说非常重要，创业知识的多少在很大程度上影响着创业主体的创业决心和创业成功率。而且创业知识还是构成创业能力的基础，没有创业知识就无法开展创业活动，因此也就无从发展创业能力。所以，让大学生掌握创业知识是大学生创业教育的基本内容。

创业的基础知识可以通过听课和自学获得，向大学生开设创业课程，传授创业的基础知识是大学生创业教育的基本做法。创业的专业知识主要靠通过系统的专业学习获得。所以，在专业教学中融入创业思想，培养学生的创业意识是大学生创业教育的重要手段。

5. 开展创业研究是创业教育的必要内容

什么是创业？如何创业？创业的机会如何把握？创业成功需要什么条件？创业可能遇到什么困难，如何解决？创业有哪些形式，各种形式的创业之间存在哪些异同？如何选择创业目标和创业途径？关于创业，有许许多多的问题需要研究，因此，创业教育离不开对创业的研究，也离不开对创业教育本身的研究。要开展对创业和创业教育的研究，要把相应的研究成果应用于创业教育之中，提高创业教育的质量。

三、创业教育的模式

1. 创业教育与专业教育、素质教育的关系

创业教育决不能与专业教育相分离，实际上创业教育需要专业教育作为基础，如果创业主体缺乏某一职业岗位或职业岗位群所需要的知识和能力，那么创业主体根本无法从事实际创业活动，其创业理想只能是"空中楼阁"。因此，创业教育要以专业教育为基础，使创业教育有机地融入专业教育之中。

创业教育融入专业教育之中的关键因素是教师，教师的教学观念和教学方法决定着创业教育的成效。因为，大学生创业教育的根本目的不是单纯地使大学生掌握创业的基本知识和创业的基本技能，而主要是培养大学生的创业意识和创新思维。大学生创业意识的培养主要靠平时的养成，尤其是靠专业教师的潜移默化的影响。大学生创新思维的培养更要靠教师的启发和启迪。教师的教学思想和教学方法以及教学风格对学生思想意识的培养与作风的形成影响极大。从这个意义上说，没有创新思维和创业意识的教师很难培养出具有创新思维和创业意识的学生。

创业是一项具有开拓性质的工作，作为创业主体的个人必须具备良好的综合素质：不仅需要较好的专业知识，更需要顽强的毅力、健康的体魄和坚强的信念；不仅要能够孤军奋战，更要能够团结合作、共同攻坚；不仅要能够在顺境下工作，更要能够在逆境下工作。因此，素质教育是创业教育不可缺少的内容，或者更清楚地说，创业教育本身就是一种特殊形式的素质教育。

2. 创业教育的形式

从创业教育实践活动方式看，大致可归纳为如下三种形式：

（1）以学生整体能力、素质提高为侧重点的创业教育。这类创业教育的特点是将创业教育融入素质教育之中，强调创业教育"重在培养学生创业意识，构建创业所需知识结构，完善学生综合素质"，将第一课堂与第二课堂相结合，开展创业教育。在第一课堂方面，调整教学方案，加大选修课程的比例，拓宽学生自主选择的空间；开设"企业家精神""风险投资""创业管理"等创业教育系列课程；改革教学方法，倡导参与式教学；以鼓励学生创新思维为导向，改革考试方法等。在第二课堂方面，学校不以功利性为导向，鼓励学生创造性地投身于各种社会实践活动和社会公益活动中。通过开展创业教育讲座，以及各种竞赛、活动等方式，形成了以专业为依托，以项目和社团为组织形式的"创业教育"实践群体。

（2）以提高学生的创业知识、创业技能为侧重点的创业教育。其特点是商业化运作，设置专门机构，开设创业教育的课程，建立大学生创业园，教授学生如何创业，并为学生创业提供资金资助以及咨询服务。设置独立机构负责与学生创业有关的事务，如开设"创业管理课程""创业企业的设立、研发"等课程，设立创业基金，对学生的创业计划书经评估后进行种子期的融资。

（3）综合式的创业教育。即一方面将创新教育作为创业教育的基础，在专业知识的传授过程中注重学生基本素质的培养，另一方面，为学生提供创业（创办公司）所需资金和必要的技术咨询。学校以"三个基点"（素质教育、终身教育和创新教育）和"三个转变"（专才向通才转变、教学向教育的转变、传授向学习的转变）为指导思想，确立创新人才培养体系的基本框架和基本内容，注重学生整体素质的培养和提高。

四、创业教育的功能

1. 创业教育的社会功能

（1）创业教育具有促进社会和经济发展的功能。创业教育的根本目的是培养学生的创业意识和提高学生的创业能力，因此，创业教育达到的第一个效果就是激发了学生的创业热情，提高了学生毕业后创业的可能性和成功率。创业可以实现价值增值和财富增长，所以，创业教育有利于价值增值和财富增长，从而具有促进社会和经济发展的功能。

广义的创业可以发生在社会的各个领域之中，促进社会的全面发展，而狭义的创业直接发生在商业或产业领域中，对经济的发展产生直接的作用。

创业对于经济发展的作用绝不仅仅局限于提高人均产出与人均收入水平，更重要的是，创业还促进新的社会结构和经济结构的形成，让更多的人来参与经济发展的过程和获得相应的回报。一种经济增长理论将创新视为关键因素，因为创新不仅可以促进新产品和新服务的出现来满足市场需求，而且可以刺激新的投资。显然，这就将从需求和供给两方面来促进经济的增长。在需求方面，新产品和新服务往往会创造出新的市场需求，从而成为促进经济增长的需求因素；在供给方面，新资本的形成将导致新的生产能力，扩大整个经济的供给能力。这一段论述虽然只是针对狭义创业来说的，但从中可以理解创业教育对经济和社会的发展所起的作用。

（2）创业教育具有促进社会稳定的功能。社会的稳定取决于两个基本因素，一是人们的信仰，二是人们的就业状况。当一个国家的人们心中充满着美好的理想，同时人人都有工作的时候，社会就安定平和了。但是，如果失业人数太多，人们的基本生活得不到保障，或人们的工作愿望得不到满足，那么社会的稳定就缺少基础。创业教育能够唤醒人们的创业热情，激发人们的创业斗志，使得人们在缺乏工作岗位的情况下，仍然可以凭借自己所掌握的创业本领去开创新的工作局面或创造新的工作机会，改善就业状况；创业教育还教育学生要面对困难，在困难中看到胜利的曙光，心中始终充满着理想与信念。所以，创业教育具有促进社会稳定的功能。

（3）创业教育具有促进教育和教学改革的功能。创业教育是对传统教育的革新。大学生创业教育是在传统专业教育的基础上，通过提出新的培养目标，建立新的课程体系和构建新的教育教学实践体系而进行的教育教学活动。开展创业教育不仅要转变教育观念，还要改革教学内容和教学方法；不仅要求教师转变教学思想，也要求学生转变学习思想。美国的创业教育十分注重实践性和应用性。创业教育体系中不仅包括了创业学课程的普遍开设，还包括许多创业实践活动，建立了许多创业教育组织，比如，高校创业中心、创业教育研究会等；不仅在校园内营造浓厚的创业文化氛围，还通过创业中心与社会建立广泛的外部联系网络，包括各种孵化器和科技园、风险投资机构、创业培训机构、创业资质评定机构、小企业开发中心、创业者校友联合会、创业者协会等，形成了一个高校、社会团体、企业良性互动式发展的创业教育生态系统。因此，创业教育对高等教育提出了新的要求，从而促进了高等教育的改革和高等学校的教学改革。

2. 创业教育的个体功能

（1）创业教育具有促进个体全面发展的功能。从创业教育的性质和要求上可以看出，创业教育不仅不会影响专业教育，而且还有助于学生多方面才能的提高。比如，根据创业教育的要求，通过创业教育应该提高学生的专业应用能力、社会交际能力、共同合作能力、组织协调能力和应变能力、抗挫能力等。因此，创业教育有利于学生思想素质、心理素质、专业素质和身体素质的提高。

（2）创业教育具有增强个体活动能力的功能。创业教育不仅要开设创业课程，更要设计多种多样的活动，学生可以通过参加各种活动来锻炼自己的能力，增强自己的体质，开阔自己的视野，从而提高自己的活动能力。

单元二　职业生涯规划

一、职业生涯的含义

在日常生活中经常要用到"生涯"这个词，比如描述一个人从政的经历时，常常会说："在他的政治生涯中……"；描述一个人当兵的经历时，会说："在他的军旅生涯中……"；描述已经退休的一个人以前的职业生活中，会说："在他的职业生涯中……"；等等。

"生涯"一词在汉语中的意思，可以拆开来看，"生"与"死"相对，其意为"活着"；"涯"为"边际"之意，合起来就是"一生"的意思。在西方，生涯这个词本身包含有职业的意思，因此生涯与职业生涯用的都是同一个单词，即"career"。而在我国由于翻译的不同，有的译为"生涯"，有的译为"职业生涯"，但所指的意思是相同的。从词源上来讲，最初在希腊文中，这个词蕴含着疯狂竞赛的精神，最早常用作动词，如驾驭赛马，后来又引申为道路，即人生的发展道路，或指个人一生的发展过程，也指个人一生中所扮演的系列角色与职位。

国外学者对生涯这一概念有不同的解释，比较有代表性的观点如下：

沙特尔：生涯是指一个人在工作生活中所经历职业或职位的总称。

舒伯：生涯指一个人终生经历的所有职位的历程。在后续的研究中，舒伯对生涯的看法又有补充。

麦克弗兰德：生涯指一个人依据心中的长期目标所形成的一系列工作选择，以及相关的教育或训练活动，是有计划的职业发展历程。

霍尔：生涯是指人终其一生，伴随工作或职业的有关经验与活动。

韦伯斯特：生涯指个人一生职业、社会与人际关系的总称，即个人终身发展的历程。

从上述国外学者的生涯定义大体上可以看出，生涯是指与个人终身所从事工作或职业等有关活动的过程。

目前大多数学者所接受的生涯定义来自于美国舒伯的论点：生涯是生活中各种事件的演进方向和历程，它综合了人一生中的各种职业和生活角色，由此表现出个人独特的自我发展形态。所以生涯具有终身性、独特性、发展性和综合性的特点，可以将它理解为介于"生命"与"职业"之间的概念，其外延并未大到与"生命"等同，但也未小到与"职业"等义，其内容是比较宽泛的，具有丰富的内涵与特性，除了工作和职业之外，它还涵盖了人一生所从事的各种活动。

因此，职业生涯就是一个人的终生职业经历。与职业不同，职业生涯是个发展的概念，是一个动态的过程。职业生涯的发展是以个人为中心的，只有在个人寻求它的时候它才存在。它不仅包括一个人的过去、现在和未来那些可以实际观察到的连续从事的职业发展过程，还包括个人对职业生涯发展的见解和期望。具体地讲，职业生涯是以心理开发、生理开发、智力开发、技能开发、伦理开发等人的潜能开发为基础，以工作内容的确定和变化，工作业绩的评价，工资待遇，职称、职务的变动为标志，以满足需求为目标的工作经历和内心体验的经历。

职业生涯是指一个人一生中的所有与工作、职业相联系的行为和活动，以及相关的态度、价值观、愿望等连续性经历的过程。职业生涯至少包含了五个方面的含义：

（1）职业生涯主要由行为活动与态度、价值观两方面构成。要充分了解一个人的职业生涯必须从主观（即职业态度、职业价值观）和客观（职业行为活动）两方面理解：表示职业生涯客观特征的概念是"外职业生涯"，指一个人在工作时期进行的各种活动和表现的各种举止行为的连续体；"内职业生涯"则表示职业生涯的主观特征，涉及一个人的价值观、态度、需要、动机、气质、能力、发展取向等。

（2）职业生涯是一种过程，是一生中所有与职业相关的连续活动或经历。它并不仅是指步入社会开始工作才意味着职业生涯的开始，其实也包括了从事工作前的职业准备阶段，如职业能力的提高、职业兴趣的培养、职业选择和定位、职业资格证书的获得等。

（3）职业生涯受多方面因素影响，如本人对终生职业生涯的设想与计划、组织的需要与人事计划、社会客观环境、教育成长环境、个人发展需求等。

（4）职业生涯是一个动态概念。不仅表示工作时间的长短，也包括职业发展、变更的经历和过程。

（5）职业生涯只是表示一个人一生中在各种职业岗位上所度过的整个经历，并不包含有成功与失败的含义，也没有进步快慢的含义。

二、职业生涯发展阶段

人的职业生活是其生活的主体，在其生涯中占据核心与关键的位置。职业生涯发展阶段的划分，是按照年龄层划分生涯阶段。由于每个人的情况不一，发展速度有快有慢，所以就出现了按年龄划分的理论与方案。于是有的专家、学者提出四阶段论，有的提出五阶段论，也有的提出六阶段论。例如：

职业生涯发展理论专家金兹伯格将人生职业生涯发展划分为三个阶段，即幻想期（11岁以前）、尝试期（11~18岁）和实现期。从金兹伯格的三个阶段划分来看，他着重研究的是一个人的早期职业发展。

职业生涯发展专家休普将人生职业生涯发展划分为四个阶段，即试探阶段（25岁以前）、创立阶段（25～45岁）、维持阶段（45～65岁）和衰退阶段（65岁以上）。在维持阶段又分为成长与停滞两种状态，有的人在此时期继续成长，有的人在此时期停滞不前。

职业生涯发展研究领域权威人萨珀将人生职业生涯发展划分为五个阶段，即成长阶段（0～14岁）、探索阶段（15～24岁）、创业阶段（25～44岁）、维持阶段（45～64岁）和衰退阶段（65岁以上）。在探索阶段又分为试探期、转变期、尝试和初步承诺期。在创业阶段分为稳定期和建立期。

美国学者利文森将职业生涯发展划分为六个阶段，即拔跟期（12～22岁）、成年期（22～29岁）、过渡期（29～32岁）、安定期（32～39岁）、潜伏的中年危机期（39～43岁）和成熟期（43～59岁）。

我国孔夫子根据自己的亲身经历，将人生十年作为一个阶段。孔子曰："三十而立，四十而不惑，五十而知天命，六十而耳顺，七十而从心所欲，不逾矩。"（《论语·为政篇》）其基本含义是：三十岁确立人生目标；四十岁就不会困惑了；五十岁就会知道哪些事可以做，哪些事不能做，较客观地了解自己；六十岁更能理解他人，判别是非，分清真假；七十岁便能随心所欲，任何念头都不会越出规矩。

美国职业生涯指导专家卡耐基也将人生每十年作为一个阶段。他的观点是：二十岁至三十岁是变化期；三十岁至四十岁是充实期；四十岁至五十岁是成熟期；五十岁至六十岁是秋暮期。对此定义，有不同看法，主要是把五十岁至六十岁定义为秋暮期，对于五十多岁的人来说，会使人感到有点心灰意冷，人到暮年了，没有用了。这种定义确实不妥，但其每十年作为一个阶段还是有其道理，值得借鉴。

以上阶段的划分，各有其特点。对于不同的人，有其不同的作用。因为，人生发展极为复杂，有的是高中毕业，有的是大学专科毕业，有的是大学本科毕业，有的是研究生毕业，其学历不同，参加工作的时间就不同。参加工作的时间不同，其生涯阶段的划分也就不同。即使是同等学力、同年毕业，每个人的发展速度也不一样。因此，生涯阶段的划分，宜粗不宜细。我国职业生涯研究者对职业生涯进行阶段划分也提出了适合我国国情的分期模式，但也只能提供一个粗线条的轮廓，起一个抛砖引玉的作用。每个人可根据自己的具体情况，划分自己的生涯阶段。在我国，一般认为人的职业生涯可以分为六个时期：

1. **职业准备期**（一般从15、16岁开始直到面临就业时止）

这一时期是指个人在形成了较为明确的职业意向后，从事职业的心理、知识、技能的准备以及等待就业机会。每个择业者都有选择一份理想职业的愿望与要求，准备充分的就能够很快地找到自己理想的职业，顺利地进入职业角色。

2. **职业选择期**（一般集中在17、18岁到30岁左右）

人们在这一时期，根据社会需要和自己的能力、愿望作出职业选择。该时期的主要特征是从学校走向社会，由学生变成了员工，其身份发生了变化。该阶段的主要变化有两点：一是成家，二是立业，这两点对人生的发展都很重要。特别是立业问题，是人生事业发展的一个起点，起步如何，直接关系到今后的成败。以下四点是该时期的主要任务。

（1）选择职业。职业的选择是该时期的一项重要任务，也是人生的一件大事。职业选择成功与否，直接关系到人生的发展。

(2) 确定目标。职业选定后，就要探索设定人生目标。如果在此阶段不能确定自己人生目标，人生的起跑线将会延迟，一步错，将会步步错，给未来的发展带来极大的困难。

(3) 树立良好的形象。这一时期，正是年轻人步入职业世界的阶段。在这一阶段，表现如何，对一个人未来的发展影响极大。因为有一个先入为主的问题，如果开始就给人一个不好的印象，以后再想扭转过来，就必须付出加倍的努力。

(4) 坚持学习。这一时期是人生发展的起始阶段，这一阶段的学习对今后的发展又是至关重要，故能否坚持学习，对一个人未来的发展有其重要的作用及影响。

以上四点，对于年轻人的发展至关重要，因为第一点选好了职业；第二点树立了正确的目标；第三点树立了良好的形象；第四点打好了业务基础。有了这四个条件，就会发展顺利，事业有成。

3. 就业初期——职业适应期（成年初期）

人们走上职业岗位从事劳动，这是对人的职业能力的实际检验。在这一时期里，许多人能在一两年时间内顺利适应某一种职业（适应期或长或短）或难以适应又重新选择。当然这一时期要完成从一个择业者到一个职业工作者的角色转换。在这个时期，要尽快适应新的角色、新的工作环境、工作方式、人际关系等。

4. 就业稳定期（成年、壮年期）

30~50岁之间，这一时期占据人的职业生活的绝大部分，是人的劳动效果最好的时期，也是成就事业、获得社会地位的关键时期，是职业生涯的主体。这个时期正是一个人风华正茂之时，是充分展现自己才能、获得晋升、事业得到迅速发展的时期。

所以，这个阶段对人生发展也是一个重要阶段。该阶段的主要任务有以下三点：

(1) 调整职业，修订目标。此阶段也是人生目标的调整阶段，人到三十多岁，应当对自己、对环境有了更清楚地了解，看一看自己所选择的职业、所选择的生涯路线、所确定的人生目标是否符合现实，如有不妥之处，应尽快调整。三十几岁调换工作，更换单位，还比较容易，等到四十多岁再更换，那就难了。俗话说，三十三，弯一弯，就是这个意思。在这个年龄段，无论是调整职业也好，不调整也好，人生的目标应当非常明确了。如果说，以前的决策有误，此时也应该加以纠正了。因此，此时正是人生的一个大好时光，是一个人大展宏图、立功建业的阶段。若在此阶段还犹豫不决，徘徊不定，就会影响事业发展的速度。

(2) 努力展现自己的才能，扩大自己的影响力。三十几岁，正是事业发展的起步阶段，特别是那些刚走上领导岗位的年轻人，以后发展如何，这个时期的表现至关重要。

搞设计、搞研究的人，在这个年龄段开始独立承担项目，展现自己的才能。据研究，人在自然科学方面的创造才能，就多数人来讲，三十岁至五十岁是最佳年龄。一个设计或研究人员，在此阶段若不能独立承担项目，或不能独立地开展研究或设计工作，拿不出像样的成果来，必然对将来的发展有所影响。当然，在此阶段若发奋努力，仍能获得事业的成功。

搞经营的人应体现出自己的经营才干。三十多岁正是身强力壮、精力旺盛、大显身手的时期，正是开拓市场、积累经验、显示自己才能的大好时机。若在此时期业绩平平，在工作中经常出现问题，那个人的发展就有问题了，不会领导的重用。

(3) 处理好家庭与事业的关系。在这个时期，家庭和事业都非常重要。小宝宝的问世，给家庭带来了欢乐，同时也给家庭带来了拖累。如果家庭至上，则工作上不会尽力。不是迟到，就是早退，不是有事，就是请假，几年内不能正常工作。在领导上和同事中产生不好的印象。若是只关心事业不顾家庭，那么家庭也会出现问题，严重时会引起家庭危机。如何正确处理家庭与事业的关系呢？正确的做法是把生活分成十分，事业七分，家庭三分。既干事业又顾家庭，这才是人生的正常发展。否则，事业成功了，家庭破裂了，或家庭和睦了，事业失败了，这都不是人生的成功。这一点还值得年轻人注意。

5. 就业后期

为50岁以后，此时是事业的收获和人生的享受季节，但由于人的生理条件改变，人的职业能力会发生缓慢的不可避免的减退，其职业生涯处于维持状态。在这个时期，也是人生的一个重要阶段，要使该阶段生活的充实有意义，须做好以下四点：

（1）事业成功者，应克服自满，继续前进。事业未成者，应振作精神，发奋努力。因为，一个人到了五十岁，对工作已有了相当的经验，可以较好地胜任工作，正是大干事业的时机。以前成功也好，失败也罢，此时觉悟，还有成功的可能。但要清楚，人到这个年龄，人生道路已经过半，可拼搏、可利用的机会并不多了，没有多少时间可耽搁了。

（2）注意锻炼身体，保持身体健康。身体是革命的本钱。一个人的事业能否成功，在很大程度上取决于自己的身体状况。如果一个人身体不好，无疑给事业的发展带来困难。往往出现心有余而力不足的状况。甚至有时由于身体原因，不得不放弃自己的事业。人到中年，这个问题就更为突出。

（3）继续"充电"。在此时期面临一个重要任务就是知识更新问题。人到这个年龄，知识老化问题已比较突出。特别近几十年来，科学技术的高速发展，使知识更新的周期日趋缩短。如果不及时"充电"，将难以满足工作所需。即使现在尚能应付工作，那么也会后劲不足，影响事业的发展。所以，"充电"是必不可少的，工作再忙，也要抽出时间学习。

（4）注意自己的外表及形象。如果五十多岁的人衣衫不整、说话粗鲁、格调低俗，是很难得到别人认同了。这方面虽说是生活小事，但也不可忽视。因为它反映出一个人素质、一个人的修养。

6. 职业结束期

60岁以上，由于年老体衰而结束职业生涯，开始适应退休生活。到了这个年龄，都面临着告别几十年的工作岗位，准备进入退休生活的这一事实。渡过此阶段主要应做好如下三个方面。

（1）调整心态，增加活力。一个人，老与不老在很大程度上取决于心态。所以，调整心态，增加活力是该年龄段的重要任务之一。

（2）总结经验，继续前进。对于一个事业有成，而欲想获得更大成就的人，这些经验会产生极大作用，让人保持青春的活力，沿着成功大道勇往直前。

（3）规划晚年，再展蓝图。

综上所述，一个人从职业学习开始到职业劳动最后结束的人生旅程就是职业生涯。由于每一个人来到世上，受到不同家庭、民族、国度等环境因素的影响，接受的教育不同，产生的思想、观念、素质和价值观等方面的差异，因而，人的职业生涯是丰富多彩的。

三、职业生涯形态

1. 外职业生涯和内职业生涯

美国职业心理学家施恩教授最早把职业生涯分为外职业生涯和内职业生涯。

内职业生涯是指一个人在职业生涯发展过程中，通过职业观念、职业品格、职业技能、职业习惯和自身素质的提高，来实现的个人综合能力提升、社会地位提高、个人荣誉获得以及对家庭的义务、个人的身心发展、事业的和谐的可持续发展的过程。这些都要靠主观努力才能得到，别人的帮助不过是一个外在助力而已。内职业生涯的各个构成因素一旦取得就会内化为个人的基本素养，是一个人内心深处的宝藏，是通过个人的不断努力而获得的，一般不会因为职业生涯的因素改变而丧失。内职业生涯如同树根，并不是随时都可以显露出来。只有在一个人发表见解、做决定、做工作时才能表现出来。

外职业生涯是指从事一种职业时的工作时间、工作地点、工作单位、工作内容、工作职务与职称、工资待遇还有获得的荣誉称号，这些因素的组合及其变化过程，就构成了外职业生涯。外职业生涯的构成因素通常是由别人认可的和给予的，也容易被别人否认和收回。外职业生涯如同树的枝枝叶叶、花花果果，通过名片、证书、工资单等表现出来。

内职业生涯和外职业生涯之间的辩证逻辑关系如下：

（1）内职业生涯决定外职业生涯，它是外职业生涯发展的前提。

（2）外职业生涯是内职业生涯的一种外在表现形式，它对内职业生涯起到能动地反作用。

2. 传统性职业生涯与易变性职业生涯

易变性职业生涯与传统职业生涯的区别主要体现在以下三个方面：

首先，易变性职业生涯目标是心理成就感。这种目标很大程度上由员工自己掌握和控制，它是一种自我的主观感觉，而不仅指公司对员工的认可。而传统职业生涯的目标是加薪和晋升，它不仅受雇员自身的影响，还受到公司所提供职位的影响。

其次，易变性职业生涯理论认为员工必须具有动态的学习能力。

最后，易变性职业生涯的主要特征是"无界性"，跨专业和短暂性的职业生涯将成为普遍现象。而传统的职业生涯方式是一种线性的等级结构，许多大公司的职业生涯都是"高耸"性，带有科层制的职务结构，较高的等级往往意味着较大的权力、责任和较高的薪金。

此外，传统的职业生涯还包括专家型的职业生涯方式，终生从事某一专业领域（如法律、医疗、管理），这种职业生涯的方式还会继续存在。

四、职业生涯规划的含义

"职业生涯规划"（Career Planning），简称生涯规划，又叫职业生涯设计。职业生涯规划是指个体在对影响自己职业生涯的主、客观因素进行分析和评估的基础上，进行职业定位，确定奋斗目标，进而选择实现这一目标的职业，编制相应的工作、教育和培训的行动计划，并对每一步骤的时间、顺序和方向作出合理的安排。就像修一条路需要事先明确路将通往何方，需要事先对道路所经过的路线、沿途的地形、道路的质量、修路的成本进行规划一样，职业生涯也需要做好设计和规划。每个人要想使自己的一生过得充实而有意义，就必须有自己的职业生涯规划。

职业生涯规划关键就是要解决"干什么""何处干""怎么干""以什么样的心态干"的问题，可以概括为"四定"——定向、定点、定位、定心。

定向，就是确定自己的职业方向。方向与目标有所不同，目标是自己拟定的期望达到的一个理想，而方向是为达到目标而选择的一种路径。如果方向错误，则会偏离目标，即使修正，也需要花费更多的时间和精力。对大学生来说，职业定向需要冷静的头脑和十足的勇气，应根据自己的兴趣、理想、专业去选择职业方向。

定点，就是确定职业发展的地点。地点也是现实环境的一个因素。各地的经济发展现状和前景都有不同，甚至差异很大，如中心城市和边远山区、沿海地区和西部地区。近几年的调查研究显示，绝大多数毕业生选择就业地点只盯着经济发达地区，但这些地区竞争激烈、生活成本很高，外地生源还要面临环境、观念、语言、文化等差异带来的困难，而且发展与晋升的空间与机会并不见得比去发展中地区更好。这也是大学生就业时要慎重考虑的。

定位，就是确定自己在职业人群中的位置。定位过低会导致个人在职业生涯中无法实现自我价值的最大化，过高则容易因连遭挫折而对职业生活丧失信心。因此，大学生需要准确地标定自己的位置，根据自己的实际水平，在择业时对职位、薪资、工作内容等做好判断和把握。

定心，就是稳定自己的心态。人的一生必然会存在高低起伏，成功与挫折总是结伴而行，个人的职业生涯也不例外。在实现职业理想与目标的过程中，难免也会有磕磕碰碰和意想不到的困难。对大学生来说，就要保持一种平常心态，敢于直视就业过程中的困难和问题，不以物喜，不以己悲，始终坚定地按照自己的正确计划去实现理想。

第二篇　大学生创业过程

学习情境一

创业机会识别

知识目标

1. 了解创业的概念与分类。
2. 理解创业机会的识别。
3. 理解创业机会的评估。

能力目标

1. 能识别创业机会。
2. 能对创业机会进行正确的评估。

导读案例

"新裁缝时代"撞上跨境电商，拼的是3D技术和大数据

　　量体裁衣，这个成语用在浙江孤品品牌管理有限公司CEO倪卫清的身上似乎不合适，作为新时代的裁缝，倪卫清可以"拍照裁衣"——只要消费者用手机拍两张正面和侧面全身照，倪卫清就能根据这个数据定制一套合身的西装。因此，这家位于杭州市下城区中国（杭州）跨境贸易电子商务产业园的杭州企业，服务半径就顺理成章地扩展至全球。

3D技术和大数据是核心竞争力

　　真的这么神奇？倪卫清详细讲解了"拍照裁衣"背后的技术量。首先是3D可视化技术，该技术不仅能够为客户提供款式的选择，而且可以细致到纽扣的样子甚至是衣服上的细痕。其次是板型大数据和体形大数据库。那么系统又是如何进行尺码修正

的呢？原来这家公司建起了一个大数据库，数据库里有20多万个人的体型数据。"只要顾客报上身高、体重就可以找到属于自己的人体模型，定制满意度达到95%。"公司CEO倪卫清说，"结合顾客传来的照片，系统会自动纠偏，再加上经验丰富的版师最终把关，能确保每套西服最大限度合身。"

这真的是独一无二的"私人定制"！就如这家公司网站上所说的，"西装只有一个尺码，那就是您的尺码。"

如果你想在衣服上绣上名字，还可以选择用什么样的字体，具体绣在衣服的哪个角落……倪卫清还透露，公司男装产品所用主材料都是全天然的，面料选用的是上等棉、麻、丝、毛等，连纽扣都是贝壳扣、牛角扣、果实扣。根据客户的需求，这些全天然材料制作出来的服装合体而环保，而这些材料也是面向全球采购的，成衣后则面向全球销售。

全程手机上完成，满意度极高

最近，有客户在现场体验了一次，满意度极高。

打开一个"拍照量体"软件，先在"定制勾选"栏目中选择自己要定制西服的颜色、面料、衣领造型、衣扣种类等，然后对着身体正面和侧面各拍一张照，再输入身高和体重，量体数据自动生成。经过系统修正后，数据就如同裁缝店里的师傅拿着卷尺量出来那么精确。最后，只要点击在线支付就行了。整个过程全在手机上完成。

如此方便快捷的"私人定制"西服，吸引了海内外顾客的眼球。这家年轻的公司，去年的营业额是800万元，今年时间过半，营业额已超过去年全年的营业额。倪卫清透露，公司今年的目标是营业额冲到5 000万元。

这家公司的英文品牌叫作：OwnOnly，正切合定制"专属，独一无二"的个性化诉求。"男人大多讨厌逛街，我们做的就是让他们足不出户完成私人定制。接下来，我们除了继续做跨境贸易外，还会在线下开出更多的体验店，包括杭州生活馆。目前我们已经开设的有北美及法国、日本等国家的体验店，这是为了弥补部分客户网购体验不足的缺憾。此外，我们今后还将在国内为客户提供服装搭配的上门服务。"倪卫清说。

更重要的是，通过公司网站定制的西服价格要比实体店便宜很多。奥秘就在OwnOnly团队掌握的先进互联网定制技术及创新的C2B2O的商业运作模式，大量的渠道成本被剔除，用户付的钱都用于高品质的产品和周到的体验服务。

倪卫清坦言，自己早年在广东从事传统外贸，普通外贸加工厂毛利率有6%已经不错了，后来从事一般低进高出的跨境电商贸易，但利润也是逐年降低。没有品牌，不掌握渠道，这个死循环将永远存在，而这也正是促使他们转型，创建"OwnOnly"品牌定制男装的直接原因。目前，公司的成员都非常年轻，总共40位员工，大多是85后，数位90后员工已经是公司的管理层了；公司在美国纽约、法国图卢兹设有分公司。

我们按照"工业4.0"和"移动互联网+"的理念，创立着自己的品牌，一手掌握除生产外的包括设计、打样、营销、推广等所有业务。2013年，事业开创不久，公司就拿到了1 000万元的天使投资，2015年又将完成新一轮融资。

案例来源：每日商报

单元一　创业机会的选择与评估

一、创业机会概述

1. 创业机会及其分类

创业是从发现、把握、利用某个或某些商业机会开始的。所谓创业机会，指的是创业者可资利用的商业机会。创业者要发现创业机会，首先需要了解形成特定创业机会的原始动力。只要把握了引发创业机会的原始动力，随时关注这类原始动力的变化，就能够及时发现创业机会，及时辨识潜在的有利的创业机会，及时洞察未来的创业机会。

一般来讲，引发特定创业机会的原始动力，主要有：新的科技突破和进步；消费者偏好的变化；市场需求及其结构的变化；政府政策及国家法律的调整以及发展经济的国际环境。

在创业机会原始动力的驱动下，通常可能产生三类创业的商业机会：技术机会、市场机会和政策机会。

（1）创业的技术机会。所谓技术机会，就是技术变化带来的创业机会。这是最为常见的创业机会，它主要源自于新的科技突破和社会的科技进步。通常，技术上的任何变化，或多种技术的组合，都可能给创业者带来某种商业机会。一般而言，技术机会的具体表现形式主要有以下三种：

①新技术替代旧技术。当在某一领域出现了新的科技突破和技术，足以替代某些旧技术时，创业的机会就来了。

②实现新功能、创造新产品的新技术的出现。当一种能够实现新功能、创造新产品的新技术出现之时，无疑会给创业者带来新的商机。

③新技术带来的新问题多数新技术都有两面性，即在给人类带来新的利益的同时，也会给人类带来某些新的"灾难"。这就会迫使人们为了消除新技术的某些弊端，再去开发其他的新技术，而开发这些"新技术"并使其商业化，即可能成为新的创业机会。

（2）创业的市场机会。所谓创业的市场机会，就是市场变化产生的创业机会。一般来讲，主要有以下四类：

①市场上出现了与经济发展阶段有关的新需求。

②当期市场供给缺陷产生的新的市场机会。

③发达国家和地区产业转移带来的市场机会。

④从中外比较中寻找差距，差距中往往隐含着某种市场机会。

（3）创业的政策机会。所谓创业的政策机会，实际上是政府政策变化所赐予创业者的商业机会。简言之，是政府给的创业机会。

①政策变化可能带来创业机会。我国正处于经济转型的关键时期，整个经济体制处于转轨时期，经济结构处于调整时期，经济环境处于变化时期。政府必然不断调整自己的政策，

而政府政策的变化，就可能给创业者带来创业机会。

②政府可能的政策变化。要从政府政策变化中发现适当的创业机会，这就需要研究政府目前的政策及其可能的变化。通常，有可能产生创业机会的政府政策变化主要表现在有关产业技术、产业发展、区域发展、环境保护、资本市场、经济制度甚至社会公平等方面的政策变化上。

显然，创业的关键是要把握政府政策的变化，充分利用政府政策变革带来的盈利机会和创业空间。

对于具有敏锐目光的创业者来说，创业机会每时每刻都会出现。但是，并非所有的创业机会都是通向成功与财富的康庄大道，相反，一个看似前景远大的创业机会背后，往往隐藏着危险的陷阱。毫无经验的创业者，如果仅凭激情行事。匆忙作出决定，就很容易误入歧途，掉进失败的泥沼中无法自拔。因此，首先要选择合适的创业机会，并在发现创业机会后对其进行客观的评估，以理性的方式来决定下一步的行动，这是一名优秀的创业者所必须具备的能力。

2. 创业机会的理性辨识

面对众多的可能的创业机会，创业者应做的一项重要工作就是需要进行创业机会的理性辨识。

机会辨识，就是要了解某个机会的方方面面，发现其吸引人和不吸引人的方面；判断某个创业者利用某个特定机会的商业前景是什么。

进行创业机会辨识，目的是在众多的机会中，通过分析、判断和筛选，发现成功率高的可以利用的创业的商业机会。机会之中蕴含着商业利润；发现具有吸引力的商业机会是创业成功的基石。

对某一创业机会进行辨识，通常需要就如下内容进行分析和判断。

（1）较好商业机会的特征。具体包括以下五点。

①在前景市场中，前五年的市场需求稳步且快速增长。不难设想，如果某个商业机会的市场需求不能稳步而快速增长，创业企业将不可能有足够大的盈利空间立住脚，也就不可能迅速成长起来。在激烈的市场竞争中，创业企业无疑会纷纷落马。这对创业者是极为不利的。

②创业者能够获得利用特定商业机会所需的关键资源。这里所称的资源，涵盖利用特定商业机会所需的技术资源、资本资源、财力资源、资讯资源，甚至包括公共关系资源。理性地看，某个商业机会即便存在巨大的盈利空间，如果创业者缺少利用该机会所需的关键资源，那么他也无法利用这一机会。

③创业者不会被锁定在"刚性的创业路径"上，而是可以中途修正自己的创业路径。原因在于，市场形势千变万化，科技发展日新月异，政府政策不断调整，创业者需要根据这些变化不断调整自己的"创业路径"。这里所谓的创业路径，即创业的战略思路、组织结构、运营策略、市场技巧、技术路线等，如果创业者利用特定商业机会的创业路径是不可调整的，无论是因为主观的原因，还是因为客观的原因，创业者都不可能真正抓住和利用相应的商业机会。

④创业者可以通过创造市场需求来创造新的利润空间，牟取额外的企业利润。历史经验告诉，市场是可以创造的；企业要占领市场、获取利润，往往需要靠自己去创造新的市场

需求。

⑤特定商业机会的风险是明朗的，至少有部分创业者能够承受该机会。在风险面前无所作为，是企业经营的大忌之一。显然，如果某一商业机会的风险是不明朗的，无法弄清风险的具体来源及其结构，创业者就无法把握风险、规避风险或抑制风险，就无法降低风险损失、提高风险收益。因此，一个好的商业机会，其风险必须是明朗的。同时，至少应有部分创业者能够承受该机会的风险。因为如果没有一定数量的创业者能够承受相应的风险，在该商业机会面前，创业者就可能"壮志未酬身先死"。

（2）特定商业机会对某个创业者自身的现实性。对特定的创业者而言，为了作出理性的判断，他必须注意以下五个问题。

①自己是否拥有利用该机会所需的关键资源，如相应的企业运作能力、技术设计与制造能力、营销渠道、公共关系等。

②自己是否能够"架桥"跨越资源缺口。

③尽管会遇到竞争力量，但自己有能力与之抗衡。

④存在可以创造的新增市场以及可以占有的远景市场。

⑤利用特定机会的风险应该是可以承受的。

就特定的商业机会而言，创业者只有拥有利用该机会所需的关键资源，能够"架桥"跨越资源缺口，有能力与可能遇到的竞争力量抗衡，可以创造新的市场并有能力占有前景市场份额，可以承受利用该机会的风险，这一机会才是该创业者可资利用的商业机会。

（3）特定商业机会的原始市场规模。所谓特定商业机会的原始市场规模，即特定商业机会形成之初的市场规模。

①一般地看，原始市场规模越大越好。因为创业企业即便只占领了很小的市场份额，只要原始市场规模足够大，也可能获取较大的商业利润。

②对于那些资本能力弱、技术能力差、运营能力低的创业企业来说，原始市场规模较小的创业机会可能是更为可取的。因为在这种情况下，创业企业可能只面对较少、较小、较弱的竞争者，并且可根据市场的成长性和成长进程不断地调整自己，使自己适应市场的成长。

（4）特定商业机会的时间跨度。一切商业机会都只存在于一段有限的时间之内，这是由特定行业的商业性质决定的。在不同行业，这一时间的长度差别很大。一般而言，特定商业机会存在的时间跨度越长，创业企业调整自己、整合市场、与他人竞争的操作空间就越大。对于创业企业来说，只要操作得恰到好处，就可能在市场中一展宏图。

3. 创业机会评估标准

创业机会的评估一般有以下四条衡量标准，包括产业和市场、资本和获利能力、竞争优势、管理班子等。这些可以作为创业者从第三人角度看自己，进行自我剖析的重要参考。

（1）产业和市场，具体包括六点。

①市场定位。一个好的创业机会，或一个具有较大潜力的企业必然具有特定的市场定位，特定顾客的需求，同时也能为顾客带来增值的效果。

②市场结构。针对创业机会的市场结构可以进行以下五项分析，包括：

第一，进入障碍。潜在竞争者进入细分市场，就会给行业增加新的生产能力，并且从中争取一定的重要资源和市场份额，形成新的竞争力量，降低市场吸引力。如果潜在竞争者进入行业的障碍较大，潜在竞争者进入市场就会比较困难。

第二，供应商。如果企业的供应商能够提价或者降低产品和服务的质量，或减少供应量，那么该企业所在的细分市场就没有吸引力，因此，与供应商建立良好关系和开拓供应渠道才是防御的上策。

第三，用户。如果某个细分市场中用户的讨价还价能力很强，他们便会设法压低价格，对产品或服务提出更多要求，并且使竞争者互相斗争，导致销售商的利润受到损失，所以要提供用户无法拒绝的优质产品和服务。

第四，替代性竞争产品的威胁。如果替代品数量多，质量好，或者用户的转换成本低，用户"价格的敏感性"和强替代性产品生产者对本行业的压力就大，行业吸引力就会降低。

第五，市场内部竞争的激烈程度。如果某个细分市场已经有了众多强大的竞争者，行业增长缓慢，或该市场处于稳定期或衰退期，撤出市场的壁垒过高，转换成本高，产品差异性不大，竞争者投资很大，则创业企业要参与竞争就必须付出高昂的代价。

③市场规模。市场规模大小与成长速度，也是影响创业企业成败的重要因素。一般而言，市场规模大者，进入障碍相对较低，市场竞争激烈程度也会略为下降。如果要进入的是一个成熟的市场，那么纵然市场规模很大，由于已经不再成长，利润空间必然很小，因此创业企业就不值得再投入。反之，一个正在成长中的市场，通常也会是一个充满商机的市场，所谓水涨船高，只要进入时机正确，必然会有获利的空间。

④市场渗透力。市场渗透力也就是增长率。对于一个具有巨大市场潜力的创业机会，市场渗透力（市场机会实现的过程）评估将会是一项非常重要的影响因素。聪明的创业者知道选择在最佳时机进入市场，也就是市场需求正要大幅增长之际，做好准备等着接单。一个年增长率达到30%，甚至50%的市场可以为新的市场进入者创造新的位置。

⑤市场占有率。在创业机会中预期可取得的市场占有率，可以显示新创公司未来的市场竞争力。一般而言，成为市场的领导者，最少需要拥有20%以上的市场占有率。如果低于5%的市场占有率，则这个新创企业的市场竞争力不高，自然也会影响未来企业上市的价值，尤其处在具有赢家通吃特点的高科技产业，创业企业必须拥有成为市场前几名的能力，才比较具有投资价值。

⑥产品的成本结构。对于风险投资者来说，如果创业计划显示市场中只有少量产品出售而产品单位成本都很高时，那么销售成本较低的公司就可能面临有吸引力的市场机会。产品的成本结构，也可以反映创业企业的前景是否亮丽。例如，从物料与人工成本所占比重之高低、变动成本与固定成本的比重以及经济规模产量大小，可以判断创业企业创造附加价值的幅度以及未来可能的获利空间。

（2）资本和获利能力。产业和市场评估只是创业机会评估工作的一个方面，并且很多因素难以量化，所以资本和获利能力评估就是更为全面的价值评估，它需要对未来企业的收益情况有量化的评估，不论对创业者还是投资者都是非常有益的参考依据。

①毛利。单位产值的毛利是指单位销售价格减去所有直接的、可变的单位成本。对于创业机会来说，高额和持久的获取毛利的潜力是十分重要的。

②税后利润。高额和持久的毛利通常转化为持久的税后利润。一般而言，具有吸引力的

创业机会，至少需要能够创造15%以上税后利润。如果创业预期的税后利润是在5%以下，那么就不是一个好的投资机会。

③损益平衡所需的时间。

④投资回报率。考虑到创业可能面临的各项风险，合理的投资回报率应该在25%以上。一般而言，15%以下的投资回报率，是不值得考虑的创业机会。

⑤资本需求量。资金需求量较低的创业机会，投资者一般会比较欢迎。资本额过高其实并不利于创业成功，有时还会带来稀释投资回报率的负面效果。通常，知识越密集的创业机会，对资金的需求量越低，投资回报反而会越高。因此在创业开始的时候，不要募集太多资金，最好通过盈余积累的方式来创造资金。

⑥策略性价值。创业企业能否创造新的策略性价值，也是一项重要的评价指标。一般而言，策略性价值与产业网络规模、利益机制、竞争程度密切相关，而创业机会对于产业价值链所能创造的增值效果，也与它所采取的经营策略与经营模式密切相关。

⑦退出机制。所有投资的目的最终都在于更多的回报。从某种意义上看，投入就是为了退出。因此退出机制与策略就成为评估创业机会的一项重要指标。企业的价值一般也要由具有客观定价能力的交易市场来决定，而这种交易机制的完善程度也会影响创业企业退出机制的弹性。退出的难度普遍要高于进入，所以一个具有吸引力的创业机会，应该要为所有投资者考虑退出机制，以及退出的策略规划。

（3）竞争优势，具体包括以下三个方面。

①可变成本和固定成本。成本优势是竞争优势的主要来源之一。成本可分为固定成本和可变成本，从另一个角度，又可分为生产成本、营销成本和销售成本等。

②控制程度。如果能够对价格、成本和销售渠道等实施较强的或强有力的控制，这样的机会就比较有吸引力。

③进入障碍。如果不能把其他竞争者阻挡在市场之外，创业企业的机会就可能迅速消逝。这样的例子可以在硬盘驱动器制造业中发现。

（4）管理队伍。企业管理队伍的强大对于机会的吸引力是非常重要的。这支队伍一般应该具有互补性的专业技能，以及在同样的技术、市场和服务领域有赚钱和赔钱的经验。如果没有一个称职的管理班子或者根本就没管理班子，这种机会就没有吸引力。

> **拓展阅读**
>
> ### 本土汽车品牌市场机会
>
> 研究细分市场的消费者，把生活形态概念化，形成所谓的产品性概念，根据产品性概念，由设计者研发出多款概念性产品，进行市场测试，看是不是符合概念中的核心元素，之后再进行市场的定量测试，来决定量产规模。
>
> 在管理模式更新后和量产能力提升后，未来不仅在国内市场，同时在国际市场上也是机会很大的。中国的市场在梯度发展，但是在顶端，真正新富人群也就占总人口1%~25%，其中中产阶层为18%左右，而事实上想购买车的人占人口总数的30%还多，在未来几年内这种需求还会继续发展。在这个大的需求基数里面有很大一部分属于低端消费的爱车群体。

> 除乘用车之外，商用车也有较大机会，比较而言，轻型的商用车的机会还是相当大的，主要是因为中国人口分布和现在产业分布的多元化。人口多元化就决定了要有低成本物流配送模式，使产品快速传递到社会各个角落。我国人口多元化，依然需要有较多的中短途配送，而且很长一段时间，这种配送无法让物流公司来做，需要依靠低成本低水平的粗放式物流运营模式来实现。所以那种相对低价的轻型卡车在中国市场上还会有相当大的空间。轻卡在印度也将有很大的机会，而且三轮车在印度也将有很大的机会。站在世界范围内来看，商用车无论轻型的还是重型的，技术要求都不是很高，劳动力成本在这里起的作用比较大。
>
> 资料来源：http://www.rs66.com

二、创业机会评估

创业是一个系统工程，它要求创业者在上述准则下全面识别和评估创业机会，其中对市场机会的分析与评估对初创者尤为重要。

1. 机会的吸引力

创业机会评估与选择的目的就是找出对创业企业最有价值的市场机会，所以需要对市场进入机会的吸引力进行评估。市场营销机会对创业企业的吸引力即是创业企业利用该机会可能创造的最大效益，所以评估市场机会的吸引力也就是评估市场需求规模和机会的发展潜力等方面。

（1）市场需求规模评估。市场需求规模评估主要是分析市场机会当前市场需求总容量的大小，就是分析市场机会产生的目标市场是否拥有足够的消费者，形成的市场规模有多大，创业企业进入此目标市场后可能达到的最大市场份额有多大。一种产品或一项服务，如果没有足够的市场容量，对创业企业来讲肯定是不构成市场机会的。

在预测市场需求时，主要考虑两个变量：一是愿意并有能力购买的潜在消费者数量；二是愿意并有能力购买的潜在消费者的购买次数。

市场规模等于这两个变量的乘积。通过市场容量的预测，如果确定市场容量足够大，创业企业进入后能使自身获取较高的盈利，对创业企业来说是个机会，反之则只能放弃。

（2）机会的发展潜力评估。了解市场机会需求的发展趋势及增长速度情况，主要看是否有比较大的潜在增长空间。如果潜在增长空间比较小，即使当前市场规模比较大，有时也要放弃，因为它不能支持创业企业的持续成长。但是，即便创业企业此次面临的机会所提供的市场规模很小，利润也不高，但若其市场潜在规模或企业的市场份额有迅速增大的趋势，则该市场机会仍对创业企业具有相当大的吸引力。

2. 机会的可行性

只有吸引力的市场机会并不一定是企业实际的发展良机，具有较大吸引力的市场机会必须具有较强的进入可行性才是对创业企业具有高价值的市场机会。创业企业必须通过一定方法评估获取成功利用市场机会的可能性。

（1）关键成功条件评估。关键成功条件评估就是分析开发利用某市场机会而要求企业创办的必要成功条件。这些关键条件包括创业企业的经营目标、经营战略、市场定位、营销策略、经营规模、资源状况等内容，企业的经营目标又可具体划分为经营宗旨、发展目标、长期规划等,创业企业只有具备这些关键条件,才具有成功开发利用市场机会的可能性,如果创业企业不具备市场机会需要的这些成功条件,则只有放弃这种机会。一般来说,关键成功条件包括企业的多个方面,具体到不同行业和不同产品又有所不同。

(2) SWOT分析法。SWOT分析法是创业企业进行市场进入机会评估的重要方法之一。

(3) 分析环境因素。运用各种调查研究方法,分析出企业所处的各种环境因素、外部环境因素和内部能力因素。外部环境因素包括机会因素和威胁因素,它们是外部环境对企业的发展直接有影响的有利和不利因素,属于客观因素;内部环境因素包括优势因素和劣势因素,它们是企业在其发展中自身存在的积极和消极因素,属主动因素。在调查分析这些因素时,不仅要考虑到历史与现状,更要考虑未来发展问题。

①优势,是组织机构的内部因素,具体包括有利的竞争态势、充足的财政来源、良好的企业形象、技术力量、规模经济、产品质量、市场份额、成本优势、广告攻势等。

②劣势,也是组织机构的内部因素,具体包括设备老化、管理混乱、缺少关键技术、研究开发力量弱、资金短缺、经营不善、产品积压、竞争力差等。

③机会,是组织机构的外部因素,具体包括新产品、新市场、新技术、外国市场、竞争对手失误等。

④威胁,也是组织机构的外部因素,具体包括新的竞争对手、替代产品增多、市场紧缩、行业政策变化、经济衰退、客户偏好改变、突发事件等。

(4) 构造SWOT矩阵。将调查得出的各种因素根据轻重缓急或影响程度等排序方式,构造SWOT矩阵,在此过程中,将那些对公司发展有直接的、重要的、大量的、迫切的、久远的影响因素优先排列出来,而将那些间接的、次要的、少许的、不急的、短暂的影响因素排列在后面。

(5) 制定行动计划。在完成环境因素分析和SWOT矩阵的构造后,便可以制定出相应的行动计划。制定计划的基本思路是:发挥优势因素,克服劣势因素,利用机会因素,化解威胁因素;考虑过去,立足当前,着眼未来。运用系统分析的综合分析方法,将排列与考虑的各种环境因素相互匹配起来加以组合,得出一系列公司未来发展的可选择对策。

3. 机会的综合

通过市场进入机会的吸引力评估和市场进入机会的可行性评估后,创业者或创业企业就可以对潜在进入市场做一个综合的量化评估,作为能否进入一个新市场的重要参考因素。一个创业者对其准备进入的新市场所做的一个综合性的量化评估,见表2-1。

表2-1 市场进入机会综合分析评价表

评价项	权数/%	评分值					备注
		10	8	6	4	2	
市场总量	20						
市场发展潜力	20						
市场开发难度	10						
市场进入障碍	10						
渠道可利用程度	5						

续表

评价项	权数/%	评分值 10	8	6	4	2	备注
潜在竞争强度	10						
推广与销售能力	10						
营销成本	5						
盈利能力	10						
总计	100						

拓展阅读

SWOT 分析法运用实例

1. 沃尔玛 SWOT 分析

优势——沃尔玛是著名的零售业品牌，它以物美价廉、货物繁多和一站式购物而闻名。

劣势——虽然沃尔玛拥有领先的 IT 技术，但是由于它的店铺布满全球，这种跨度会导致某些方面的控制力不够强。

机会——采取收购、合并或者战略联盟的方式与其他国际零售商合作，专注于欧洲或者大中华区等特定市场。

威胁——是所有竞争对手的赶超目标。

2. 星巴克 SWOT 分析

优势——星巴克集团的盈利能力很强。

劣势——星巴克以产品的不断改良与创新而闻名（译者注：可以理解为产品线的不稳定）。

机会——新产品与服务的推出，例如在晨会销售咖啡。

威胁——咖啡和奶制品成本的上升。

3. 耐克 SWOT 分析

优势——耐克是一家极具竞争力的公司，公司创立者与 CEO 菲尔·奈特（Phil Knight）最常提及的一句话便是"商场如战场"。

劣势——耐克拥有全系列的运动产品（译者注：可以理解为没有重点产品）。

机会——产品的不断研发。

威胁——受困于国际贸易。

（摘自锐得营销杂志）

创业机会识别与评估分析案例

源于自身体验的 Yahoo!

杨致远在攻读博士初期，本想从事自动软件的开发工作，但由于少数大公司垄断了市场，所剩机会不多，他不知如何入手。

为了完成博士论文，每天他和他的同学费罗数小时泡在网上查找信息，然后将各自喜欢的信息链接在一起，上面有各种东西，如科研项目、网球比赛信息等。雅虎就从这里发展起来。开始时他们各自独立地建立自己的网页，只是偶尔对彼此的内容感兴趣才互相参考，渐渐地他们链接的信息越来越广，他们的网页也就放在了一起，统称为"杰里万维网向导"，"杰里"是杨致远的英文名。

这个"向导"规模迅速扩大，分类越来越细，而且不胫而走，在网上广为传播，任何知道他们网址的人都可以使用它。世界各地的自由用户在浏览了他们的"向导"后，也常常反馈回来一些有用的信息，这大大帮助了他们了解哪些信息是有用的、受欢迎的。1994年秋季，它的访问量已首次突破100万人。他们对"向导"的持续高速发展有些担心，编辑工作占用大量时间，寝食亦不得安宁。一想起了"正经事"——攻读博士学位，更觉烦恼。但最终他们作出了选择，暂时放弃正事，专心建设搜索引擎。

当时网上已存在一些同类搜索引擎，如 Lycos 和 InfoSeek，它们也能对输入的关键词进行网络搜索，最后返回一个详细清单。但与雅虎相比，这些索引搜索工具过于机械化，雅虎则建立在"手工"分类编辑信息的基础之上，相对而言更人性化，也更实用，用简单的算法是无法复制雅虎的。这当然不是说"索引式搜索"没有意义。雅虎也包含索引式搜索，只是不限于此，而是把信息组织得更规范而已。雅虎引擎采取分层组织信息的方式，更适合于科学研究人员方便地找到自己所需的信息。比如一位考古科学家和天文学家，都可以很快搜索到自己专业上的话题及动态信息，而且一般不会有重大的遗漏，这一点是其他搜索引擎无法比拟的。

到1994年年底，雅虎很快就成了业界领袖。杨致远和费罗一方面累得苦不堪言，另一方面为自己突如其来的成功欣喜若狂。他们发现千载难逢机会终于到来了：网景公司的导航器测试版刚刚发行，Hot Wired 也开通了网络广告站点，通过网络赚钱的时机开始成熟。第一个找上门的公司是路透社。虽然路透社在美国名气还不算大，比不上美联社，但在世界上它的影响很大，它经营的新闻业务已有150年的历史。路透社市场部副主任泰森（John Taysom）在一次外出时，在一家地方报纸上读到有关雅虎的消息，产生了兴趣，他以后在网上经常光顾雅虎网址。泰森迅速认识到"雅虎"消除了距离的远近，架起了用户与其欲寻找的信息之间的联系，路透社可以利用它扩大自己的影响。杨致远对泰森说："如果你们不找，我可能也要找你们。雅虎不仅只是一个目录，这还是一种媒体资产。"

路透社与雅虎是朋友，但不是伙伴，合作过程中雅虎并未得到多少实惠。聪明的

> 杨致远认识到，必须自己制订一个周密的商业计划，以自身为主通过广告赢利。杨致远找到自己的老同学布拉狄（Tim Brady），他此时正在哈佛商学院读书。杨致远和布拉狄参考 Hot Wired 公司发布广告赢利的模式，迅速起草了一份商业计划。带着这份计划书，他们到处寻找风险投资者。
>
> 　　1995年，杨致远和费罗根据斯威福特所著的《格列佛游记》中的野兽将其网站名取名为"Yahoo!"。
>
> 　　杨致远在创业之前对自己的商业模式已经小试牛刀。他在创业之前就感悟到搜索引擎巨大的市场需求，成功的体验加上敏锐的商业头脑使杨致远放弃了攻读博士学位而去创业，因此雅虎的成功不是偶然的。

单元二　创业机会选择

一、机会的选择

1. 创业机会选择的方法

创业的过程就是创业者寻求创业机会、选择创业领域、开拓事业发展新路的过程。创业机会无时不在、无处不在，创业机会又与创业领域密不可分，尽管发现了机会，但如果选错了创业领域，也将事与愿违。创业领域没有好坏之分，没有对与不对，只有适合与不适合。每个人都有各自不同的优势和特长，必须认真分析自己的特点，找到适合自己做的事业。因此，选择一个自己擅长的、喜爱的而且有发展前途的事业，是成功创业的决定性因素。创业机会选择要遵循的准则是：正确选择行业，善于识别机会，做自己感兴趣的事，发掘自身的特色。这样创业容易于取得成功。

（1）正确选择行业。选择正确的行业要求把握行业的未来。一般而言，成功的企业家大多出自于成长快速的行业。预测行业的未来，要看经济发展的形势，特别是要把握好国家产业结构调整的方向。在进行创业时，要自觉按国家产业政策指导，尽量选择国家鼓励发展的行业，避免选择国家限制的行业，不要选择将要淘汰的行业。与此同时，把握行业发展的方向，也要关注传统产业的发展。

（2）善于识别机会。对于创业者来说，创业机会的甄别类似于投资项目的评估，对投资能否取得收益无疑是重要的。善于发现有价值的创业机会必须做到以下三点。

①看准所选项目或产品、服务的市场前景。只有市场前景好，才可能带来一定的利益。一个具有较大潜力的商业机会能够为创业企业的产品或服务找到目标市场，并且这项产品或服务能满足一个重要顾客群的需求。从某种角度来说，任何商品从产生、发展到消亡的过程，始终都处于不断的完善之中，潜力市场是永远存在的，问题在于能否看准它。

②把握市场结构适宜的进入时机。市场结构非常重要，它包括销售者的数量、销售者的规模、分销的方式、进入和退出的环境、购买者的数量、成本环境、需求对价格变化的敏感度等因素。市场结构主要反映了创业者生产的产品或服务在市场竞争中的地位。细分的、不完善的市场或者新兴行业常常存在一些真空和不对称性，它们会产生一些还没有人进入或进入者不多的细分市场，这对于创业机会的潜力大小具有重大影响。此外，存在信息或知识鸿

沟的市场和可以带来超额利润的。竞争性市场也是有潜力的，而那些高度集中，以及存在对资本的要求，或者要赢得分销和营销优势需付出巨大成本的市场是不存在有较高潜力的商业机会的。

③预测市场会不断增长。一个有价值的创业机会，它所定位的市场将是一个有一定规模并不断持续发展的有吸力的成长型市场。那些处于成熟期或者衰退期的行业是典型的没有吸引力的行业，也是创业者不应该轻易进入的市场。要关注未来的热门和冷门行业，热门行业就是发展势头好、赢利空间大的行业如：新兴的朝阳行业，发展迅猛，机会较多，如家政服务业；行业人才济济，竞争激烈，有利于锻炼自己的能力，如多媒体设计行业；行化内工作环境优越，从业者收入水平相对较高，如广告行业、互联网行业；行业的未来发展前景看好力，如私人侦探行业、律师行业等。冷门行业则多为传统行业，随着科技的发展，预计这些行业市场前景不乐观，从业人员会不断减少，但随着经济发展阶段的不同，冷、热门行业也会发生转换。

（3）做自己感兴趣的事。成功创业必须要有创业的热情，选择创业领域可以从选择自己感兴趣的领域入手。做你爱做的，爱你所做的。当从事自己喜欢做的事情时，人会投入巨大的热情，也就容易取得成功。同时，要尽量做自己熟悉的事。

（4）发掘自身的特色。选择一个好的领域，还要不断地去发掘所选项目的特色。这种特色可以概括为四句话：别人没有的、先人发现的、与人不同的、强人之处的。

①别人没有的，可以是某种资源与某种特定需要的联系，可以是某种公认资源的新商业价值；

②先人发现的，是指发现他人尚未意识到的创业机会，并创造出新的产品或服务；

③与人不同的，往往只要一点点的与人不同，就会成为一个小特色，就能开拓一片创业的天空，如根据自己的爱好和特长，开一家小小的特色店，它投资不大、容易实施，还易于取得成功；

④强人之处的，是在一项事业中不论哪个方面，哪怕有一点高人一筹、优人一档就是强人之处，从而易于成功。

（5）从低成本创业积累经验。大学生创业有自身优势和劣势，优势在于理论，劣势在于实践，因此作为创业初期选择，不妨从低成本创业开始积累经验，以下介绍五种常用的方式：

①一边工作一边创业。这种方式一般是利用自己的专业经验和自身的客户资源在上班时间以外进行创业尝试和增加收入，好处是没有任何风险，但应该处理好本职工作与创业的关系。

②依靠商品市场创业。专业的商品市场（如眼镜批发市场、服装批发市场等），都会为租户代办个体工商执照，只需一次性投入半年或一年租金，以及店内货品的进货费，投资额在5万元以内。只要依靠人气旺盛的商品市场，风险也比较小，在调查中发现很多温州人起家就是从商品市场做起来的。

③大卖场租个场地创业。这种方式有点类似代理销售，不过必须眼光独到，风险比较大一点，但是回报也是非常可观。这种方式比较适合有营销经验的人员采用。

④加盟连锁创业。现在有很多小的饰品店、冷饮店等加盟的费用不高，但是选对了店铺和产品还是很赚钱，加盟连锁一定要看准，并且早点介入成功的可能性比较大。

⑤工作室创业。

以上的创业模式只是个人低成本创业的最简单模式，由于风险小、投入少而适合普通的创业人群。但需要强调的是任何创业行为都会存在一定风险，在创业前进行系统分析以及针对性的知识积累、技能培训等将大大提高创业的成功率。

创业案例

万寿亭"微信菜场"如何做到月销售额近20万？

2014年6月，吴伟明开始筹备做万寿亭"微信菜场"，目的是对抗超市、社区蔬菜门店等对菜场的冲击。销售模式的变化，让作为市场经理的他，开始关注由农贸市场到消费者之间的"最后1公里配送"。

2014年10月，万寿亭"微信菜场"上线，虽然上线当日，不过销出两单，但在后续的9个月里，吴伟明并没有停止努力。

吴伟明说，"现在，平均一天能接30～50份订单，由于每份订单中涉及不同类型的产品，对经营者来说，相当于有100多单。"月销售额近20万元称不上一个很大的数目，但在他看来，"没有放弃，还在思考，还在坚持，并且对前景看好"，就是最好的消息。

下一步，吴伟明想攻克的是从基地到农贸市场的"最后1公里配送"难题，这比"从农贸市场到消费者"这一环节更复杂。他说："我需要足够的体量，与基地谈判。"但显然，现在还不到时候。

2014年10月，万寿亭"微信菜场"一成立，就吸引了各方的关注，这是吴伟明筹划了4个多月的成果。考虑到越来越多的超市重视生鲜板块、社区蔬菜门店的价格优势，他决心在销售模式上进行变革，为农贸市场多增设一个生存渠道。

一开始，吴伟明是冲着"为懒人服务"去的，让这些消费者也能拿到和农贸市场一样的蔬菜，在价格上，两者同步，加上微信菜场的一些优惠活动，说不定还是后者更划算。

他采取了和杭州当代互联科技有限公司合作，后者提供技术支持，接单、发单都在微信公众号平台上，而农贸市场要扮演的角色，就是组织货源、质量把控以及打包送货。打包送货，这是非常关键的一个环节。

"如果早上下单，晚上送到，这样的配送服务太常见，而我们要打造的是，1公里范围内送货，最快半小时到达。"吴伟明说。虽然对外宣称1公里，倘若碰上配送员们不忙，2公里也是可以接受的。

那么，问题的关键来了，这些配送员角色，由谁来承担？

请第三方配送，不划算！微信菜场的价格和农贸市场的菜价是一样的，这意味着并没有多余的营业额来承担这一部分支出。考虑再三后，吴伟明想到了菜场内的商户，调度的原则是"谁有空、谁来送"。

当代互联科技创始人黄欣解释调度的具体过程，一个订单下完后，商户会收到相应商品信息，在准备好商品后，商户便将产品送至农贸市场的分拣处，由农贸市场调度配送。

一个订单上往往包含着不同摊位的产品，针对不同的产品，农贸市场都精选了商家。黄欣透露，平均1个订单对应5~6家商户。如今，在万寿亭微信菜场上，已经上线了上千种产品。

目前，万寿亭"微信市场"平均日接30~50单，月销售额近20万元，项目仍处于贴钱运营状态。

在吴伟明看来，把量做大并不是很困难，但随着数量从100单提升到1 000单，外部的成本就会增加，要解决这些成本，并实现一定的盈利，就要从价格问题着手。如何用更低的成本获得这些蔬菜？去除二级市场环节，直接与基地、供销社对接，是一个不错的法子。

如此一来，又一个"最后1公里难题"亟待解决。

基地的蔬菜种类是有限的，除非体量增大到一定程度，否则一些产品，仍然避免不了从二级市场进货，如此一来，基地、二级市场、农贸市场，会面临一场博弈。吴伟明说，这类案例，自己也曾有耳闻。

他还有另一层考虑。当下，在微信菜场采购，价格优势并不明显，对于那些时间充裕的"马大嫂"来说，逛逛菜场也无妨。但倘若与基地、供销社直接对接，网上蔬菜价格便会下降，马大嫂们势必会寻找更便宜的方法。这样一来，对线下的实体农贸市场肯定有影响。一场新的博弈再次产生。

吴伟明并不否认方向的正确性，"未来的农贸市场，不是人员密集型的、粗放型的，而是精品型的。""在农贸市场里，可能只有10~30个经营户，你不会看见'不同摊位卖着同样蔬菜'这一景象；农贸市场的规模或许也不会动辄上千平方米，反而是一种体验店的形式。"他说。

那么，到时候面向消费者的配送又将如何？

"配送不是难题，倘若订单数量足够大，专门组建一支全职配送队，也是可行的，而且一旦基地与农贸市场环节打通，这些成本可以得到消化。"吴伟明说。

他想象着，会不会有投资商对这些感兴趣，毕竟前期的资金，是个挺大的缺口。要解决的问题不少，一切还得从长计议。

据当代互联科技创始人黄欣透露，目前公司已拓展至5家农贸市场，预计未来将实现杭州全城覆盖。除此之外，也有另一些从业者正在探索。

简评：

农贸市场的"最后1公里"难题，尤其是从二级市场到零售市场这一环节的困惑，存在已久。这往往是蔬菜加价最猛的阶段。除此之外，从农贸市场到消费者手中这一"最后1公里"也愈发引人重视。当超市生鲜、社区蔬菜门店、电子商务等快速发展之时，农贸市场正在试图打通基地、供销社到市场这一环节，也在尽可能地用互联网手段拉近市场与消费者之间的距离。很多第三方公司，也试图趁着这一波形势转变，找到新的商机。万寿亭散场是杭州首个运用手机智能微信技术开设的"微信菜场"。微信菜场是传统菜场试水"O2O"的典型，它的成长故事，足以折射出农贸市场"最后1公里配送"的现状。

资料来源：《商报》

2. 竞争策略与市场定位

（1）网络市场基本竞争策略。谁是你的竞争对手？那些已经出现在市场上，正在开展业务的竞争者固然是你的竞争对手；那些潜在的，未来有可能与你展开竞争的更是你的竞争对手。理论上，任何人都可能成为你的竞争者，但是事实上，只有掌握相关资源、与目标市场有一定联系的企业才是最重要的潜在竞争对手。除了对竞争对手进行分析外，还需对自己的市场竞争优势进行深入的分析，才能"知己知彼"，找出自己潜在的优势和劣势，制定有效的竞争性市场营销策略，给竞争对手施以更有效的市场营销攻击，同时也能防御较强竞争者的"攻击"。

每个企业都会有很多优势和劣势，任何的优势和劣势都会对相对成本优势和相对差异化产生作用，对于竞争者的发现和辨别是企业确定竞争策略的前提。降低成本、实施产品或服务差异化可以使企业提高顾客价值和顾客满意度，可以使企业比竞争对手更好地应对各种竞争，能使创业企业获得较好竞争位置的三种基本竞争策略是：

①总成本领先策略。总成本领先策略是指通过有效途径对成本加以控制，使企业的全部成本低于竞争对手的成本乃至行业最低成本，以获得同行业平均水平以上的利润。这种策略可以抵御来自竞争对手的攻击，可以抵御买方和供应方力量的威胁，可以抵御来自替代品的威胁等。格兰仕就是成功采用总成本领先策略的典范，格兰仕自进入微波炉行业以来，咬定青山不放松，从未游离于这一策略。为了使总成本绝对领先于竞争者，格兰仕壮士断腕，先后卖掉年赢利良好的金牛型产业——羽绒厂、毛纺厂，把资金全部投入到微波炉的生产中，仅用了五年的时间，就打败所有竞争对手，成为世界第一。

②差异化策略。为使企业的产品与竞争对手的产品有明显的区别和形成与众不同的特点，必须采取差异化策略。这种策略的重点是创造被全行业和顾客都视为独特的产品和服务以及企业形象。实现差异化的途径多种多样，包括产品设计、品牌形象、保持技术及性能特点、分销网络、顾客服务等多个方面。

③集中策略。集中策略是指企业把营销的目标重点放在某一特定的顾客群体上，运用一定的营销策略为它们服务，建立企业的竞争优势及其市场地位。集中策略的核心是集中资源于特定顾客群体，取得在局部市场上的竞争优势，集中策略可以是总成本领先，也可以是产品差异化，或是二者的折中结合，这样可以使企业盈利的潜力超过行业的平均水平。

上述三种策略是企业应付日益严峻的竞争环境的基本策略，但是不能同时并用，一般来说，一段时期只能运用一种策略，三者的关系如下：

a. 总成本领先策略和差异化策略的市场范围宽泛，而集中策略的市场范围狭窄。

b. 总成本领先策略主要凭借成本优势进行竞争；差异化策略则强调被顾客认识的唯一性，通过与众不同的产品特色形成竞争优势；集中策略强调市场的集约、目标和资源的集中，以便在较小的市场形成优势。

（2）网络市场产品定位策略。

①产品定位原则。商场犹如战场，众多品牌的不断涌现，特别是产品间的差异性越来越小，同质性越来越高，市场争夺日益困难。同时，消费者在商品的汪洋大海之中显得无所适从，从而使不少企业因无法博得"上帝"的欢心而处心积虑、冥思苦想。到底如何才能在竞争中脱颖而出，获得成功呢？唯一的办法就是要尽力造成差异，追求与众不同，让消费者易于将其与其他品牌分开来，在消费者心中占有一席之地。这就是营销理论和实务中所称的

定位。

　　创业企业所有的市场机会分析、规划工作最后都必然落脚于市场进入，而市场细分、目标市场选择及市场定位则是市场进入的核心，是企业市场成功的基础。

　　杰出的战略定位的第二个要素在于找到"谁、什么、如何"三个问题的答案。谁是的目标客户？应该向他们提供什么产品和服务？应该如何有效地去做？"谁"和"什么"基本上是战略性的问题。杰出的战略定位的第三个也是最后一个要素是开发必要的企业能力和适宜的组织环境（或内容）以支撑所作出的选择。

　　消费者购买产品，追求的绝不是产品本身，而是某种需要和欲望的满足，强调的是产品的实质性，即产品提供给消费者的一种效用和利益。为了拥有竞争优势，企业对自己的产品或服务要比竞争对手对他们的产品或服务了解得更好，要让自己的产品或服务项目有明显的特色或优点。定位的目的就在于树立一种市场上的形象或感知——企业的产品品质或服务的某些东西是有特色的。

　　a. 差异化，打造竞争性卖点。产品定位时既要考虑产品某个因素与消费者偏好紧密结合，形成与同质产品明显的差异，也可以考虑产品若干因素与市场的组合，形成产品整体的特色。

　　b. 以消费者为导向。无论企业定位技巧再高明，其成功的关键还是迎合消费者的心理，使传播的信息真正成为消费者的关心点，并让消费者感到真正的满意。创新的服务方式，拉近了与消费者的距离。

　　②产品定位策略。市场定位，就是要加深消费者对企业和产品的认知，使企业和产品能在消费者心目中占有有利位置。要使消费者有购买需求时就能及时想到本企业的产品，在市场定位的时候就要考虑：别人不做的，我做；别人没有的，我有；别人做不到的，我做得到。从上述思想出发，企业或产品在市场上的定位常用的两种策略：

　　a. 产品差异定位法。任何企业生产的产品和提供的服务都不可能完全一样，因此企业定位可以从产品和服务的差异点出发，应考虑本企业所销售的产品，有什么显著的差异性。如果差异之处明显，就更容易吸引消费者的注意。可以产生差异的地方很多，如产品、服务、人员和形象。产生差异性有时很容易被模仿，特别是表层的差异性，有时很快就会消失，但产品本来就有的特征，就不容易模仿了。

　　b. 主要属性/利益定位法。采用主要属性/利益定位法就是要研究企业提供产品的利益在目标市场中的重要性如何。因为产品提供的价值大多包括多个层次，处于不同角度思考的人对产品价值理解可能大不相同。

　　③消费者定位策略。在零售业中，最重要的消费者特征，莫过于品质、选择性、价格、服务及地点等。关注消费者特征是企业生存发展的基本要求，产品的利益与企业收益是息息相关的。

　　a. 顾客定位法。应找出产品的确切的使用者/购买者，这样会使定位在目标市场上显得更突出，在此目标组群中，为他们的地点、产品、服务等，特别塑造一种形象。

　　b. 使用定位法。使用定位是通过将自己的产品使用地点或使用时间作特别传播而定位。有时可用消费者如何及何时使用产品，将产品定位。

　　c. 分类定位法。这是非常普遍的一种定位法。产品的生产并不是要和某一个竞争者竞争，而是要和同类产品互相竞争。当产品在市场上是属于新产品时，不论是开发新市场，或对既有产品进行市场深耕，此方法都特别有效。

d. 针对特定竞争者定位法。这种定位法是直接针对某一特定竞争者，而不是针对某一产品类别。可口可乐和百事乐之间的竞争就比较典型，由于可乐市场基本被可口可乐和百事可乐所垄断，因此他们之间必然要采取相互针对的竞争定位法，可口可乐推出的传播口号为"这才是可乐"，强调可口可乐是可乐的发明者，是正宗的可乐，给消费者以某种暗示。百事可乐则针对可口可乐在市场中存在时间比较长、产品有些老化、消费者年龄偏大的特点，推出"百事可乐，年轻人的选择"这一竞争理念。挑战某一特定竞争者的定位法，虽然可以获得成功（尤其是在短期内），但是就长期而言，也有其限制条件，特别是挑战强有力的市场领袖时，更趋明显。市场领袖通常不会松懈，他们会更巩固其定位。

e. 比附定位法。企业通过各种方法和同行中的知名品牌建立一种内在联系，使自己的品牌迅速进入消费者的心智，占领一个牢固的位置，借名牌之光而使自己品牌生辉，这就是比附定位策略。

创业案例

大山里的淘宝店

2013年12月11日，跟所有淘宝店主一样，杜千里忙着准备"双十二"活动，派发了3万多元的红包。如今他的"山之孕土特产"淘宝店年销售额稳定在300万元左右。而杜千里被大家称呼最多的是"杜老师"。因为除了淘宝店主外，他的另外一个身份就是乡村教师。5年前他从郑州大学MBA毕业，找不到工作就回家乡当起了老师，那时他穷得连母亲患癌的手术费都凑不齐。

"一条网线，联系你我；立足山区，服务全球；帮助别人，快乐自己。"如杜千里自己所言，在太行山大山深处，他用一根网线改变了自己的命运，将老家的野生核桃、野生山药等土特产卖到全国各地，成为全国农村电商的"红人"。

2008年下半年，杜千里因在城里找不到理想的工作就回到老家，结果遭到身边人的鄙视，朋友也开始催促他还债。心烦意乱的杜千里就经常独自一人去山上转悠。一天，他得知老山民挖了好多党参、血参、野灵芝等好药，就是没人要，价格卖不上。杜千里就打算把山区的土特产通过互联网销售出去。第二天他买了一台二手电脑，又拉了一根网线，在淘宝网上注册了"山之孕土特产"店铺。"山之孕，就是大山里孕育出来的天然绿色食品。"杜千里说。

开店一个月后接到第一单是有个金华的客户要野生山药。他赶紧到农民家里去收购，收购价是10元/千克，转手卖给那个顾客每千克30元。2008年年底，他被调到更偏远的上八里镇鸭口小学。他就利用课余时间，骑着自行车下乡去收货。有时候大山中几千米才见一家农户，杜千里就这样挨家挨户地跑，回来时在后座架绑上两个麻袋，运到辉县县城去发货。

令杜千里没想到的是，经过头两个月的"冷清期"后，他的土特产忽然在网上开始畅销。开店第三个月时，每天营业额达到三四百元。一年时间不到，他就把债全部还清了。"如果靠我教书的工资来还债，不知要等到猴年马月啊。"杜千里感慨。

2010年,"山之孕"网店的年销售额突破100万元,利润达到30%。为了发货方便,杜千里把仓库搬到了辉县县城。2011年,销售额接着又突破200万元,"山之孕"网店被评为"阿里巴巴全球百佳网商",杜千里也被评为郑州大学"最佳创业奖"。

在杜千里的示范和影响下,辉县的农村电子商务迅速发展。当地土特产和农产品网店从无到有,一直增加到现在的300多家。濒临关门的快递公司也起死回生,全国各大快递公司纷纷在辉县设网点。杜千里迅速致富的故事在当地广为流传。甚至《河南新闻联播》用6分钟的时间大幅报道。

在创业的过程中,杜千里也有"贵人相助"。2011年,他在全国返乡大学生论坛上认识了中国社会科学研究院信息化研究中心主任汪向东。在汪向东的促使下,2013年8月,农业部和河南省农业厅联合到杜千里的淘宝店调研"农超对接"的问题,建议杜千里开实体店,采取O2O模式(互联网交易和线下商务的结合),当地政府也无偿提供200亩土地,让杜千里做种植基地,作为辉县的农业示范点。

"网店加实体店加基地的O2O模式,是做网络销售的唯一出路。实体店是网店的体验店,能让顾客见到产品实物,基地又能让顾客参观产品的生产过程,增加信任。"杜千里打算用3年的时间,在新乡市开10~15家土特产实体店。

2013年11月,他的第一家实体店"巴马工社"开张了,是他联合另外四位老板一起开的。"农村人才少,有广阔天地,只要你找到了自己的方向就大胆地回来。"杜千里还是淘宝大学的农村电商讲习所的讲师,经常会被阿里巴巴邀请到全国各地去演讲,呼吁农村青年返乡搞农村电子商务。他提醒返乡青年,首先要规划好自己回家干什么,想清楚家乡有什么优势、劣势,否则盲目返乡就得不偿失。

二、创业机会选择方法

1. 竞争者分析

竞争者分析,顾名思义,就是对现在的和潜在的竞争对手的各项关联指标进行分析,主要从以下五个方面来展开:

(1) 竞争对手的市场占有率分析。市场占有率通常用企业的销售量与市场的总体容量的比例来表示。竞争对手市场占有率分析的目的是明确竞争对手及本企业在市场上所处的位置,分析市场占有率不但要分析在行业中竞争对手及本企业总体的市场占有率的状况,还要分析细分市场竞争对手的市场占有率的状况。

分析总体的市场占有率是为了明确本企业和竞争对手相比在市场中所处的位置,是市场的领导者、跟随者还是市场的参与者。

分析细分市场的市场占有率是为了明确在哪个市场区域或是哪种产品是具有竞争力的,在哪个区域或是哪种产品在市场竞争中处于劣势地位,从而为企业制定具体的竞争战略提供依据。

(2) 竞争对手的财务状况分析。竞争对手财务状况的分析主要包括盈利能力分析、成长性分析和负债情况分析、成本分析等。

竞争对手盈利能力分析。盈利能力通常采用的指标是利润率。比较竞争对手与本企业的利润率指标，并与行业的平均利润率比较，判断本企业的盈利水平处在什么样的位置上；同时要对利润率的构成进行分析，主要分析主营业务成本率、营业费用率、管理费用率以及财务费用率，看哪个指标是优于竞争对手的，哪个指标比竞争对手高，从而采取相应的措施提高本企业的盈利水平。比如，本企业的营业费用率远高于竞争对手的营业费用率，这里就要对营业费率高的具体原因作出详细地分析，营业费用包括销售人员工资、物流费用、广告费用、促销费用以及其他费用（差旅费、办公费等）。通过对这些具体项目的分析找出差距，并且采取相应的措施降低营业费用。

竞争对手的成长性分析。主要分析的指标是产销量增长率、利润增长率，同时对产销量的增长率和利润的增长率作出比较分析，看两者增长的关系，是利润的增长率高于产销量的增长率，还是产销量的增长率高于利润的增长率。一般来说利润的增长率高于产销量增长率，说明企业有较好的成长性。但在目前的市场状况下，企业的产销量增长，大部分并不是来自于自然的增长，而主要是通过收购兼并的方式实现，所以经常也会出现产销量的增长率低于利润的增长率的情况。所以，在做企业的成长性分析的时候，要进行具体的分析，剔除收购兼并因素的影响。

（3）竞争对手的产能利用率分析。产能利用率是一个很重要的指标，尤其是对于制造企业来说，它直接关系到企业生产成本的高低。产能利用率是指企业发挥生产能力的程度。很显然，企业的产能利用率高，则单位产品的固定成本就相对低。分析的目的，是找出与竞争对手在产能利用率方面的差距，并分析造成这种差距的原因，有针对性地改进本企业的业务流程，提高本企业的产能利用率，降低企业的单位产品生产成本。

（4）竞争对手的学习与创新能力分析。目前企业的生存环境在不断地变化着，在这样的状况下，很难说什么是企业的核心竞争力。企业只有不断地学习和创新，才能适应不断变化的市场环境，所以学习和创新成了企业主要的核心竞争力。对竞争对手学习和创新能力的分析，可以从如下的三个指标来进行。

①推出新产品的速度，这是检验企业科研能力的一个重要的指标。

②科研经费占销售收入的百分比，这体现出企业对技术创新的重视程度。

③销售渠道的创新，主要看竞争对手对销售渠道的整合程度。销售渠道是企业盈利的主要的通道，加强对销售渠道的管理和创新，更好地管控销售渠道，企业才可能在整个的价值链中（包括供应商和经销商）分得更多的利润。

通过对竞争对手学习与创新能力的分析，才能找出本企业在学习和创新方面存在的差距，提高本企业的学习和创新的能力。只有通过不断的学习和创新，才能打造企业的差异化战略，提高企业的竞争水平，以获取高于行业平均利润的超额利润。

（5）对竞争对手的领导人进行分析。领导者的风格往往决定了一个企业的企业文化和价值观，是企业成功的关键因素之一。一个敢于冒险、勇于创新的领导者，会对企业做大刀阔斧的改革，会不断地为企业寻求新的增长机会；一个性格稳重的领导者，会注重企业的内涵增长，注重挖掘企业的内部潜力。所以研究竞争对手的领导人，对于掌握企业的战略动向和工作重点有很大的帮助。

对竞争对手领导人的分析包括姓名、年龄、性别、教育背景、主要的经历、培训的经历、过去的业绩等，通过这些方面的分析，全面地了解竞争对手领导人的个人素质，以及分析他的这种素质会给他所在的企业带来什么样的变化和机会，当然这里还包括竞争对手主要领导人的变更情况，分析领导人的更换对企业的发展所带来的影响。

对竞争对手的分析，每一项都应该有针对性。有的企业在对竞争对手进行分析时，往往把所能掌握的竞争对手的信息都罗列出来，但之后便没有了下文，所以要明确对竞争对手分析的目的是什么。按照战略管理的观点，对竞争对手进行分析是为了找出本企业与竞争对手相比存在的优势和劣势，以及竞争对手给本企业带来的机会和威胁，从而为企业制定战略目标提供依据，所以对于竞争对手的信息也要有一个筛选的过程，要善于剔除无用的信息。

2. 网络市场竞争优势分析

网络市场竞争优势分析主要是指企业的资源分析，包括自身资源和市场资源，主要可以从效率、品质、创新方面，企业的价值链方面，核心竞争能力方面，企业内部特异能力等方面来进行分析，下面就创业企业特别要重视的两项能力进行阐述。

(1) 核心能力分析。核心能力是指居于核心地位并能产生竞争优势的能力，具体地讲是组织的学习能力和集体知识能力，通常指企业的知识、管理方式、商誉、企业文化。

核心能力的评价标准和特点通常有：

①可占用性程度比较低。这主要指企业竞争优势赖以建立的专长被企业内部私人占有的程度比较低。

②持久性好。企业的核心专长建立在各项资源之上或是建立在管理制度上而不是简单的技术上；建立在产品设计与构思上而不是生产上，只有这样，才会持久发展。

③可转让性或模仿性比较低。这主要指专长的可转移性和可复制性低。

核心能力是一种能用于不同产品、不同企业的具有关键性的技术或技能的能力，一旦企业掌握了一系列的能力，它能比竞争对手更快地引进使用核心能力的不同新产品。核心竞争能力能使企业比其他竞争对手做得更好，而竞争对手却不能很快地模仿它。

(2) 内部特异能力分析。特异能力是一项具有重要竞争意义的活动，在这项活动中，企业要比其他竞争对手做得出色。每一家企业都有某项具有重要竞争意义的活动比其他所有的活动都要做得好，因此可以把这项活动叫做核心竞争能力。企业的某项核心能力是不是特异能力，取决于在同竞争对手相比较时，这项核心能力的良好程度。企业内部所评价出来的做得最好的活动如果不是在市场竞争中做得相当出色，就不能称之为特异能力。例如，绝大多数零售商都认为在产品选择和店内商品采购方面有核心能力，但是很多把其战略性的目标建立在这些核心能力之上的企业都遇到了麻烦，因为他们的竞争对手可能在这些领域内做得更好。因此，核心能力只有在成为特异能力时才能成为竞争优势的基础。特异能力在战略制定中的重意义在于：

①能给企业带来具有某种宝贵竞争价值的能力。

②具有成为企业战略基石的潜力。

③可能为企业带来某种竞争优势。

如果一家企业在竞争活动中拥有特异能力，如果它的竞争对手没有与这种特异能相抗衡的能力，同时，如果竞争对手模仿这种特异能力的成本很大，需要花费很多时间，那这家企业就容易建立其竞争优势。因此，特异能力是一种有着特别价值的资产，能成为企业在竞争中取得成功的关键因素。

(3) 市场定位。实战中，市场定位应将产品固有的特性、独特的优点、竞争优势等，和目标市场的特征、需求、欲望等结合在一起考虑。具体步骤如下：

①分析本企业与竞争者的产品。分析本企业及竞争者所销售的产品，是市场定位的良好起点。

②找出差异性。比较本企业产品和竞争对手的产品，对产品目标市场正面及负面的差异性，这些差异性必须详细列出适合所销售产品之营销组合的关键因素。有时候，表面上看来是负面效果的差异性，也许会变成正面效果。

③列出主要目标市场。

④指出主要目标市场的特征。写出简单扼要的目标市场的欲望、需求等特征。

⑤与目标市场的需求。接着就是把产品的特征和目标市场的需求与欲望结合在一起。有时候，营销人员必须在产品和目标市场特征之间，画上许多条线，以发现消费者尚有哪些最重要的需求和欲望，未被公司产品或竞争者的产品所满足。

创业机会选择案例

王老吉品牌市场定位策略

凉茶是广东、广西地区的一种由中草药熬制、具有清热去湿等功效的"药茶"。在众多老字号凉茶中，又以王老吉最为著名，王老吉凉茶发明于清道光年间，至今已有175年的历史了，被公认为凉茶的始祖，有"药茶王"之称。到了近代，王老吉凉茶更是随着华人的足迹遍及世界各地。

20世纪50年代初由于政治原因，王老吉药号分成两支：一支被政府收编，归入国有企业，发展为今天的王老吉药业股份有限公司（原羊城药业），主要生产王老吉牌冲剂产品（国药准字）；另一支由王氏家族的后人带到香港。在中国大陆，王老吉的品牌归王老吉药业股份有限公司所有；在中国大陆以外有凉茶市场的国家和地区，王老吉的品牌基本上都为王氏后人所注册。加多宝是位于东莞的一家港资公司，由香港王氏后人提供配方，经王老吉药业特许在大陆独家生产、经营红色罐装王老吉（食健字号）。

一、背景

在2002年以前，从表面看，红色罐装王老吉（以下简称红色王老吉）是一个活得很不错的品牌，销量稳定，盈利状况良好，有比较固定的消费群，其红色王老吉饮料的销售业绩连续几年维持在1亿多元。发展到这个规模后，加多宝的管理层发现，要把企业做大，走向全国，他们就必须克服一连串的问题，甚至连原本的一些优势，也成为困扰企业继续成长的原因。

而这些所有困扰中，最核心的问题是企业不得不面临一个现实难题——红色王老吉当"凉茶"卖，还是当"饮料"卖？

现实难题表现一：现有广东、浙南消费者对红色王老吉认知混乱

在广东，传统凉茶（如冲剂、自家煲制、凉茶铺等）因下火功效显著，消费者普遍当成"药"服用，无须也不能经常饮用。而"王老吉"这个具有上百年历史的品牌就是凉茶的代称,可谓说起凉茶想到王老吉,说起王老吉就想到凉茶。因此,红色王老吉受品牌名所累,并不能很顺利地让广东人接受它,作为一种可以经常饮用的饮料,销量大大受限。

另一个方面,加多宝生产的红色王老吉配方源自香港王氏后人,是国家批准的食健字号产品,其气味、颜色、包装都与消费者观念中的传统凉茶有很大区别,而且口感偏甜,按中国"良药苦口"的传统观念,广东消费者自然感觉其"降火"药力不足,当产生"下火"需求时,不如到凉茶铺,或自家煎煮。所以对消费者来说,在最讲究"药效"的凉茶中,它也不是一个好的选择。

在广东区域,红色王老吉拥有凉茶始祖王老吉的品牌,却长着一副饮料化的面孔,让消费者觉得"它好像是凉茶,又好像是饮料",陷入认知混乱之中。

而在加多宝的另一个主要销售区域浙南,主要是温州、台州、丽水三地,消费者将"红色王老吉"与康师傅茶、旺仔牛奶等饮料相提并论,没有不适合长期饮用的禁忌。加之当地在外华人众多,经他们的引导带动,红色王老吉很快成为当地最畅销的产品,企业担心,红色王老吉可能会成为来去匆匆的时尚,如同当年在浙南红极一时的椰树椰汁,很快又被新的时髦产品替代,一夜之间在大街小巷上消失的干干净净。

面对消费者这些混乱的认知,企业急需通过广告手段提供一个强势的引导,明确红色王老吉的核心价值,并与竞争对手区别开来。

现实难题表现二:红色王老吉无法走出广东、浙南

在两广以外,人们并没有凉茶的概念,甚至调查中消费者说"凉茶就是凉白开吧?""我们不喝凉的茶水,泡热茶"。教育凉茶概念显然费用惊人。而且,这些地区的消费者"降火"的需求已经被填补,大多是通过服用牛黄解毒片之类的药物来解决。

做凉茶困难重重,做饮料同样危机四伏。如果放眼到整个饮料行业,以可口可乐、百事可乐为代表的碳酸饮料,以康师傅、统一为代表的茶饮料、果汁饮料更是处在难以撼动的市场领先地位。

而且,红色王老吉以"金银花、甘草、菊花等"草本植物熬制,有淡淡中药味,对口味至上的饮料而言,的确存在不小障碍,加之红色王老吉3.5元的零售价,如果加多宝不能使红色王老吉和竞争对手区分开来,它就永远走不出饮料行业列强的阴影。

这就使红色王老吉面临一个极为尴尬的境地:既不能固守两地,也无法在全国范围推广。

现实难题表现三:企业宣传概念模糊

加多宝公司不愿意以"凉茶"推广,限制其销量,但作为"饮料"推广又没有找到合适的区隔,因此,在广告宣传上也不得不模棱两可。很多人都见过这样一条广告:一个非常可爱的小男孩为了打开冰箱拿一罐王老吉,用屁股不断蹭冰箱门。广告语是"健康家庭,永远相伴",显然这个广告并不能够体现红色王老吉的独特价值。

在红色王老吉前几年的推广中，消费者不知道为什么要买它，企业也不知道怎么去卖它。在这样的状态下红色王老吉居然还平平安安地度过了好几年。出现这种现象，外在的原因是中国市场还不成熟，存在着许多市场空白；内在的原因是这个产品本身具有一种不可替代性，刚好能够填补这个位置。在中国，容许这样一批中小企业糊里糊涂地赚得盆满钵满。但在发展到一定规模之后，企业要想做大，就必须搞清楚一个问题：消费者为什么买我的产品？

二、重新定位

2002年年底，加多宝找到成美顾问公司，初衷是想为红色王老吉拍一条以赞助奥运会为主题的广告片，要以"体育、健康"的口号来进行宣传，以期推动销售。

成美经初步研究后发现，红色王老吉的销售问题不是通过简单的拍广告可以解决的——这种问题目前在中国企业中特别典型：一遇到销量受阻，最常采取的措施就是对广告片动手术，要么改得面目全非，要么赶快搞出一条"大创意"的新广告——其首要解决的问题是品牌定位。

红色王老吉虽然销售了7年，其品牌却从未经过系统定位，连企业也无法回答红色王老吉究竟是什么，消费者更不用说，完全不清楚为什么要买它——这是红色王老吉的品牌定位问题，这个根本问题不解决，拍什么样"有创意"的广告片都无济于事。正如广告大师大卫·奥格威所说：一个广告运动的效果更多的是取决于你产品的定位，而不是你怎样写广告（创意）。经一轮深入沟通后，加多宝公司最后接受了建议，决定暂停拍广告片，委托成美先对红色王老吉进行品牌定位。

品牌定位的制定，主要是通过了解消费者的认知（而非需求），提出与竞争者不同的主张。因为每个品牌都是建立在消费者需求分析基础之上的，因而大家的结论与做法亦大同小异，所以符合消费者的需求并不能让红色王老吉形成差异。具体而言，品牌定位的制定是将消费者的心智进行全面的研究，研究消费者对产品、红色王老吉、竞争对手的认知、优劣势等。

又因为消费者的认知几乎不可改变，所以品牌定位只能顺应消费者的认知而不能与之冲突。如果人们心目中对红色王老吉有了明确的看法，最好不要去尝试冒犯或挑战。就像消费者认为茅台不可能是一个好的"威士忌"一样。所以，红色王老吉的品牌定位不能与广东、浙南消费者的现有认知发生冲突，才可能稳定现有销量，为企业创造生存以及扩张的机会。

为了了解消费者的认知，研究将从市场上红色王老吉、竞争者所传播出的信息入手，厘清他们可能存在于消费者心智中的大概位置，以及他们的优势和弱点。成美研究人员在进行二手资料收集的同时，对加多宝内部、两地的经销商等进行了专家访谈。在研究过程中，成美的研究人员发现"红色王老吉拥有凉茶始祖王老吉的品牌，却长着一副饮料化的面孔"，这等于一个产品有了相互矛盾的双重身份。而加多宝并不清楚消费者的认知、购买动机等，如企业一度认为浙南消费者的购买主要是因为"高档""有'吉'字喜庆"。面对这种现实情况，企业决定，由成美牵头，引进市场调查公司协助了解消费者的认知。

由于调查目的明确，很快就在"消费行为"研究中发现，广东的消费者饮用红色王老吉的场合为烧烤、登山等活动，原因不外乎"烧烤时喝一罐，心理安慰""上火不是太严重，没有必要喝黄振龙"（黄振龙是凉茶铺的代表，其代表产品功效强劲，有祛湿降火之效）。

而在浙南，饮用场合主要集中在"外出就餐、聚会、家庭"，在对于当地饮食文化的了解过程中，研究人员发现该地的消费者对于"上火"的担忧比广东有过之而无不及，座谈会桌上的话梅蜜饯、可口可乐无人问津，被说成了"会上火"的危险品（后面的跟进研究也证实了这一点，发现可口可乐在温州等地销售始终低落，最后两乐几乎放弃了该市场，一般都不进行广告投放）。而他们评价红色王老吉时经常谈到"不会上火""健康，小孩老人都能喝，不会引起上火"。可能这些观念并没有科学依据，但这就是浙南消费者头脑中的观念，这是研究需要关注的"唯一的事实"。

这些消费者的认知和购买消费行为均表明，消费者对红色王老吉并无"治疗"要求，而是作为一个功能饮料购买，购买红色王老吉真实动机是用于"预防上火"，如希望在品尝烧烤时减少上火情况的发生等，真正上火以后可能会采用药物，如牛黄解毒片、传统凉茶等产品治疗。

再进一步研究消费者对竞争对手的看法，则发现红色王老吉的直接竞争对手，如菊花茶、清凉茶等由于缺乏品牌推广，仅仅是低价渗透市场，并未占据"预防上火"的饮料的定位。而可乐、茶饮料、果汁饮料、水等明显不具备"预防上火"的功能，仅仅是间接的竞争。

同时，任何一个品牌定位的成立，都必须是该品牌最有能力占据的，即有据可依，如可口可乐说"正宗的可乐"，是因为它就是可乐的发明者。研究人员对于企业、产品自身在消费者心智中的认知进行了研究。结果表明，红色王老吉的"凉茶始祖"身份、神秘中草药配方、175年的历史等，显然是有能力占据"预防上火的饮料"。

由于"预防上火"是消费者购买红色王老吉的真实动机，显然有利于巩固加强原有市场。是否能满足企业对于新定位的期望"进军全国市场"，成为研究的下一步工作。通过二手资料、专家访谈等研究，一致显示，中国几千年的中药概念"清热解毒"在全国广为普及"上火""去火"的概念也在各地深入人心，这就使红色王老吉突破了地域品牌的局限。成美的研究人员认为："做好了这个宣传概念的转移，只要有中国人的地方，红色王老吉就能活下去。"

至此，品牌定位的研究基本完成，在合作一个月后，成美向加多宝提交了品牌定位研究报告，首先明确红色王老吉是在"饮料"行业中竞争，其竞争对手应是其他饮料；其品牌定位是"预防上火的饮料"，其独特的价值在于"喝红色王老吉能预防上火"，让消费者无忧地尽情享受生活：煎炸、香辣美食、烧烤、通宵达旦看足球……

这样定位红色王老吉，是出于现实格局通盘的考虑，主要益处有4个。

其一，利于红色王老吉的推广走出广东、浙南。由于"上火"是一个全国普遍性的中医概念，而不再像"凉茶"那样局限于两广地区，这就为红色王老吉走向全国彻底扫除了障碍。

其二，避免红色王老吉与国内外饮料巨头产品的直接竞争，形成独特区隔。

其三，成功地将红色王老吉产品的劣势转化为优势。淡淡的中药味，成功转变为"预防上火"的有力支撑；3.5元的零售价格，因为"预防上火的功能"，不再"高不可攀"；"王老吉"的品牌名、悠久的历史，成为预防上火"正宗"的有力的支撑。

其四，利于加多宝企业与国内王老吉药业合作。

正由于加多宝的红色王老吉定位在功能饮料，区别于王老吉药业的"药品""凉茶"，因此能更好促成两家合作共建"王老吉"品牌。目前两家企业已共同出资拍摄一部讲述创始人王老吉行医的电视连续剧《药侠王老吉》。

成美在提交的报告中还明确提出，为了和王老吉药业的产品相区别，鉴于加多宝是国内唯一可以生产红色王老吉产品的企业，宣传中尽可能多展示包装，多出现全名"红色罐装王老吉饮料"。

由于在消费者的认知中，饮食是上火的一个重要原因，特别是"辛辣""煎炸"饮食，因此成美在提交的报告中还建议在维护原有的销售渠道的基础上，加大力度开拓餐饮场所渠道，在一批酒楼打造旗舰店的形象，重点选择在湘菜馆、川菜馆、火锅店、烧烤店等。

凭借在饮料市场丰富经验和敏锐的市场直觉，加多宝董事长陈鸿道当场拍板，全部接受该报告的建议，并决定立即根据品牌定位对红色王老吉展开全面推广。

"开创新品类"，永远是品牌定位的首选。一个品牌如若能够将自己定位为与强势对手所不同的选择，其广告只要传达出新品类信息就行了，而效果往往是惊人的。红色王老吉作为第一个预防上火的饮料推向市场，使人们通过它知道和接受了这种新饮料，最终红色王老吉就会成为预防上火的饮料的代表，随着品类的成长，自然拥有最大的收益。

确立了红色王老吉利的品牌定位，就明确了营销推广的方向，也确立了广告的标准，所有的传播活动就都有了评估的标准，所有的营销努力都将遵循这一标准，从而确保每一次的推广，在促进销售的同时，都对品牌价值（定位）进行积累。

这时候就可以开始广告创意，拍广告片了。

三、品牌定位的推广

明确了品牌要在消费者心智中占据什么定位，接下来的重要工作，就是要推广品牌，让它真正地进入人心，让大家都知道品牌的定位，从而持久、有力地影响消费者的购买决策。

紧接着，成美为红色王老吉制定了推广主题"怕上火，喝王老吉"，在传播上尽量凸现红色王老吉作为饮料的性质。在第一阶段的广告宣传中，红色王老吉都以轻松、欢快、健康的形象出现，强调正面宣传，避免出现对症下药式的负面诉求，从而把红色王老吉和"传统凉茶"区分开来。

为更好唤起消费者的需求，电视广告选用了消费者认为日常生活中最易上火的五个场景：吃火锅、通宵看球、吃油炸食品薯条、烧烤和夏日阳光浴，画面中人们在开心享受上述活动的同时，纷纷畅饮红色王老吉。结合时尚、动感十足的广告歌反复吟唱"不用害怕什么，尽情享受生活，怕上火，喝王老吉"，促使消费者在吃火锅、烧烤时，自然联想到红色王老吉，从而导致购买。

红色王老吉的电视媒体选择从一开始就主要锁定覆盖全国的中央电视台，并结合原有销售区域（广东、浙南）的强势地方媒体，在2003年短短几个月，一举投入4 000多万，销量立竿见影，得到迅速提升。同年11月，企业乘胜追击，再斥巨资购买了中央电视台2004年黄金广告时段。正是这种急风暴雨式的投放方式保证了红色王老吉在短期内迅速进入人们的头脑，给人们一个深刻的印象，并迅速红遍全国大江南北。

2003年年初，企业用于红色王老吉推广的总预算仅1 000万元，这是根据2002年的实际销量来划拨的。王老吉当时的销售主要集中在深圳、广州和浙南这三个区域，因此投放量相对充足。随着定位广告的第一轮投放，销量迅速上升，给企业极大的信心，于是不断追加推广费用，滚动发展。到2003年年底，仅广告投放累计超过4 000万（不包括购买2004年中央台广告时段的费用），年销量达到了6亿元。这种量力而行，滚动发展的模式非常适合国内许多志在全国市场，但力量暂时不足的企业。

在地面推广上，除了在传统渠道的POP广告外，配合餐饮新渠道的开拓，为餐饮渠道设计布置了大量终端物料，如设计制作了电子显示屏、灯笼等餐饮场所乐于接受的实用物品，免费赠送。在传播内容选择上，充分考虑终端广告应直接刺激消费者的购买欲望，将产品包装作为主要视觉元素，集中宣传一个信息："怕上火，喝王老吉饮料。"餐饮场所的现场提示，最有效地配合了电视广告。正是这种针对性的推广，消费者对红色王老吉"是什么""有什么用"有了更强、更直观的认知。目前餐饮渠道业已成为红色王老吉的重要销售传播渠道之一。

四、推广效果

红色王老吉成功的品牌定位和传播，给这个有175年历史，带有浓厚岭南特色的产品带来了巨大的效益。2003年红色王老吉的销售额比2002年同期增长了近4倍，由2002年的1亿多元猛增至6亿元，并以迅雷不及掩耳之势迅猛冲出广东。2004年，尽管企业不断扩大产能，但仍供不应求，订单如雪片般纷至沓来，2004年销量突破10亿元，2005年再接再厉，全年销量超过20亿元。

同时，百事可乐旗下的企业肯德基，已将王老吉作为中国的特色产品，确定为其餐厅现场销售的饮品，这是中国大陆目前唯一进入肯德基连锁的中国品牌。

结语

红色王老吉的巨大成功，总结起来，加多宝公司有几个方面是其成功的关键所在：

1. 为红色王老吉品牌准确定位；

2. 广告对品牌定位传播到位,这主要有两点:广告表达准确;投放量足够,确保品牌定位进入消费者心智;
3. 企业决策人准确的判断力和果敢的决策力;
4. 优秀的执行力,渠道控制力强;
5. 量力而行,滚动发展,在区域内确保市场推广力度处于相对优势地位。

学习情境二

创业团队

知识目标

1. 了解创业团队所需成员结构。
2. 理解创业企业人员组织匹配原理。
3. 理解选择和管理员工的重要性。

能力目标

1. 能组建创业核心团队。
2. 能制定员工岗位职责。

单元一 组建创业核心团队

一、创业团队

团队是由少数具有互补技能的人组成的，认同于一个共同目标和一个能使他们彼此担负责任的程序，并相处愉快，乐于一起工作，共同为达成高品质的结果而努力的共同体。团队就是合理利用每一个成员的知识和技能协同工作，解决问题，达到共同的目标的共同体。

创业团队，就是由少数具有互补技能的创业者组成，他们为了实现共同的创业目标和一个能使他们彼此担负责任的程序，共同为达成高品质的结果而努力的共同体。

二、创业团队组成要素

1. 目标

创业团队应该有一个既定的共同目标，为团队成员指明方向，知道发展的方向，没有目标这个团队就没有存在的价值。目标在创业企业的管理中以创业企业的远景、战略的形式体现。

2. 人

人是构成创业团队最核心的力量。三个及三个以上的人就形成一个群体，当群体有共同奋斗的目标就形成了团队。在一个创业团队中，人力资源是所有创业资源中最活跃、最重要的资源。应充分调动创业者的各种资源和能力，将人力资源进一步转化为人力资本。

目标是通过人员来实现的，所以人员的选择是创业团队中非常重要的一个部分。在一个团队中可能需要有人出主意，有人定计划，有人实施，有人协调不同的人一起去工作，还有人去监督创业团队工作的进展，评价创业团队最终的贡献，不同的人通过分工来共同完成创业团队的目标。在人员选择方面要考虑人员的能力如何，技能是否互补，人员的经验如何。

3. 创业团队的定位

创业团队的定位包含两层意思：

（1）创业团队的定位。创业团队在企业中处于什么位置，由谁选择和决定团队的成员，创业团队最终应对谁负责，创业团队采取什么方式激励下属。

（2）个体（创业者）的定位。作为成员在创业团队中扮演什么角色，是制定计划还是具体实施或评估，是大家共同出资，委派某个人参与管理；还是大家共同出资，共同参与管理；或是共同出资，聘请第三方（职业经理人）管理。这体现在创业实体的组织形式上，是合伙企业或是公司制企业。

4. 权限

创业团队当中领导人的权力大小与其团队的发展阶段和创业实体所在行业相关。一般来说，创业团队越成熟领导者所拥有的权力相应越小，在创业团队发展的初期阶段领导权相对比较集中。高科技创业团队多数是实行民主的管理方式。

5. 计划

目标的最终实现，需要一系列具体的行动方案，可以把计划理解成达到目标的具体工作程序。按计划进行可以保证创业团队的工作顺利开展。只有在计划的操作下，创业团队才会一步一步地接近目标，从而最终实现目标。

三、创业团队的类型

从不同的角度、层次和结构，可以划分为不同类型的创业团队，而依据创业团队的组成者来划分，创业团队有星状创业团队、网状创业团队和从网状创业团队中演化而来的虚拟星状创业团队。

1. 星状创业团队

星状创业团队一般在团队中有一个核心人物，充当了领队的角色。这种团队在形成之前，一般是核心人物有了创业的想法，然后根据自己的设想进行创业团队的组织。因此，在团队形成之前，核心人物已经就团队组成进行过仔细地思考，根据自己的想法选择相应的人员加入团队，这些加入创业团队的成员也许是核心人物以前熟悉的人，也有可能是不熟悉的人，但这些团队成员在企业中更多时候是支持者角色。

这种创业团队有四个明显的特点：

（1）组织结构紧密，向心力强，核心人物在组织中的行为对其他个体影响巨大。

（2）决策程序相对简单，组织效率较高。

（3）容易形成权力过分集中的局面，从而加大决策失误的风险。

（4）当其他团队成员和核心人物发生冲突时，因为核心人物的特殊权威，使其他团队成员在冲突发生时往往处于被动地位，在冲突较严重时，其一般都会选择离开团队，因而对组织的影响较大。

2. 网状创业团队

网状创业团队的成员一般在创业之前都有密切的关系，如同学、亲友、同事、朋友等。一般都是在交往过程中，共同认可某一创业想法，并就创业达成了共识以后，开始共同进行创业。在创业团队组成时，没有明确的核心人物，大家根据各自的特点进行自发的组织角色定位。因此，在企业初创时期，各位成员基本上扮演的是协作者或者伙伴角色。

这种创业团队有以下四个明显的特点：

（1）团队没有明显的核心，整体结构较为松散。

（2）组织决策时，一般采取集体决策的方式，通过大量的沟通和讨论达成一致意见，因此组织的决策效率相对较低。

（3）由于团队成员在团队中的地位相似，因此容易在组织中形成多头领导的局面。

（4）当团队成员之间发生冲突时，一般都采取平等协商、积极解决的态度消除冲突，团队成员不会轻易离开。但是一旦团队成员间的冲突升级，使某些团队成员撤出团队，就容易导致整个团队的涣散。

3. 虚拟星状创业团队

虚拟星状创业团队是由网状创业团队演化而来，基本上是前两种的中间形态。在团队中，有一个核心成员，但是该核心成员地位的确立是团队成员协商的结果，因此核心成员从某种意义上说是整个团队的代言人，而不是主导型人物，其在团队中的行为必须充分考虑其他团队成员的意见，不如星状创业团队中的核心人物那样有权威。

四、创业团队的互补

创业团队的互补是指由于创业者知识、能力、心理等特征和教育、家庭环境方面的差异，对创业活动产生的不利影响，通过组建创业团队来发挥各个创业者的优势，弥补彼此的不足，从而形成一个知识、能力、性格、人际关系资源等全面具备的优秀创业团队。

1. 创业团队互补的意义

从人力资源管理的角度来看，建立优势互补的创业团队是保持创业团队稳定的关键。研究表明，大多数创业团队组成时，并不是考虑到成员专业能力的多样性，大多是因为有相同的技术能力或兴趣，至于管理、营销、财务等能力则较为缺乏。因此，要使创业团队能够发挥其最大的能量，在创建一个团队的时候，不仅要考虑相互之间的关系，最重要的是考虑成员之间的能力或技术上的互补性，包括功能性专长、管理风格、决策风格、经验、性格、个性、能力、技术以及未来的价值分配模式等特点的互补，以此来达到团队的平衡。

创业团队是由很多成员组成，那么这些成员在团队里究竟扮演什么角色，对团队完成既定的任务起什么作用，团队缺少什么样的角色，候选人擅长什么，欠缺什么，什么样的人与团队现有成员的个人能力和经验是互补的，这些都是必须首先界定清楚的。这样，就可以利用角色理论挑选和配置成员，所挑选出的成员，才能做到优势互补，用人之长。因为创业的成功不仅是自身资源的合理配置，更是各种资源调动、聚集、整合的过程。

2. 不同角色对团队的贡献

不同角色在团队中发挥着不同作用，因此，团队中不能缺少任何角色。一个创业团队要想紧密团结在一起，共同奋斗，努力实现团队的愿景和目标，各种角色的人才都不能或缺。

(1) 创新者提出观点。没有创新者，思维就会受到局限，点子就会匮乏。创新是创业团队生产、发展的源泉。企业不仅开发要创新，管理也需要创新。

(2) 实干者运筹计划。没有实干者的团队会显得比较乱，因为实干者的计划性很强。"千里之行，始于足下"，有了好的创意还需要靠实际行动去实施。而且实干者在企业人力资源中应该占较大的比例，他们是企业发展的基石。没有执行就没有竞争力。只有通过实干者的踏实努力地工作，美好的愿景才会变成现实，团队的目标才能实现。

(3) 凝聚者润滑调节各种关系。没有凝聚者的团队的人际关系会比较紧张，冲突的情形会更多一些，团队目标的完成将受到很大的冲击，团队的寿命也将缩短。

(4) 信息者提供支持的武器。没有信息者的团队会比较封闭，因为不知道外界发生了什么事。当今社会，信息是企业发展必备的重要资源之一。世界是开放的系统，创业团队要在社会中生存和发展，没有外界的信息交流，企业就成了一个自给自足的封闭小团体。而且，当代创业团队的成功更需要正确的及时的信息。

(5) 协调者协调各方利益和关系。没有协调者的团队领导力会削弱，因为协调者除了要有权力性的领导力以外，更要有一种个性的号召力来帮助领导树立个人影响力。从某个角度说管理就是协调。各种背景的创业者聚集在一起，经常会出现各种分歧和争执，这就需要协调者来调节。

(6) 推进者促进决策的实施，没有推进者效率就不高。推进者是创业团队进一步发展的"助推器"。

(7) 监督者监督决策实施的过程。没有监督者的团队会大起大落，做得好就大起，做得不好也没有人去挑刺，这样就会大落。监督者是创业团队健康成长的鞭策者。

(8) 完美者注重细节，强调高标准。没有完美者的团队的线条会显得比较粗，因为完美者更注重的是品质、标准。但在创业初期，不能过于追求完美；在企业的逐渐成长过程中，完美者要迅速地发挥作用，填补企业中的缺陷，为做大做强企业打下坚实的基础。现代管理界提出的"细节决定成功"观点，进一步说明完美者在企业管理和发展中的重要作用。

(9) 专家则为团队提供一些指导。没有专家企业的业务就无法向纵深方向发展，企业的发展也将受到限制。

在了解不同的角色对于团队的贡献以及各种角色的配合关系后，就可以有针对性地选择合适的人才，通过不同角色的组合来达到团队的完整。并且由于团队中的每个角色都是优点和缺点相伴相生，领导者要学会用人之长、容人之短，充分尊重角色差异，发挥成员的个性特征，找到与角色特征相契合的工作，使整个团队和谐，达到优势互补。优势互补是团队组建的根基。

团队竞争是创业企业赖以战胜大企业的主要法宝。大企业可以聘用非常好的职业经理人，而在创业之初创业企业则只能通过团队精神在人力资源上超过大企业。所以，寻找到好的优势互补的合作伙伴，是创业成功一半的保证。当代社会，社会分工越来越细，最专业的事就要交给最专业的人去做，胜算才会更大；也只有优势互补的团队才能充分发挥其组合潜能，也肯定优于个人创业的单打独斗。

在一个创业团队中，成员的知识结构越合理，创业的成功性越大。纯粹的技术人员组成的公司容易形成技术为主、产品为导向的情况，从而使产品的研发与市场脱节；全部是由市场和销售人员组成的创业团队缺乏对技术的领悟力和敏感性，也容易迷失方向。因此，在创业团队的成员选择上，必须充分注意人员的知识结构——技术、管理、市场、销售等，充分发挥个人的知识和经验优势。

拓展阅读

西游记团队的组织结构

"团队管理"这一名词是随着工商管理的概念进入中国的，但实际上最早阐述团队理念的是中国，那就是我们早已熟知的《西游记》。这部书的本身就讲述了一个团队合作的深刻案例，但国人本身没有去深刻挖掘，倒是"洋鬼子"们花了大量的工夫去研究，据说很多国外的学者、企业家从这部书里得到了团队管理的真谛，而且更有甚者，一位英国学者在读此书的时候，读到这样一个情节：孙行者揪下猴毛，霎时一吹，突然惊现一群小猴，这时英国学者大叹，"中国人真的是太聪明了，那个时候他们就有了'克隆'观念，而且是用猴毛基因。"我想在我们为古代文化自豪的同时，我们就现代管理来谈谈企业中的西游记案例。

《西游记》中的师徒四人组织成一个团队，而现代管理中的团队概念认为团队就是4个人或4~25人构成，看来我们的祖先已经认识到这一点，只是没有总结。那我们来分析一下他们的组织架构：首先肯定他们是一个成功的团队！

唐僧是这个团队的最高领导，是决策层，在企业里面就好像是总经理等高层的管理人员，运用自己的强硬管理方式和制度（紧箍咒）来管理团队，并且通过"软权力"和"硬权力"的结合来调动整个团队，从根本上讲，三个徒弟很服从他，佩服他的学识（软权力），因为唐僧是当时名噪一时的佛学家，而且是个翻译，按现在衡量高层管理人员的标准，他是同声传译员而且是个工商管理硕士（如来佛主颁的），德高望重，绝对是个优秀的管理者，他领导团队去西天取经，并获得成功。

孙行者应该是这个团队中的职业经理人，具体一点就是部门经理，他本领高强，到哪里都能混口饭吃，而且此人社会关系和社会资源极其丰富，性格本身就是有点"猴急"，从个人素质上来说是非常优秀的，对于总经理（唐僧）布置的任务通常都能高效率的完成，而且处处留下美名，颇有跨国公司职业经理人的风范，当然他不是完美的化身，但是我想所有的主管、经理应该向他看齐，因为他是优秀的。

八戒虽然不太招人喜欢，但是作为组织中的小人物，他本人还是有很多优点，而且许多方面还在团队中起了不小的作用，比如调节矛盾，运用公共关系的方法来协调众人之间的关系，这都是他对组织的贡献。他本人幽默、可爱，充当着组织润滑剂的角色，所以在组织中功不可没，没有八戒的团队是残缺的，而且也是不完美的。组织中的侧重沟通、协调关系的角色都类似于他，是极其重要的。用一句话来概括：八戒是公司中跨部门沟通的典范！

沙僧自不必说，他朴实无华，工作踏实，从企业的角度讲，他是"广大劳动者"，兢兢业业，是劳动的模范。他虽然没有职业经理人的风光与协调关系者的公关本领，但是他所做的工作却是最基础的，我个人认为，每一个人都应该学习他，主动挑起自己的责任，努力工作，为团队和组织作出自己的工作。

> 白龙马更是一个默默无闻的劳动者身份，任劳任怨，主要工作就是唐僧的司机兼座驾，偶尔在关键时刻挺身而出表现一下。

单元二　制定员工岗位责任

一、员工岗位责任

1. 招聘程序

招聘新员工对应聘者和创业者来说都相当重要。它既可能是一种互利关系的开始，也可能是一系列错误的开端。

影响员工流转的两个主要因素是招聘和选择程序。为了减少员工流失，创业者有必要发布招聘广告、处理应聘者的申请材料、进行面试、选择新员工并为他们配置工作。

（1）潜在的员工来源，包括以下六种：①企业内部提拔；②招聘广告；③就业中介；④教育机构；⑤以前的员工推荐；⑥在职员工推荐。

（2）选择员工的程序，包括四个步骤：①接受申请资料；②面试；③核实应聘者的相关信息；④应聘者的技能测试。

2. 定岗程序

按照惯例，新员工到来的第一天应该带他们参观企业。在这期间，应该把新员工介绍给在职的其他员工，让员工了解企业的整体运行情况，明确地要求新员工适应企业的经营环境并融入企业当中。这项工作并不需要花很多精力，但却十分有用。从长远来看，这项工作省时省钱。

最重要的是，要让新员工从进入企业的第一天开始就能找到自己的恰当位置。正确定岗非常有助于提高员工的工作效率，并且有助于长期留住优秀员工。

（1）员工定岗的四个基本原则，包括：①定人，确定需要定岗的员工；②定事，明确必须完成的工作任务；③试用，让员工在监督下进行尝试；④转正，让合格者继续工作下去。

（2）给新员工定岗准备工作的六个要素，包括：①落实工作，让新员工了解他们所要从事的工作；②进行监督，让在职员工对新员工进行辅导和监督；③设计障碍，设计简单工作障碍；④确定时间，制定新员工培训时间表；⑤规定范围，规定工作范围；⑥绩效评估，每天对新员工工作绩效进行评估。

3. 员工的考虑

（1）薪酬计划。对员工来说，工资是决定他们工作的一个重要因素。他们希望所得报酬能够反映出他们贡献给企业的各种技能以及所付出的辛勤劳动。如果创业者想要吸引并留住优秀员工，那么，他们就必须认真考虑在别的企业从事相同工作的员工报酬如何。

（2）额外福利。在所有额外福利中，病休和假期是员工们最为看重的。创业者应该设计一整套包括各种额外福利的方案。

（3）人际关系。高工资报酬和优厚的福利待遇并不一定能够使员工感到快乐，工作满意对他们来说更加重要。创业者有责任为员工提供最好的工作环境，并且要确保员工与企业之间总是能够畅通无阻地进行双向交流。

（4）工作条件。良好的工作条件与员工的健康、舒适和安全一样都应该是创业者真正关心的事情。一个好的工作环境不仅可以防止发生意外事故，而且非常有助于提高员工的工作效率。工作场所必须通风良好、冷热适度、光照充足，还必须配备卫生设备和安全设施。在任何一家企业的健康和安全计划中，急救药箱和急救电话号码都是必不可少的。

练一练：设计员工工作岗位

设计你的企业员工工作岗位

填表说明：
1. 看看第一栏中列出的工作种类，这些是所有企业通常必须做的工作。
2. 在这一栏中加上你的企业生产产品或提供服务所必须做的其他工作。
3. 对所有这些工作，你要确定你是否有时间和必需的技能经验去完成在第二栏填写的那些工作。
4. 如果你没有时间或技能，就应该雇人来完成这些工作。

工作内容	完成这项工作需要的技能、经验和其他要求	你（业主）有没有时间和技能、经验做这项工作		需要的雇员数	预期的雇员工资额
		有	没有		
办公室综合管理					
记账算账					
市场营销和促销					
企业成本管理					
制定价格					
购买产品、原材料、服务等					
监督生产					
其他工作（详细说明）					

二、岗位责任制定的程序

1. 岗位职责的含义

（1）岗位。是组织为完成某项任务而确立的，由工种、职务、职称和等级内容组成。
（2）职责。是职务与责任的统一，由授权范围和相应的责任两部分组成。

2. 确定岗位及职责

（1）根据工作任务的需要确立工作岗位名称及其数量。
（2）根据岗位工种确定岗位职务范围。
（3）根据工种性质确定岗位使用的设备、工具、工作质量和效率。
（4）明确岗位环境和确定岗位任职资格。

（5）确定各个岗位之间的相互关系。
（6）根据岗位的性质明确实现岗位的目标的责任。

3. 实行岗位职责管理的作用和意义

（1）可以最大限度地实现劳动用工的科学配置。
（2）可以有效地防止因职务重叠而发生的工作扯皮现象。
（3）提高内部竞争活力，更好地发现和使用人才。
（4）是组织考核的依据。
（5）提高工作效率和工作质量。
（6）规范操作行为。
（7）减少违章行为和违章事故的发生。

4. 岗位职责范本

确定员工责任需要有明确的岗位职责规定。岗位职责说明书并不是要面面俱到，而是对岗位职责进行合理有效地分工，促使有关人员明确自己的岗位职责，认真履行岗位职责，出色完成岗位职责任务。一份完整的岗位职责应该包括如下内容：部门名称；直接上级；下属部门；部门性质；管理权限；管理职能；主要职责。

> **拓展阅读**
>
> **人事部岗位职责**
>
> 部门名称：人事部。
> 直接上级：分管副总经理。
> 下属部门：人事科、劳动工资科。
> 部门性质：人力资源开发、利用的专业管理部门。
> 管理权限：受分管副总经理委托，行使对公司人事、劳动工资管理权限，并承担执行公司规章制度、管理规程及工作指令的义务。
> 管理职能：负责对公司人事工作全过程中的各个环节实行管理、监督、协调、培训、考核评比的专职管理，对所承担的工作负责。
> 主要职责：
> （1）坚决服从分管副总经理的统一指挥，认真执行其工作指令，一切管理行为向主管领导负责。
> （2）严格执行公司规章制度，认真履行其工作职责。
> （3）负责组织对人力资源发展、劳动用工、劳动力利用程度指标计划的拟订、检查、修订及执行。
> （4）负责制定公司人事管理制度。设计人事管理工作程序，研究、分析并提出改进工作意见和建议。
> （5）负责对本部门工作目标的拟订、执行及控制。
> （6）负责合理配置劳动岗位控制劳动力总量。组织劳动定额编制，做好公司各部门、车间及有关岗位定员定编工作，结合生产实际，合理控制劳动力总量及工资总额，及时组织定额的控制、分析、修订、补充，确保劳动定额的合理性和准确性，杜绝劳动力的浪费。

（7）负责人事考核、考查工作。建立人事档案资料库，规范人才培养、考查、选拔工作程序，组织定期或不定期的人事考证、考核、考查和选拔工作。

（8）编制年、季、月度劳动力平衡计划和工资计划。抓好劳动力的合理流动和安排。

（9）制定劳动人事统计工作制度。建立健全人事劳资统计核算标准，定期编制劳资人事等有关的统计报表；定期编写上报年、季、月度劳资、人事综合或专题统计报告。

（10）负责做好公司员工劳动纪律管理工作。定期或不定期抽查公司劳动纪律执行情况，及时考核，负责办理考勤、奖惩、差假、调动等管理工作。

（11）严格遵守《劳动法》及地方政府劳动用工政策和公司劳动管理制度，负责招聘、录用、辞退工作，组织签订劳动合同，依法对员工实施管理。

（12）负责核定各岗位工资标准。做好劳动工资统计工作，负责对日常工资、加班工资的报批和审核工作，办理考勤、奖惩、差假、调动等工作。

（13）负责对员工劳动保护用品定额和计划管理工作。

（14）配合有关部门做好安全教育工作。参与职工伤亡事故的调查处理，提出处理意见。

（15）负责编制培训大纲，抓好员工培训工作。在抓员工基础普及教育的同时，逐步推行岗前培训与技能、业务的专业知识培训，专业技术知识与综合管理知识相结合的交替教育提高培训模式及体系。

（16）认真做好公司领导交办的其他工作任务。

5. 制定岗位职责的原则

首先，要让员工自己真正明白岗位的工作性质。岗位工作的压力不是来自他人的压力，而是此岗位上的工作人员发自内心自觉自愿的产生，从而转变为主动工作的动力。因而要推动此岗位员工参与设定岗位目标，并努力激励他实现这个目标。因此，此岗位的目标设定、准备实施、实施后的评定工作都必须由此岗位员工承担，让岗位员工认识到这个岗位中所发生的任何问题，都应由自己着手解决，他的上司仅仅只是起辅助他的作用，他的岗位工作是为他自己做的，而不是为他上司或者老板做的，这个岗位是他个人展现能力和人生价值的舞台。在这个岗位上各阶段工作的执行，应该由岗位上的员工主动发挥创造力，靠他自我努力和自我协调的能力去完成。员工必须在本职岗位的工作中主动发挥自我解决、自我判断、独立解决问题的能力，以求工作成果的绩效实现最大化。因此，企业应激励各岗位工作人员除了主动承担自己必须履行的本职工作外，也应主动参加自我决策和对工作完成状况的自我评价。

其次，企业在制定岗位职责时，要考虑尽可能一个岗位包含多项工作内容，以便发挥岗位上的员工由于长期从事单一型工作而被埋没了的个人的其他才能。丰富的岗位职责的内容，可以促使一个多面手的员工充分地发挥各种技能，也会收到激励员工主动积极工作的效果。

最后，在企业人力资源许可情况下，可在有些岗位职责里设定针对在固定期间内出色完成既定任务之后，可以获得转换到其他岗位的工作的权利。通过工作岗位转换，丰富了企业员工整体的知识领域和操作技能，同时也营造企业各岗位员工之间和谐融洽的企业文化氛围。

6. 岗位职责的构建方法

（1）确定职位目的。根据组织的战略目标和部门的职能定位，确定职位目的。职位（设置）目的，说明设立该职位的总体目标，即要精炼地描述出本岗位为什么存在，它对组织的特殊（或者是独一无二）贡献是什么。员工应当能够通过阅读职位目的而辨析此工作与其他工作目标的不同。

职位目的一般编写的格式为：工作依据＋工作内容（职位的核心职责）＋工作成果。举例来说，某公司计划财务部经理的职位总体目的可表述为：在国家相关政策和公司工作计划的指导下，组织制定公司财务政策计划和方案，带领部门员工，对各部门提供包括成本、销售、预算、税收等全面财务服务，实施财务职能对公司业务经营的有效支持作用。

（2）分解关键成果领域。通过对职位目的的分解得到该职位的关键成果领域。所谓关键成果领域，是指一个职位需要在哪几个方面取得成果，来实现职位的目的。

（3）确定职责目标。确定职责目标，即确定该职位在该关键成果领域中必须取得的成果。因为职责的描述是要说明工作持有人所负有的职责以及工作所要求的最终结果，因此，从成果导向出发，应该明确关键成果领域要达成的目标，并确保每项目标不能偏离职位的整体目标。

（4）确定工作职责。如上所述，通过确定职责目标表达了该职位职责的最终结果。步骤就是要在此基础上来确定任职者到底要进行什么样的活动，承担什么样的职责，才能达成这些目标。

因为每一项职责都是业务流程落实到职位的一项或几项活动（任务），所以该职位在每项职责中承担的责任应根据流程而确定，也就是说，确定应负的职责项就是确定该职位在流程中所扮演的角色。

在确定责任时，职位责任点应根据信息的流入、流出确定。信息传至该职位，表示流程责任转移至该职位；经此职位加工后，信息传出，表示责任传至流程中的下一个职位。该原理体现了"基于流程""明确责任"的特点。

以某公司的招聘工作为例，员工招聘的工作流程可以分为四个环节：

①招聘计划的制定、审核与审批。

②招聘费用的预算、审核与审批。

③招聘工作的实施。其中一般人员的招聘，人力资源部与主管部门负责人参加；关键员工的招聘，高层管理人员、人力资源部和主管部门负责人参加。

④招聘工作的反馈与检查。

在招聘计划过程中：人力资源部招聘专员制定招聘计划，然后上报人力资源部经理审核，这样招聘专员制定招聘计划的职责就算完成；计划的审核职责归属人力资源部经理，如果审核没问题，就报人力资源总监批准；下面审批计划的责任就转移到人力资源总监的职责上来。审批完成后，进入招聘流程的下一个环节。

可以看出，基于流程的职责分析，明确界定了每项职责中职位应该扮演什么样的角色，以及拥有什么样的权限。要想明晰地表达出职位在各项职责中扮演的角色及权限，在职责描述是就要准确规范地使用动词,就像上例中的"制定""审核"和"审批"等。

(5)进行职责描述。职责描述是要说明工作持有人所负有的职责以及工作所要求的最终结果。因此,通过以上两个步骤明确了职责目标和主要职责后,就可以将两部分结合起来,对职责进行描述了,即职责描述=做什么+工作结果。

学习情境三

创业资源

知识目标

1. 知道并理解创业信息资源的重要性和信息获取的方法。
2. 知道并理解创业融资的重要性与途径。
3. 理解现代"互联网+"环境中的融资分析。

能力目标

1. 掌握创业信息资源的利用与创业融资的方式。
2. 掌握众筹融资的策划。

单元一　创业信息的获取

导读案例

方语在母校开家电池租赁店

方语大学毕业后，并没有选择去大公司工作，而是开始了自己的创业计划。在网上浏览了大量信息和咨询了不少同学后，他选择了在母校开设了一家电池租赁店开始创业。在方语看来，电池租赁是一个新生事物，从事的人少，竞争肯定不那么激烈。况且"一次消费、多次使用、集中回收、保护环境"的环保口号也能让环保意识强烈的大学生更多地选择自己的服务。最后还有一个重要的原因，母校熟悉的环境能让他尽快开始自己的梦想。在选好地址后，方语的租赁店开业了。开业前几天，方语的广告已经散发到了学校每一个角落，所以开业当天顾客非常多。看来方语的选择不错，赚取第一桶金的愿望很快就能实现了。但好景不长，三个月后，顾客从最初的400多人骤减到20来人。是什么原因使顾客骤减呢？方语做了些调查，首先顾客觉得充电电池的使用时间太短，还不如好一点的普通电池；其次，校园大，有的宿舍离租赁店太远，换一次电池很不方便。因此，方语对业务做了一些调整，如选用好的充电电池、送货上门等，但业务量仍然上不去，小店的利润难以长期维持调整后费用。方语现在很迷茫，他的选择是错的吗？他该怎么办？

这个故事给我们一个重要的启示：在创业之前，收集基本的市场信息至关重要，否则，将可能造成灾难性的后果。充分的市场调查能告诉创业者哪些项目可行，哪些项目风险小，该采取哪种服务方式，该运用哪种营销手段等。充分的市场调查，能够去除创业者一些想当然的做法（确认性偏见），最大限度地减少损失。

一、市场信息

创业是创业者在复杂的环境中实现自身价值的过程。在计划尚未成熟之前，要使自己的产品或服务能激发并满足未来客户的需求，有必要收集并分析市场信息，最大限度地减少创业风险。同时运用适当的信息分析技术，能够从客观的角度分析顾客的需求，避免主观臆断。

1. 市场主要信息

市场信息是指一定时间和条件下，与生产或服务有关的各种信息、情报、数据、政策法规、资料等的总称。创业者经常处在一种信息多样、需求不确定的环境中。哪些产品能够赢得潜在客户、哪种产品能够激发新的需求、哪些顾客是产品和服务的真正潜在客户等，都需要创业者从复杂多变的信息中去伪存真、认真分析，才能得到。

创业者应立足于自己所处地域的政治经济环境，根据人口状况、收入水平、风俗习惯、消费偏好以及自己的特长、兴趣等来收集市场信息。创业者的经济情况也对市场信息的收集有重要影响，资金充裕的创业者与白手起家的创业者对信息的需求肯定是不一样的。

无论在哪种状况下，创业者都应该对市场的主要信息有所了解，这些信息包括：

（1）政治政策状况。这包括国家有关政策、地方性政策法规、重大政治活动、政府机构情况等，特别是一些行业发展、财政金融、银行贷款、宏观控制等方面的信息，对于创业者的选择起到决定性作用。如一些地方性法规对网吧的控制，就限制了许多创业者进入该行业。

（2）经济发展水平。这是指国民经济的现状及其发展趋势。经济发展水平的高低，影响着人们的消费需求，消费需求又推动着创业者选择适合的创业方向。如在经济发达地区，传统手工艺饰品比在落后地区更受欢迎。

（3）技术发展趋势。技术发展会带来市场需求结构的变化，也会带来供给结构的变化，因此，创业者必须对行业技术变化趋势进行跟踪，深入了解，准确把握。

（4）人口统计。这包括选择创业地区的人口总数、性别、年龄构成、职业分布、收入情况，以及家庭人口、户数和婚姻状况等。通过对这些数据的统计分析，可以为创业提供依据，从而为确定目标客户群体和目标客户需求提供方便。如我国的人口老龄化将为步入银色产业的创业者提供大量的创业机会。

（5）社会文化与风土人情。社会文化影响着消费需求的花色、品种、款式和产品特点等，从而影响着创业者对事业的决策。因此，也要对创业地区的民族分布、文化特点、风俗习惯、生活方式、流行风尚、民间节日和宗教信仰等信息进行了解。

（6）顾客需求。顾客需求是创业的中心和出发点，是创业者需要重点了解的信息。虽然政治、经济、技术、文化等对顾客的需求都有不同程度的影响，但创业者仍需对顾客的直接消费习惯、购买偏好、购买动机等信息进行更详细的发掘，从而确定自己的细分目标。

（7）产品及服务情况。产品或服务是创业者联系顾客的载体，处于创业者销售链的末端，直接决定着创业的成败。产品或服务的信息需要创业者了解产品或服务本身的信息、产品或服务的竞争信息、原材料供应商信息等。其中产品本身的信息包括产品是否先进、产品技术是否成熟、产品的销售渠道是否畅通等；产品竞争信息包括产品的比较竞争优势、竞争产品的技术、销售及市场情况等；供应商信息包括能否及时提供原材料、原材料的质量、供货渠道等。

上述市场信息是客观存在的，数量繁多，情况复杂，但都是可预测的，因此，需要创业者运用必要的技术手段进行收集、分析和甄别，找到最适合自己的创业机会。

2. 市场信息收集的直接方法

收集市场信息最直接的方法就是观察或者询问潜在客户对产品及服务的感受，然后根据这些感受来认知创业机会。通常直接方法可以通过观察、面谈、电话询问、集中小组讨论、网络问卷等方式来进行。

（1）观察法。观察法是最简单的信息收集方法。创业者可以通过观察潜在客户的行为或反应达到收集所需信息的目的；也可以通过观察行业领跑者的行为来获取必需的经验。观察法获取信息较为客观，具有一定的真实性，但很难了解用户需求的真正动机。

（2）面谈法。通过与潜在客户面对面的交谈，创业者能够比较容易地获得所需的信息。根据所处的实时环境，创业者可以灵活地采用不同的谈话技巧，使交谈顺利进行。同时，在交谈中创业者还可以随时对潜在客户予以指导、启发和解释。面谈法能够得到比较可信的资料，但也可能受交谈方式和技巧的影响，使信息失真。

（3）电话询问。即由创业人员根据抽样要求，在样本范围内，用电话询问潜在客户以获得信息的方式。电话询问很容易就能在较短的时间内获得大量信息，并能以统一格式来询问，所得资料也便于统一处理。但这种方法不易得到潜在客户的合作，更不易询问复杂的问题，因此，适宜创业前期的信息了解。

（4）集中小组讨论。集中小组讨论其实就是多人面谈法，它能够收集更深层的信息。一个集中小组可由8～12名潜在客户组成，邀请他们参加有关创业者创意的讨论。讨论可以由一位有经验的主持人或创业者以外的其他人支持，以一种轻松友好的方式来激发参与者贡献各种观点。集中小组讨论有助于创业者获得更为真实的信息，但信息的质量也受到设定问题的影响。

（5）网络问卷。网络问卷法一般有两种方法：一种是创业者借助计算机网络技术，将所关心的问题放置到相关网页上，通过网络点击等手段获取信息；另一种是借助电子邮件向抽样群体发送问卷，通过回复获取信息。网络问卷法由于具有较高的回收率、较快的回收效率和成本低等优点，而被广泛采用。但网络的普及程度、上网群体的单一化使收集的信息有较大的局限性。

在运用上述信息收集方法的过程中，特别是在询问或做问卷时，要克服确认性偏见的影响。确认性偏见是一种只注意和收集能够证明自我信念和偏好信息的强烈倾向。这种主观倾向使创业者陶醉在设定好的回答中，而忽略了一些更重要的因素对创业信息的影响，如便利性、习惯性等。例如曾有人提出了更科学的键盘形式，通过调查也得到很多客户抱怨使用现有键盘不方便的信息，但是以新式键盘为创业基点的企业一家也没有成功。

收集市场信息的直接方法通常需要花费较大的人力、物力和财力，既费时，又费钱，有些信息仅靠创业者个人的力量还很难收集，因此，可以通过间接的方法来收集一些信息。

3. 市场信息收集的间接方法

对创业者来说，收集市场信息最方便的方法是充分利用已有的数据或资料，即通过间接的方法获取二手信息。这些信息可以来自于各种渠道，如报纸杂志、图书馆、行业协会、网络、大学或专业咨询机构的信息都可以加以利用。这些信息可以归纳为以下七种。

（1）普查信息：由政府机构或有关组织进行普查活动所得到的统计资料。这些资料准确性强，具有一定的权威性，特别是政府组织的普查资料尤其可靠。如经济普查、人口普查的资料，能够使创业者迅速了解经济环境和人口比例，精准地确定目标市场。

（2）行业信息：一般是由行业主管部门登记注册的资料，如婚姻登记资料、机动车登记资料等；也有行业协会定期或不定期发布的一些行业动态、年度报告等，如汽车的种类和产销量、钢材的产销量等。行业信息具有一定的全面性，比较可靠。

（3）广电传媒：广播电视传播信息形象生动，具有速度快、辐射面广、新颖且有吸引力等特点，能够给创业者提供最为直观的信息。如中央电视台的"经济半小时""致富经"等节目介绍了大量的创业经验和创业信息，起到良好的示范作用。

（4）报纸杂志：报纸杂志集中了大量的广告和各类信息，特别是一些专业的报刊和杂志，有专门的分类信息，利于创业者发现和寻找机会。但是报纸杂志信息的真实性需要创业者仔细辨认。

（5）商业信息：是由各类市场调查机构依据商业操作的原则收集整理的资料。由于各类商业机构均有各自的商业利益，其整理的资料往往代表了自身的看法和观点，具有一定的主观性，在使用中要加以注意。

（6）网络信息：互联网也可以提供有关竞争者和行业的深层信息，甚至可以通过观察潜在客户对网上某些问题的反应直接获得某些信息。网络信息也存在真伪的问题，创业者应该加强防范，避免落入陷阱。

（7）各种社会活动：社会上的不少集体活动，如联谊活动、各种交易会、博览会、报告会、讨论会、技术推广会等，本身就是面对面进行信息交流的过程，从这些活动中获得的信息，更加直观。

间接获取创业信息的方法绝不仅仅只有以上七种，可以说创业信息无处不在，重要的是创业者要有洞察事物的能力，能够从缤纷复杂的表象中提取对自己有用的信息。

间接法收集信息较为容易、花费少，来源广，收集便捷，节省时间。但也存在适应性和针对性较差，有时需经进一步的加工处理，有些资料的精确度不够等不足之处。创业者可根据自身所处的情况选择相对便利有效的方法。

二、创业政策与法规

市场经济从某种意义上讲就是法制经济，创业、投资离不开法律政策的引导、保障和规范。创业者如能了解一些常用法律及政策，以法律规范其投资、经营和管理行为，将会大有裨益；反之，则可能会走很多弯路：或者权益得不到保障，或者纠纷不断，或者受到行政处罚甚至被追究刑事责任。我国的法律及政策法规数量众多，创业者不可能熟识所有的这些法律法规，但熟悉或了解其中一些与创业相关的重要法律法规是非常必要的。与创业相关的法律与法规大体可以分为三类：

一是涉及主体身份、调整平等主体之间的关系的主体法和程序法，包括《中华人民共和国民法通则》《中华人民共和国公司法》《中华人民共和国合伙企业法》《中华人民共和国个人独资企业法》《中华人民共和国中小企业促进法》以及《中华人民共和国公司登记管理条例》《中华人民共和国企业法人登记管理条例》等。这些法律规定了创业者参与经济生活的各种不同主体身份，以及各自的权利、义务。

二是涉及企业运营和对于企业运行进行规范、管理的法律法规，包括《中华人民共和国票据法》《中华人民共和国消费者权益保护法》《中华人民共和国合同法》《中华人民共和国劳动法》《中华人民共和国担保法》《中华人民共和国著作权法》《中华人民共和国商标法》《中华人民共和国专利法》等。其中劳动法、合同法、担保法以及知识产权内容法律是尤其重要的。

三是涉及税收的法律法规。对于创业者而言，比较重要的有流转税（增值税和消费税）和所得税（个人所得税和企业所得税）相关的法律法规。

1. 与创业相关的主体法和程序法

与创业最为密切的是《公司法》《合伙企业法》《个人独资法》以及《中小企业促进法》。《公司法》《合伙企业法》《个人独资法》为创业者成立什么样的公司提供了参考；《中小企业促进法》体现了国家对创办企业的扶持。

（1）《公司法》《合伙企业法》《个人独资法》和创业公司类型。根据以上三部法律，创业者可以选择有限责任公司、股份有限公司、合伙和个人独资等企业形式。

①个人独资企业。企业由一个人拥有和经营。独资公司的优点是创建成本低，很容易成立，特别适合个体创办的小企业、小公司。个人独资企业的所有者承担无限责任，他们对企业背负的全部债务负责。

②合伙企业。企业由两人或两人以上共同拥有和经营，共同分享利润、承担责任。合伙制的优点是建立较容易而且费用低，企业可获得的财务资源扩大了，另外合伙人可以互补技能，有助于企业成功，但合伙人具有连带的无限责任，使企业存在很大风险。

③股份有限公司。由股东共同拥有，是以全部资产对债务承担责任的法人企业。股份制的优点是股东承担有限责任，分散了投资人的风险，而且可以充分利用社会上的闲散资金，利于公司持续经营；缺点是创建程序复杂，公司的账目必须公开。

④有限责任公司。介于合伙制与股份制之间的一种企业形式，具有合伙企业和股份公司优点：风险较小，筹资容易，设立程序简单。但股份转让不自由，在筹资规模和来源上要稍逊于股份有限公司。

创业者在选择企业类型时应该根据自己拥有的资源，慎重考虑，合理地选择，避免创业风险。创业公司类型比较见表 2-2。

表 2-2 创业公司类型比较

项目＼类型	个人独资企业	合伙企业	股份有限公司	有限责任公司
法律依据	个人独资企业法	合伙企业法	公司法	
法律基础	无章程或协议	合伙协议	公司章程	公司章程
法律地位	非法人经营主体	非法人营利性组织	企业法人	企业法人
责任形式	无限责任	无限连带责任	有限责任	有限责任
投资者	完全民事行为能力的自然人，法律、行政法规禁止从事营利性活动的人除外	完全民事行为能力的自然人，法律、行政法规禁止从事营利性活动的人除外	无特别要求，法人、自然人皆可	无特别要求，法人、自然人皆可
注册资本	投资者申报	协议约定	500 万	3 万
出资	投资者申报	约定：货币、实物、土地使用权、知识产权或者其他财产权利、劳务	法定：货币、实物、知识产权、土地使用权	法定：货币、实物、知识产权、土地使用权
组建企业的成本与难易	成本低，易建立	成本低，易建立	成本高，组建复杂	成本高，建立相对容易
财产权性质	投资者个人所有	合伙人共同共有	法人财产权	法人财产权
出资转让	可继承	一致同意	完全转让	股东过半数同意
经营主体	投资者及其委托人	合伙人共同经营	股东不一定参加经营	股东不一定参加经营
事务决定权	投资者个人	全体合伙人或从约定	股东大会	股东会
利亏分担	投资者个人	约定，未约定则均分	投资比例	投资比例
解散程序	注销	注销	注销并公告	注销并公告
解散后义务	5 年内承担责任	5 年内承担责任	无	无

（2）《中小企业促进法》对创业者的扶持。《中小企业促进法》是为了改善中小企业经营环境，鼓励个人创业而制定的，了解一些这方面的信息有利于创业者更好地运用相关的优惠政策。《中小企业促进法》第三章的第二十二条到二十八条都是有关创业的条款：

①政府有关部门应当积极扶持失业人员、残疾人员创办中小企业，应当采取措施，拓宽渠道，引导中小企业吸纳大中专学校毕业生就业。

②国家对中小企业实行税收优惠。

③地方人民政府应当根据实际情况,为创业人员提供工商、财税、融资、劳动用工、社会保障等方面的政策咨询和信息服务。

④提高登记手续效率,方便创业者创立企业。

⑤鼓励个人或者法人依法以工业产权或者非专利技术等投资参与创办中小企业。

⑥鼓励创办中外合资经营、中外合作经营企业。

可以看出国家对创业者的扶持包括税收优惠、提供信息及咨询、简化登记手续等多个方面,创业者应运用这些政策,节省时间和金钱。

2. 与创业企业运营相关的法律

创业者在运营企业时,应该了解一些如何规范管理企业的法律,这些法律法规涉及劳动者权益的保护,知识产权的保护以及签订合同时自身权益的保护等。

(1) 保护雇员权益的《劳动法》。保护雇员权益法规中,最基本的是《劳动法》。创业者应该对其中的劳动保护条例有所了解。劳动保护,是指国家为了劳动者在生产过程中的安全与健康而采取的各项保护措施,是保证职工肌体不受伤害,保持和提高劳动者持久的劳动能力的组织和技术措施的总称。

劳动保护的主要内容有:

①用人单位必须建立健全劳动安全卫生制度。严格执行国家劳动安全卫生规程和标准。劳动者对用人单位管理人员违章指挥、强令冒险作业,有权拒绝执行;对危害生命安全和身体健康的行为,有权提出批评、检举和控告。

②劳动者每日工作时间不超过 8 小时,平均每周不超过 44 小时。用人单位应当依法安排劳动者在法定假日休假。用人单位安排劳动者延长工作时间的,支付不低于工资 150% 的工资报酬;休息日安排劳动者工作又不能安排补休的,支付不低于工资 200% 的工资报酬;法定休息日安排劳动者工作的,支付不低于工资 300% 的工资报酬。

③不得安排年满 16 周岁未满 18 周岁的未成年人从事矿山井下、有毒有害、国家规定的第四级体力劳动强度的劳动和其他禁忌从事的劳动。用人单位应当对未成年人定期进行健康检查。

④不得安排女职工在经期从事高处、低温、冷水作业和国家规定的第三级体力劳动强度的劳动。不得安排女工在怀孕期间从事国家规定的第三级体力劳动强度的劳动和孕期禁忌从事的劳动。对怀孕七个月以上的女工,不得延长工作时间和安排夜班劳动。女工在生育期间应该享受不少于 90 天产假。

创业者一旦雇用了雇员,就会与雇员发生一系列的劳资关系。这种关系有的是通过合同确认的,有的没有合同约束,因此,难免出现劳资冲突,而要很好地解决这种冲突则需要了解劳动法规,更重要的是尊重雇员。

(2) 知识产权管理——保护自己的构想、创意和发明。知识产权对创业者具有极端的重要性。构想、创意和发明必须加以保护,才能进一步在市场上得到开发和维持竞争优势。创业者可以通过相关的知识产权法来保护自己的知识产权,这些法规包括《专利法》《商标法》和《著作权法》等。尽管这些法规并不能完全阻止竞争者模仿其知识产权,但在某些方面有助于保护知识产权。成功的创业者应当了解这些方法(专利、商标和著作权)的优点和缺点,这样才可以找到保护新企业中知识产权的最佳方式。

①专利。专利是一项合同,发明人据此可以得到对某项发明的排他性权利,但作为交

换，必须将发明披露给政府。专利是能够防范除所有者之外的其他任何人制造、销售和使用说的发明。我国专利法规定，授予专利权的发明和实用新型应具备新颖性、创造性和实用性，也就是通常所说的专利"三性"。

a. 新颖性。新颖性是指在申请日以前没有同样的发明或者实用新型在国内外出版物上公开发表过，在国内公开使用过或者其他方式为公众所知，也没有同样的发明或者实用新型由他人向专利局提出过申请并且记载在申请日以后公布的专利申请文件中。

b. 创造性。创造性，是指同申请日以前已有的技术相比，该发明有突出的实质性特点和显著的进步，该实用新型有实质性特点和进步。

c. 实用性。实用性是指一项发明或者实用新型能够在工业上或者产业上获得应用。按照专利法的规定，实用性是指发明或者实用新型能够制造或者使用，并且能够产生积极效果。这些效果包括社会效果、技术效果和经济效果。

专利对于创业者来说是非常有价值的工具，但也有一些重要的缺点。创业者必须注意的是，专利虽然十分有益，但也可能十分有害，原因在于：申请专利会披露其全盘构思，或是其独特配方；创业者不能对同一发明既拥有专利，又保守商业秘密；专利赋予所有者排他性的所有权，但当政府对其加以公布时，专利也就成为公众了解的公开信息等。专利的优缺点见表2-3。因此，创业者要精心考虑应该如何保护好自己的商业秘密，要精心考虑专利保护的力度有多大。在决定是否申请专利的问题上，要特别慎重。

表2-3 专利的优缺点

专利的优点	专利的缺点
1. 通过展示专利产品的竞争优势，有助于筹集资金； 2. 提高竞争者的模仿成本； 3. 阻止其他人生产同样的产品； 4. 阻止其他人使用发明作为商业秘密	1. 需要披露发明； 2. 专利有期限； 3. 竞争者可以避开专利保护来实现同样的目标； 4. 申请专利需要成本； 5. 分辨合法和侵权需要成本； 6. 不存在国际性的专利

②商标。我国商标法规定商标就是使某一经营者的商品或者服务与其他经营者的商品或者服务相互区别的标记。商标通常是由文字、字母、数字、图形，以及产品的形状、外观或包装，带有标志的彩色组合，颜色组合等构成的。如麦当劳的金色拱门就是一个很好的商标范例。

在我国，创业者的商标可以采用自愿的方式决定是否注册（人用药品和烟草制品的商标必须注册），但只有注册过的商标才受到法律的保护。商标注册是商标注册申请人为取得商标权，依照法律规定的程序，将其所有的商标向商标局提出注册申请，经商标局审核，核准注册的一系列程序的总称。目前，在我国商标注册是取得商标权的唯一途径和依据。只有经过商标注册，商标所有人才能获得商标权，受到法律保护。

优秀的创业者必须能够将区别于其他企业产品和服务的文字、符号、图形、颜色等注册成商标，并利用商标来保护代表企业的这些元素，同时要强化新企业的品牌。

③著作权。著作权是一种向原创作品包括手稿、软件、文章、诗歌、音乐、戏曲、艺术、蓝图和其他智力作品的作者提供知识产权保护的形式，是作者及其他著作权人对文学、艺术、科学作品所享有的人身权利和财产权利的总称。

在我国，著作权法对著作权的保护，采用创作保护主义的原则。只要作者独立完成了作品的创作，就自动取得了著作权。也就是说，著作权的取得，完全基于作者独立创作作品的行为或事实，而不需要其他任何法律事实的存在。只要独立创作出了作品，就可以享有著作权，而且著作权是不可剥夺的。著作权也可以登记，登记后可以作为证据使用。

还有一点创业者应该了解，我国著作权法规定，公民为完成法人或非法人单位工作任务所创作的作品的职务作品，著作权由作者享有，但法人或非法人单位有权在其业务范围内优先使用。但如果作者主要利用了法人或非法人单位的物质技术条件进行创作，作者只享有署名权，著作权的其他权利由法人或非法人单位享有。也就是说，创业者创办的企业也可能拥有雇员的著作权。

(3) 善用合同法保护自身权益。合同法是一种旨在确保签订合同各方遵守法律规定的法律，是调整平等主体之间合同关系的法律规范的总和。我国的合同法涉及以下分则：买卖合同、赠与合同、借款合同、租赁合同、承揽合同、建设工程合同、运输合同、技术合同、保管合同、仓储合同、委托合同、行纪合同、居间合同等。

签订合同，对于创业者来说是经营活动过程中的一项重要内容，可以说有的时候一份合同签约的好坏与否，往往关系到创业企业的兴亡。因此，为了保证合同签订的成功率与效益性，创业者在签订合同之前一定要有针对性地做好各项准备工作：弄清楚合同签订的必要条件和程序；了解对方当事人是否具备法定的主体资格；审核对方在合同中签订的业务范围是否属于其经营范围，有无交易资格；对对方的资信进行审核、考查等。

总之，签订合同是一件非常重要的事情，创业者只有对对方的情况有了全面的了解，才能有的放矢，顺利达成自己的目标，避免遭受不应当的损失。

3. 税法

税率直接影响到创业企业的出现。研究发现，创业者更愿意到税率低的地区创办企业。如果税率很高，那么创业者就只能保留所赚利润的一小部分，因而获得的潜在收益就很少，以致不足以抵消创建新企业所带来的风险。

在我国，对创业者而言，比较重要的税法有流转税（增值税）和所得税（个人所得税和企业所得税），另外还有一些创业企业当地的税种。创业者在选择创业所在地和企业形式时都应该考虑这些税收政策，充分利用合理的税收策略，实现税后利润最大化。

一般来讲，在收入相同的情况下，创业者选择个体工商户、个人独资或合伙企业形式时的税负是一样的，而选择私营企业时税负最重。但个人独资企业、合伙企业、私营企业等三种形式的企业，是法人单位，在发票的申购、纳税人的认定等方面占有优势，比较容易开展业务，经营的范围比较广，并且可以享受国家的一些税收优惠政策。

在个人独资企业、合伙企业和私营企业三种企业形式中，私营企业以有限责任公司的形式出现，只承担有限责任，风险相对较小；个人独资企业和合伙企业由于要承担无限责任，风险较大。特别是个人独资企业还存在增值税一般纳税人认定等相关法规不易操作的现象，加剧了企业风险。而合伙企业由于由多方共同兴办企业，在资金的筹集等方面存在优势，承担的风险也相对较少。相对于有限责任公司而言，较低的税负有利于个人独资企业、合伙企业的发展。因此，创业者在选择企业类型时，应充分考虑税种与税率的因素，选择最优方案。

三、信息处理不当的陷阱

创业者在创业之初,要收集大量的相关信息,包括市场信息、法律法规、政府政策等,处理好这些信息,有助于降低创业之初的风险。但是信息的处理经常受到错误和偏见的影响,这些错误和偏见将阻碍创业者理性地进行决策。因此,信息一旦被收集到,创业者应该尽力使这些错误最小化。

1. 创业者处理信息时遇到的问题及解决办法

在处理信息时,创业者的能力是有限的,容易受到一些认知偏见和错误的影响。认识这些偏见和错误,有利于创业者更好地处理信息。这些认知偏见或错误包括:

(1) 直觉推断。直觉推断能以简单、快速的方式对信息作出判断,推断正确与否与创业者自身的学识、阅览和智慧是密不可分的。直觉推断看上去能够提高效率,但可能会导致严重的错误。这主要因为生动的或非同寻常的信息比那些平淡信息更容易被记起。这样,它会在很大程度上影响创业者的思考与决策。

(2) 乐观偏见。创业者在支持期望的合理基础不存在的情况下,仍然预期事情会出现好结果的一种倾向。正是基于这种乐观情绪,才使更多的人相信自己能取得成功进而选择创业,但是情况也许并不是那么乐观。

(3) 证实偏见。它是一种更愿意注意、处理和记忆能证实当前信念的信息,而忽略那些不能证实当前信念信息的倾向。这使人们常常生活在自我构建的"回音室"里,只有那些能强化自己原有信念的信息才能被接受,而这很容易误导创业者,引发危机。

(4) 控制错觉。这是指一种超越实际情况,认定自己能更大限度地掌控命运的倾向。也就是,与理性思考所表明的控制能力相比,认为对自身环境拥有更强控制的倾向。创业者很可能认为创业企业的命运很大程度上能被其控制,从而低估了经济环境、竞争对手和其他很多不可控因素的潜在影响。

还有很多认知中潜在的错误会导致创业者不能理性地思考问题,这对于新创企业是十分危险的,创业者应该采取必要的措施来尽量减少这类错误的发生。创业者除了平时多进行知识积累、拓宽信息渠道和多向有经验的专业人士请教外,还可以采取以下措施使发生偏见和错误的风险尽量减小:一是在决策中预先约定,如果损失达到一定限度或负面效果持续一定时期,就不再进行资源投入并且改变原先的决策;二是将是否继续进行原有决策的任务,交给该决策最初制定者以外的人来负责。因为他们没有参与最初决策,所以受制约较少;三是创造一种企业文化,在这种文化环境中,若人们推翻现在被发现不正确的早期决策不会觉得丢面子。

2. 群体创业时处理信息遇到的陷阱

大多数新创企业由两个或更多创业者共同设立,他们在处理信息时,也面临着诸多的问题,其中有四个因素更值得注意:接受"早期偏好"倾向、群体极化、群体思维和忽视非共享信息倾向。

(1) 早期偏好。这是指群体有一种倾向,即开始时对某个解释或决策存在偏好,那么就会逐渐趋于接受它。实际上,在决策过程中,其他的解释或观点被提出,接着又被推翻。这些解释或观点是可供选择的,但它们实际上没有被认真考虑过;更确切地说,它们之所以被提出,主要是为了使决策群体相信他们最初的偏好确实是正确的。

（2）群体极化。这是指群体成员中原已存在的倾向性，通过群体的作用而得到加强，使一种观点或态度从原来的群体平均水平加强到具有支配性水平的现象。如苹果公司在决定是否将其软件授权给其他制造商使用时，就受到群体极化倾向的影响而采纳了不授权，结果苹果公司让出了大部分的个人电脑市场。

（3）群体思维。当群体成员的内聚力非常强时，群体成员对信息进行决策时，表现出支持群体决议，而摒弃任何与群体决议相背离信息的倾向。一旦这种集体行为继续发展，群体将变得不愿意改变他们的决策，即使外部事物发展已明显表明他们的决策是错误的。

（4）信息不共享。由于群体有早期偏好，形成群体思维，造成群体极化，就会使群体的成员不能充分地发表自己的意见，从而使更多的信息不能共享。如果创业企业的创业团队只是讨论所有人都已知的信息，就会漏掉对创业企业可能构成威胁的其他信息，从而给创业企业带来灾难性的后果。

3. 群体决策的改善措施

群体决策遇到的陷阱，可能给新创企业致命的打击，但是可以通过以下方法使这些影响降低到最小。

（1）头脑风暴法。这是一种用开会的方式使创业者互相启发，从而激发出一系列新的见解和方案，然后将其集合起来获得信息并处理信息的方法。它鼓励自由思考、畅所欲言，鼓励提出任何种类的方案设计思想，同时禁止对各种方案的任何批评。可见，这种方法能够尽量减少群体极化倾向。

（2）名义群体法。在开始讨论前，大家独立思考，要求群体成员列出他们知道的所有相关信息，并提出自己的观点，不互相讨论，之后把各种信息和观点汇集在一起，大家共同讨论，并作出评价。这种方法克服了信息不共享的缺陷，限制了用于讨论多数成员共有信息的时间，因此减少了循环论证的可能和群体极化效应的发展。

（3）专家建议法。这是任命由有技术或商业经验的个人组成建议委员会。这些人不仅具有创业团队成员现在不具备的专业技能，而且他们能从外部观察企业。这意味着，他们很少受群体极化、群体思维和其他影响群体决策因素的影响。正因为如此，他们对创业企业有极大的帮助。

信息获取实例

1989年，默巴克是美国斯坦福大学的一名普通学生。为减轻父母的压力，默巴克利用闲暇时间承包打扫学生公寓的工作。

第一次打扫学生公寓时，默巴克在墙角、沙发缝、学生床铺下扫出了许多沾满灰尘的硬币，这些硬币有1美分、2美分和5美分的。默巴克将这些硬币还给同学们时，谁都没有表现出丝毫的热情。

此后，默巴克给美国财政部和美国联邦储备局写信，反映小额硬币被人白白扔掉的事情。财政部很快给默巴克回信说：“每年有310亿美元的硬币在全国市场上流通，但其中的105亿美元正如你所反映的那样，被人随手扔在墙角和沙发缝中睡大觉。”

默巴克震惊了，他想：如果能使这些硬币流通起来，利润将多么可观啊！

1991年，刚毕业的默巴克成立了自己的"硬币之星"公司，推出了自动换币机。顾客只要将手中的硬币倒进机器，机器会自动点数，然后打出收条，写出硬币的面值总数。顾客可以凭收条到超市服务台领取现金。自动换币机收取8.9%的手续费，所得利润，公司与超市按比例分成。

5年间，"硬币之星"公司在美国8 900家主要超市连锁店设立了10 800台自动换币机，并成为纳斯达克的上市公司。一文不名的穷小子默巴克一夜暴富，成为令人瞩目的亿万富翁。

背景：在美国，顾客购买零售商品时须同时缴纳零售税，税率一般在5%~8%。举个例子来说，顾客如果购买一件价值100美元的商品，实际付款是105美元到108美元。所以美国的顾客在购买商品时，付款不大可能是整数，都有几美分或几十美分的零头。比如买99美分的商品，加上税约为1.04美元。在中国，人们通常可以付5美元加4美分，或10美元加4美分，营业员只要找回4美元或9美元即可。可是美国人大多学不会这种变通，这就导致营业员往往找给顾客一大把硬币，因此美国人口袋里的硬币因此比别的国家多得多。

案例分析问题讨论
1. 默巴克是怎样收集信息的？
2. 默巴克在中国能取得成功吗？为什么？
3. 通过案例讨论如何发现创业机会。

单元二　创业融资

知识目标

1. 知道并理解创业融资的含义、类型和渠道。
2. 了解进行创业融资的步骤。
3. 知道并理解新创企业盈利模式的含义、分类和常见类型。

能力目标

1. 掌握创业融资的现实应用。
2. 掌握企业盈利模式的应用。

导读案例

李飞（化名）从一家艺术院校毕业后，一直没找到合适的工作。"既然找不到理想的工作，不如自己创业。"他看到杭州的动漫产业正在蓬勃发展，也萌生了自己创业做动漫产品的念头。

> 毕业没多久的李飞，积蓄不多，为了筹措创业资金，他选择了最原始的"融资"方式，向亲戚朋友借钱。"银行贷款很难，不知道从哪里借钱，只有向亲戚朋友借钱。"李飞说。对于很多刚刚走出校门的大学生来说，资金不足是面临的主要困难，尤其是在一些领域创业需要大量资金。
>
> 大学生创业联盟在调查中发现，大学生创业者面临的融资难，主要体现在融资途径少以及融资金额小。目前我国的创业投资机制还不是很健全，融资渠道不仅少而且不够畅通。对于许多大学毕业生来说，缺少资本和信用记录，也没有固定资产或抵押品，很难从银行获得贷款。
>
> 调查显示，65.66%的大学生创业者都是创业团队自己集资的，只有11.53%的大学生创业者通过银行贷款筹措到资金。另外，通过政府创业基金、风险创投和导师投资获得资金所占的比例分别为2.9%、4.47%和1.32%，所占比例非常小。融资渠道少、数额小，给大学生创业带来了很大的困难。
>
> 资料来源：根据2013年浙江新闻网报道整理
>
> **案例分析**
>
> "融资难"问题是创业面临的最突出问题之一。融资能力是创业企业生存之本、兴盛之基，尤其是创业企业要存活和发展，需要获得奖金支持。造成融资难的原因是多方面的，如渠道问题、融资方式等，所以创业者需要了解创业融资的特点和融资渠道。

一、创业融资的渠道和方式

一般来说，创业离不开一定数量资金的支持。创业者计划创办一家新企业时都会面临这个问题：如何找到启动资金？资金对于创业企业犹如汽油对于汽车，是创业企业生存和发展所依赖的重要资源。然而，现实中许多创业企业都面临"融资难"的问题。化解这一难题，掌握融资渠道和技巧是新创企业的生存之道。

1. 创业融资概述

融资就是货币资金的融通，即通过各种方式在金融市场上筹集资金。企业融资是指以企业为主体融通资金，使企业及其内部各环节之间资金供求由不平衡到平衡的运动过程。创业融资就是创业企业筹集资金的行为与过程，是创业企业根据不同发展阶段的需要，经过科学预测和决策，采取一定的方式，通过某种渠道向企业的投资者或者债权人筹集资金的一种经济活动。

资金是企业进行生产经营活动的必要条件，没有足够资金，企业的生存和发展就没有保障。许多创业者往往拥有无限的创意，满怀热情和理想，但在创业时因为囊中羞涩，而阻碍创业的脚步。如何迅速地找到所需的创业资金，是保证创业活动的重要基础。

2. 创业企业的融资类型

融资的途径和方式是多种多样的，根据不同的标准可以有不同的分类方法。

（1）债权融资和股权融资。根据融资的产权属性（根据资金供应方是否拥有企业所有权），创业融资可以分为债权融资和股权融资。

①债权融资也称债务融资，是指通过增加企业的债务筹集资金，是一种包含了利息支付

的融资方式，主要有银行贷款、民间借款、发行债券、融资租赁等。通常将短期债务（1年以内）筹措的资金主要充当营运资本，通过销售收入进行偿还。长期债务（期限长于1年）筹集的资金常用于固定资产和设备的采购，并且需要以资产的部分价值作为贷款抵押。债务融资的优势在于：它使得创业者能够保有企业较多股份，不涉及企业所有权出让，从而在权益上获得更大的回报；其劣势在于：定期（按月）支付利息，还款造成现金流量压力增加，债务过多将抑制企业的成长和发展。

②股权融资是指为了筹集资金，向其他投资者出售企业所有权的融资方式，即用所有者权益来交换资金，如吸引新的投资者、发行新股、追加投资等方式筹集资金，而不是出让现有的所有者权益或者转让现有的股票。股权融资要求分享企业所有权与利润，企业放弃部分所有权换回相应的资金。筹集资金的渠道主要有自有资本、亲朋好友、风险投资公司和私募基金等。采用这种融资方式的优势是可以避免债务融资中还本付息的硬性约束，有利于为创业项目筹措长期的资金，作为回报，出资者以股东身份分享企业利润，并按照预先约定的方式获得资产的分配权利；其劣势在于会使创业者所占的企业股份比例下降，造成原有投资者对企业控制权的稀释。相对于债务融资而言，股权融资风险大，资金成本也较高，同时还需承担一定的发行费用。

总而言之，创业融资没有免费的午餐，在融资渠道和方式选择上，创业者需要根据自身情况慎重选择，在考虑资金获得途径可能性的基础上，尤其要考虑融资的财务成本和融资对企业控制权的影响。债权融资与股权融资的比较见表2-4。

表2-4 债权融资与股权融资的比较

项目	债权融资	股权融资
风险	按期付息和到期还本	不存在还本付息
融资成本	低	高
控制权影响	保持现有控制权	控制权被稀释

（2）内源融资和外源融资。根据融资过程中资金来源的不同，融资可以分为内源融资和外源融资。

①内源融资就是企业利用自己的储蓄，主要是指企业的自有资金和生产经营过程中积累的部分资金。它可以来自于利润、出售资产收入等。

②外源融资即企业通过一定方式向企业之外的其他经济主体筹集资金，包括吸引直接投资、银行贷款、发行债券、融资租赁和民间借款等。

（3）直接融资和间接融资。根据融资过程中资金运动的不同渠道，又可以分为直接融资和间接融资。

①直接融资是不经过金融机构，直接向社会上筹集资金的活动，一般通过发行债券、股票以及商业信用等形式融资所需资金。其优点是：资金供求双方联系紧密，有利于资金的快速合理配置和提高使用效益，且可降低筹资成本；其缺点是：融资双方在资金数量、期限和利率等方面受到的限制多，融资使用的金融工具的流动性较间接融资的要弱，兑现能力较差，且风险较大。

②间接融资是企业向金融中介机构（商业银行、信用中介等）申请贷款，从而取得资金的方式。其优点是：灵活方便，安全性高，融资规模大；其缺点是：资金供求双方的直接

联系被切断,且会增加筹资成本。

3. 融资渠道与方法

创业企业要获得必需的创业资金,就应该了解各种融资渠道,并合理选择融资渠道及其组合。融资渠道是指筹集资金来源的方向与通道,是创业者资金流通的源泉。了解融资渠道的种类和特点,有利于充分开拓和正确选择融资渠道。目前国内创业者采用的融资渠道主要有以下五种:

(1) 私人资本融资,包括以下四种。

①创业者个人资本。创业者的个人积蓄是创业融资最为根本的来源。几乎所有的创业项目都是从个人资金起步的。根据世界银行有关机构对北京、成都、顺德、温州四个地区私营企业的调查,我国的私营中小企业在初始创业阶段几乎完全依靠自筹资金,90%以上的初始资金都是由业主、主要的创业团队成员及其家庭提供的,而银行和其他金融机构贷款所占的比重很小。

对于创业者而言,将自有资金投入到创业企业的创办之中,一方面,是因为个人资金的成本最为低廉,有助于创业者保持对企业的经营控制权;另一方面,自我融资是一种有效的承诺和自我激励,它以实际行动告诉团队成员和其他投资者,他们对创业机会和创建企业充满信心,并愿意为之竭尽全力,因此可以极大地增强团队成员和外部投资者的投资可能。当然,对许多创业者来说,个人积蓄的投入并不是解决创业资金的根本方案。因为创业者的个人资金总是有限的,特别是对于创办较大规模的企业或是面临漫长产品开发周期的创业企业来说,几乎总是杯水车薪。

融资案例

他说服父母将结婚费用拿来创业

徐寅2008年毕业于南京邮电大学通信工程专业,读书时,这个无锡小伙子就喜欢逛商场寻觅名品打折机会。"如果能提前知道哪家商场有需要的打折名牌就好了。"他萌发一个念头,自己可以创建这样的专业网站,把所有的实时打折信息整合给消费者。为了锻炼自己的市场运营能力,他在汽车4S店做营销,第一个月就攀升到团队第一,又去商场卖东西了解顾客的心理。3年后,他觉得自己做好准备可以创业了,于是他说服父母把准备用于他结婚的钱拿出来,用于创业,并向父母承诺今后挣不到钱就不结婚。2011年他在南京租了房子,注册了摩客网,利用微信公众平台向网民推销名品信息,利润来自商家的回报。功夫不负有心人,公司的业务有声有色,南京市各主要商场3 000个销售名品的柜台都与网站建立了实时数据对接,消费者只要打开摩客网输入文字或语音播报关注品牌,立即可以获取该品牌在各商场专柜的折扣信息及优惠活动截止日期,目前每天平均有近千人次的点击量。

资料来源:大学生创业网,董婉愉

---

②向亲朋好友融资。在创业初期,创业者往往缺乏正规融资的抵押资产,缺乏社会筹资

的信誉和业绩，家庭成员和亲朋好友是创业企业获取创业资金的重要渠道。许多创业者在创业初期都借用过家人或朋友的资金。在我国，以家庭为中心，形成了亲缘、地缘为经纬的社会关系网络，对包括创业融资在内的许多创业活动产生重要影响。

　　向亲朋好友融资的优点是快速、灵活。但在现实中向亲朋好友融资要注意两点：第一，创业者必须明确所获得的资金性质是债权性资金还是股权性资金，并据此确定彼此的权利和义务。若融集的资金属于亲友对企业的投资，则属于股权融资，而家庭成员和亲朋好友以入股形式注资成为股东，难免对企业经营有所干预，容易给其他合伙者造成家族企业的印象；如果融集的资金属于亲友借给创业者或创业企业的，则属于债权融资。如果是股权融资，创业者对亲友投入的资金没有必要承诺日后的分红比例和具体的分红时间；但如果是债权融资，就一定要明确约定借款的利率和具体的还款时间。第二，无论是借款还是融资款项，创业者最好能够通过书面协议方式将事情确定下来。无论是从家人还是朋友那里借款，都要签订书面协议，写明借款时间、地点、数目与融资条件。对每一笔债权性资金都要写明利益和本息偿付计划及红利发放规则，投资者的权利和责任以及对业务失败的处理等，同时写明企业成长中的各种风险及利弊信息，让出资的家庭成员和亲朋好友有知情权，使他们坚信对创业企业的投资是建立在自己正确的判断和对成功抱有信心的基础之上，而不是建立在所谓的义务之上。俗话说："亲兄弟，明算账"，应运用现代市场经济的游戏规则、契约原则和法律形式来规范借贷或融资行为，以保障各方利益，减少不必要的纠纷。

　　③天使投资。天使投资（Angel Capital）是自由投资者或非正式风险投资机构，对具有创意的创业项目或小型初创企业进行的一次性前期投资，其资金来源大多是民间资本，而非专业的风险投资者。"天使投资"一词源于纽约百老汇，原指富有的个人出资，以帮助一些具有社会意义的公益行为，对于那些充满理想的演员来说，这些赞助就好像天使一样从天而降，使他们的美好理想变为现实。后来，天使投资被引申到经济领域，表现为一种对高风险、高收益的新兴企业的早期投资。与其他投资相比，天使投资是最早介入的外部资金，对一些还处于构思阶段的创业项目，只要有发展潜力，就可能给予资金支持。

　　天使投资有三方面的特征：一是天使投资的金额一般较小，而且是一次性投入，它对风险企业的审查也并不严格，是个体或小型的商业行为。二是天使投资人不但可以带来资金，同时也带来关系网络。天使投资人一般有两类人：一类是创业成功者，另一类是企业的高管或高校科研机构的专业人员。他们对天使投资感兴趣不仅限于能在自己熟悉或感兴趣的领域进行投资，获取资金的回报，还希望以自己的资金和经验帮助那些有创业精神和创业能力的志同道合者创业，以延续或完成他们的创业梦想。很多天使投资人本身就是企业家，了解创业者面对的难处，是起步公司的最佳融资对象。例如，惠普公司创业时，斯坦福大学的弗雷德里克·特曼教授不仅提供了538美元的天使投资帮助惠普公司生产振荡器，还帮助惠普公司从帕洛阿尔托银行贷款1 000美元，并在业务技术上给予创业者很大的支持。三是投资程序简单，短时期资金就可以到位。

　　目前，我国的天使投资还不够发达，但近年来中国天使投资人这个群体增速惊人，从2011年开始以移动互联网创业为标志的新一波创业高潮，吸引了更多有条件的人加入到中国天使投资行业中来。李开复、雷军、周鸿祎等近年来耳熟能详的天使投资人逐渐增多。在新东方徐小平、腾讯曾李青等的带动下，目前国内成功的民营企业家正逐渐成为天使投资的主力军。

> **融资案例**
>
> **徐小平谈当初做天使投资的日子**
>
> 　　新东方的徐小平先生作为真格天使投资基金创始人,在采访中分享了这些年他的投资感受:2006 年新东方在纽交所上市,我的事业达到了巅峰。但恰恰在这个巅峰过了之后,我陷入了非常严重的低潮。当你征服了困难的时候,人的那种自我的成就感也达到了最高点。所以在新东方的十年,我处在整个精神、身体状态的最高峰,上市了,成功了,融了很多钱,但没有了事情(可做),又因为种种原因,我离开了董事会。所以一时间不知道去哪里。但就在这个时候,我遇到了很多学生,他们从美国回来要投资,要创业,要实现他们的梦想,这样的话一个接着一个,我开始做了天使投资。2008 年年初,兰亭集势(Light In The Box)作为我投资的所有公司里面,第一个得到 A 轮融资的公司,我投了 1000 万美元,那家公司一年以后变成了 5000 万美元,再过一年,到了 2010 年的时候,变成了 3 亿美元,又在 2012 年上市。后来兰亭集势成为中国跨境电子商务平台的领头羊。在这个过程当中我就慢慢从一个教育者,变成了一个投资人。与其说我们在这里做投资帮助年轻人,不如说我们在每一个年轻人身上看到了我们自己青春的影子,我们在实现我们当年的梦想。一代一代的年轻人,带着他们的梦来到历史的舞台上。很多人走到真格基金,我们就希望像帮助我们当年奋斗的人一样帮助他们,这是真格基金的一个使命。
>
> 资料来源:IT 时代周刊(北京),2015-04-22

　　④众筹。众筹作为近年来一种新兴的筹集资金方式,伴随着我国千千万万中小微企业的蓬勃发展,快速成长,被业界视为最具创新与发展潜力的典型互联网金融业态之一。《国务院关于加快构建大众创业万众创新支撑平台的指导意见》提出以众筹促融资,发展实物、股权众筹和网络借贷,对拓宽金融体系服务创业创新具有重大积极意义。所谓众筹融资,是指通过互联网平台,从大量的个人或组织处获得较少的资金来满足项目、企业或个人资金需求的活动。目前,国内的众筹模式分为债权众筹、股权众筹、回报众筹及捐款众筹。

　　众筹通过互联网平台向社会募集资金,其方式更加灵活、运作更为高效、服务更加便捷,为企业产品研发、个人创业融资都提供了巨大便利,是众多中小微企业早期发展、募集资金的重要融资途径。在我国经过多年发展,形成了捐赠众筹、实物众筹、股权众筹和债权众筹等业务模式。从回报方式区分,依次为无须回报、实物奖励、公司股权与债权。具体看,捐赠型众筹是指投资者以捐款、慈善、赞助等方式为具有特殊意义项目或企业提供财务资助,不求实质性回报;实物型众筹是指投资者对于项目或者公司进行投资,获取产品或相应服务作为回报;股权众筹是指投资者对于创新创业公司进行股权投资,并分享随着公司成长带来的回报;债权众筹(又称网络借贷)是指投资者对于个人、企业融资资金需求进行投资,双方形成借贷关系,未来获取利息收益并收回本金的方式。

　　(2)机构融资,包括以下三种。

　　①向商业银行借款。商业银行作为资金的蓄水池,是金融市场的中心,其主要业务是向

符合条件的企业和个人提供各种类型的贷款。然而银行在贷款业务中常常比较保守，他们倾向于借钱给已经取得成功的小企业，而不是高风险的新创企业。不过，随着政府对创业的政策引导和银行间竞争加剧，许多商业银行开始设立中小企业服务部门。目前，我国商业银行推出的个人经营类贷款对于创业者非常适合，包括个人生产经营贷款、个人创业贷款、个人助业贷款、个人小型设备贷款、个人周转性流动资金贷款等类型。近年来，为了缓解中小企业融资难问题，我国金融机构推出了许多新的金融产品。

由于创业企业的风险大、信用低，商业银行在贷款的时候，通常要求创业者提供担保，包括抵押、质押和保证贷款。尤其值得注意的是，保证贷款是指贷款人以第三人承诺在借款人不能偿还贷款本息时按规定承担连带责任而发放的贷款。保证人可以是自然人，也可以是专业担保公司。目前，我国有许多由政府或民间组织的专业担保公司，可以为包括创业企业在内的广大中小企业提供融资担保。例如：北京中关村担保公司、西安曲江文化产业融资担保有限公司等，各省市自治区有很多此类性质的担保机构为中小企业提供融资服务。创业企业贷款可以参考如下技巧：

a. 选择正确的银行，等于贷款成功的一半。尽量找地域性较强、中小企业金融业务品种多的银行。

b. 在贷款类型方面，宜从小到大逐步升级，先通过有效的质押、抵押和第三方保证担保等方式申请流动资金贷款，等有了实力再申请项目贷款。

c. 贷款金额方面，量力而行，避免过大投入。

d. 在贷款利率方面，各家银行的利率不尽相同，"货比三家不吃亏"。

e. 在贷款期限方面要注意短期、中长期贷款利率的档次不同，期限越长，利率越高。1年以上贷款实行分段计息，遇到贷款利率调整，将于下一年度1月1日开始执行同期同档次新利率。

②向非银行金融机构借款。创业者可以从非银行金融机构取得借款，筹集生产经营所需资金。非银行金融机构指以发行股票和债券、接受信用委托、提供保险等形式筹集资金，并将所筹集的资金运用于长期性投资的金融机构。根据法律规定，非银行金融机构，包括经银监会批准设立的信托公司、企业集团财务公司、金融租赁公司、企业金融公司、农村和城市信用合作社、典当行、保险公司、小额贷款公司等机构。创业者也可以从这些非银行金融机构取得借款，筹集生产经营所需资金。

小额贷款公司是由自然人、企业法人与其他社会组织投资设立，不吸收公众存款，经营小额贷款业务的有限责任公司或股份有限公司，发放贷款坚持"小额、分散"原则。小额贷款公司发放贷款手续简单，办理便捷，当天申请基本当天就可放款，可以快速解决创业企业的资金需求。

③中小企业互助基金。近年来，在我国中小企业发展较好的地区（如江苏、浙江、安徽等地），积极建立中小企业互助基金，解决其抱团自助和危机互助问题。这类互助基金多采取"政府支持，企业互助，金融合作"的模式，遵循"共同受益、共担风险、相互制约"的原则，实行会员制管理。政府投入较少部分作为启动资金，组建基金，设立章程。中小企业认可章程、具备章程规定的入会条件，就可自愿入会，缴纳一定的贷款保证金后，成为会员单位，享有相应额度的担保或贷款便利。发生坏账时，先用当事会员保证金抵扣，再有不足，则按照比例抵扣其他会员保证金。通过建立互助基金，中小企业在承担一定保证金的情

况下，即可在需要融资时，随时得到放大数倍的基金担保或直接贷款，从而较好地解决了融资问题。

（3）政府扶持基金与优惠政策。近年来，各级政府充分意识到创业活动对经济发展的推动作用，尤其是科技含量高的产业，或当地优势产业，对增强地区竞争力，解决就业问题有重要意义。为此各级政府越来越关注创业企业的发展，同样这些处于创业初期的企业在融资方面所面临的迫切要求和融资困难的矛盾也成为各级政府致力解决的重要问题，由于经济实力、产业基础、区域文化有很大的差异，因此各地政府推出的创业支持政策也不尽相同，一般来说常见的政府背景融资主要有：科技部科技创新基金、针对某个特定群体的创业基金、地方性优惠政策等。

①科技创新基金。在我国，科技型中小企业技术创新基金（以下简称创新基金）是1999年经国务院批准，科技部、财政部共同管理的一项政府专项基金，专门用于扶持和引导科技型中小企业技术创新活动。它主要通过无偿资助、贷款贴息和资本金注入等方式，对创业初期商业性资金进入尚不具备条件，最需要由政府支持的各种所有制类型的科技型中小企业的技术创新项目或为中小企业技术创新活动服务的公共服务平台，给予资金支持。据财政部信息，2009年开始实施的新兴产业创投计划，采取中央财政参股创业投资基金方式，投资早中期、初创期创新型中小企业，旨在分担创新创业风险，增强创新创业投资者的信心，推动战略性新兴产业发展。

根据中小企业项目的不同特点。创新基金支持方式主要有三种：

一是贷款贴息。对于具有一定水平、规模和效益的创新项目，原则上采取贴息方式支持其使用银行贷款以扩大生产规模，一般按贷款额年利息的50%到100%给予补贴，贴息总金额一般不超过100万元，个别重大项目可不超过200万元。

二是无偿资助。主要用于中小企业技术创新中产品的研究开发及中试阶段的必要补助，科研人员携带科技成果创办企业进行成果转化的补助，资助额一般不超过100万元。

三是资本金投入。对少数起点高具有较广创新内涵，较高创新水平并有后续创新潜力，预计投产后有较大市场，有望形成新兴产业的项目可采取资本金投入方式。

②特定群体的创业基金。目前政府特别是地方政府根据各地的实际情况，针对特定群体，推出诸多旨在鼓励创业的支持基金。有些针对的群体是具有强烈创业愿望的群体，如高校毕业生、留学生；有些针对的则是就业市场上的弱势群体，如下岗职工、待业青年、返乡农民工、妇女等。如中国青年创业国际计划，是由团中央和全国青联发起的一个旨在帮助中国青年创业的国际合作项目，该项目扶持对象的年龄介于18岁到35岁之间，具有创业意愿和潜力的失业、半失业或待业青年，条件符合者可以向项目办公室提出申请寻求创业支持。不过这类基金往往对于创业者身份有着严格的限制，如大学生科技创业基金、留学归国人员创业基金、博士后创业基金都是针对特定的群体。

③地方性优惠政策。各省市自治区为支持当地创业型经济的发展，纷纷出台了许多政策支持创业，诸如税收优惠、小额贷款、中小企业信用担保、创业基地建设扶持政策等。近年来，陕西省也出台了一系列优惠政策积极引导和鼓励高校毕业生自主创业。创业者应结合自身情况利用好相关政策，获得更多的政府基金支持以降低融资成本。

（4）风险投资。风险投资也叫创业投资（Venture Capital，VC），是指在创业企业发展初期，投入风险资本，待其发育相对成熟后，通过市场退出机制，将所投入的资本由股权形态转化为资金形态，以收回投资，取得高额风险收益的投资方式。

1946 年世界上第一家风险投资，美国研究与发展公司（AMD）在美国成立。20 世纪 70 年代后期，伴随高新技术的发展，风险投资步入高速成长时期，培育出一大批世界级的著名企业，如微软公司、苹果公司、惠普公司、英特尔公司、思科公司、雅虎公司等，也造就了一大批创业企业家，比如比尔·盖茨、史蒂夫·乔布斯。风险投资业在美国经济生活中扮演着不可或缺的重要角色，赢得了"新经济发动机"的美誉。英国前首相撒切尔夫人曾感慨地承认："欧洲在高技术方面落后于美国，并不是由于技术的落后，而是由于欧洲风险投资落后美国数十年。"

中国的风险投资从 20 世纪 80 年代起步，经历了 90 年代末的互联网热，及 21 世纪初的网络泡沫破灭，到 2003 年前后，随着新一波创业浪潮兴起，中国逐渐成为全球风险投资的热土。近年来，与以往扎堆投资互联网行业不同，新一轮 VC 投资热衷传统项目，如教育培训、餐饮连锁、清洁技术、汽车市场等。

风险投资是典型的股权融资形式，与其他股权融资方式不同，风险投资更看重企业发展的未来，因而对投资项目的考察是所有投资方式中最为客观和严格的。对于中小企业而言，风险投资为企业长远发展提供市场化的资金支持，减少了创业者所承担的风险程度。要获得风险资本的支持，创业者需要直接向风险投资机构申请，或通过从事此类业务的中介机构来获取，同时创业项目应当有良好的盈利预期和市场前景，包装好的商业计划书，培育优秀的创业团队。

一般而言，无论选择天使投资还是风险投资，比较恰当的股权结构，是由创业者和他的团队，拥有相对多数的股权比例，然后才是由天使投资人和风险投资人拥有次多的股权比例，最后剩余的少部分再邀请策略性企业投资人参与认股，这样的股权结构最有利于创业者与创业精神的发挥，尤其能使创业投入与利益紧密结合，创业成功的机会也比较高。

> **风险投资**
>
> ## 著名的风险投资机构
>
> 1. IDG 技术创业投资基金：最早引入中国的 VC，也是迄今国内投资案例最多的 VC，成功投资过腾讯、搜狐等公司，投资领域包括软件产业、电信通信、信息电子、半导体芯片、IT 服务、网络设施、生物科技和保健养生等。
> 2. 软银中国创业投资有限公司：日本人孙正义创办的软银资本，投资过阿里巴巴、盛大等公司，投资领域：IT 服务、软件产业、半导体芯片、电信通信、硬件产业、网络产业。
> 3. 红杉资本中国基金：美国著名互联网投资机构，投资过甲骨文、思科等公司。
> 4. 高盛亚洲：著名券商，投资过双汇集团。
> 5. 联想投资有限公司：投资领域包括软件产业、IT 服务、半导体芯片、网络设施、网络产业、电信通信。

（5）知识产权融资。知识产权融资，即用知识产权进行质押贷款，或作价入股获取融资。这种融资方式也是值得创业者关注的融资方式，在国内外已有诸多的成功案例。近年来，我国相继出台了一系列政策法规，鼓励知识产权质押融资。现阶段，我国知识产权融资方式主要有质押贷款、作价入股、知识产权引资、融资租赁等。知识产权的融资租赁、资产证券化等在中国大陆地区，属于尚未完全开拓的新的融资方式。

除前面介绍的融资方式外，还有孵化器融资、集群融资、供应链融资等。

创业者本身就是创新者，他们发现了别人没有发现的机会，采用与众不同的经营方式。在融资方面，他们也没有理由发现不了创新型的融资渠道。

二、创业融资过程

在了解完各种融资渠道以后，还应了解创业融资的过程。

1. 企业融资的步骤

一般来说，创业融资过程包括融资前的准备、资本需求量测算、商业计划编写、融资来源确定及融资谈判五个步骤。

（1）融资前准备，包括：

①建立个人信用。市场经济是一种信用经济，创业融资中信用发挥着很重要的作用。俗话说，"有借有还，再借不难"，创业融资免不了同银行或其他债权人打交道。个人信用是借款人决定能否把钱贷给借款人，决定贷款数量以及贷款期限长短的重要依据之一。个人信用记录包括四个方面：一是个人情况，包括姓名、婚姻、家庭成员状况、收入状况、职业、学历等；二是商业信用记录，包括在各商业银行的个人贷款及偿还记录，个人信用卡、个人银行卡使用等有关记录；三是社会公共信息记录，包括个人纳税，参加社会保险，缴纳水电费、手机费、电话费以及个人财产及变动等记录；四是有可能影响个人信用状况的涉及民事、刑事、行政诉讼和行政处罚的特别记录。因此即使个人从未向银行申请过贷款，银行也可以依据个人信用记录中的其他信息评估个人信用。据山东大学统计，大学生的助学贷款由于种种原因，还贷率只有50%左右，尽管有很多原因导致以上现象出现，但一部分大学生恶意拖欠，不仅影响自身的信誉，对大学生群体也是一个损害，这种现象也会影响大学生的创业融资。所以，为保障创业融资顺利进行，创业者应努力建立起良好的个人信用记录，遵纪守法，为日后创业融资打下信用基础。

②积累人脉资源。创业者的关系网络是创业企业的重要社会资本。创业融资的过程往往也是创业者通过建立人际关系获得融资资本的过程。许多研究表明，创业者的人脉关系对创业融资和创业绩效有着直接的促进作用。我们不应该把人脉关系等同于所谓的"拉关系"等寻租行为，而是基于正常的社会经历，建立的诸如师生、同学、朋友、同事等人际关系，这些关系在创业过程中会带来有用的信息和资源，创业者应充分利用人脉资源，广结善缘，为创业融资做铺垫。

（2）资本需求量测算。创业融资，既有成本也有风险，资本并非越多越好。资本需求量的测算是融资的基础。每个创业者在融资前都需要知道，自己需要多少钱？什么时候需要钱？合理估算资金需求，有利于提高融资的成功率和降低融资风险。

①估算启动资金。创业项目需要多少启动资金要视项目的种类、规模、经营地点等情况而定。以小额投资项目为例，所需的资金主要由以下四部分组成：一是项目本身的费用，即付给所选定项目的直接费用，如购买某项技术、机器设备的费用，项目的加盟费用等；二是经营设备工具等购置费用，主要是项目在经营过程中所需要的辅助设备与工具，比如开一个糕点房，除了要置办制作糕点的烘焙设备外，还需要添置冰柜等辅助工具；三是房租、房屋

装修费及流动资金等,这部分费用要根据当地市场行情计算;四是经营周转所需要的资金,运行一个项目至少要准备三四个月的经营周转资金,包括人员工资、水电费、电话费、材料费、广告费、维修费等,项目在最初运行时需要经过至少 3 个月的市场培育,其间往往盈利很少甚至亏损,因此事先必须备足资金。创业启动资金通常只能大概的估算,准确的数字比较难以确定,因为在经营过程中总会有一些不确定的情况出现。通过事先调查制定出相对明晰的资金预算表将有利于项目的正常开展。例如,小张看到居民社区周边超市前景好,准备联合几个朋友一起创业,开办一家中等规模的超市,他们先对创业启动的成本进行了预算,以便更好地筹集资金,小张对超市未来 3 个月内的各种费用进行了估计,得出未来 3 个月的创业成本及启动资金为 95 340 元,见表 2-5。

表 2-5 超市创业成本及启动资金估算表

预算项目	1月开支	2月开支	3月开支	总支出
创业者工资	3 000	3 000	3 000	9 000
员工工资	4 000	4 000	4 000	12 000
房屋租金	4 500	4 500	4 500	13 500
广告费	1 000	1 000	1 000	3 000
用品支出	1 500	1 500	1 500	4 500
电话费	300	300	300	900
水电费	300	300	300	900
保险费	30	30	30	90
税收	400	400	400	1 200
设备费	20 000	—	—	20 000
设备安装维修费	50	50	50	150
初始库存	10 000	—	—	10 000
押金	2 000	—	—	2 000
现金	15 000	—	—	15 000
其他	3 000	—	—	3 000
总计	65 080	15 080	15 080	95 240

②测算未来三年营业收入、成本和利润。创业早期对未来 3 个月成本估量主要是为了筹集启动阶段的资金以解决短暂的资金需求。事实上,从初期净资本投入到实现盈利往往要经历一年至二年,甚至长达五年的时间,期间创业者会不断面对持续融资的问题。对于创业企业来说,预估营业收入是制定财务计划和财务报表的第一步。为此,需要立足于市场研究、行业营业状况、实销经验、推销人员意见、综合专家咨询等多种预测技巧,估计每年的营业收入。之后,要对营业成本、费用以及一般费用和管理费用等进行估计。由于创业企业在起步阶段在市场上默默无闻,市场推广成本大,营业收入增长和推动营业收入增长所付出的成本,不可能成比例增加。因此,对于第一年的全部经营费用都要按月估计,每一笔支出都不可以遗漏,在预估第二年及第三年的经营成本时,应重点关注那些长期保持稳定的支出。如果第二年及第三年销售量预估是比较明确的话,则可以根据营业百分比法,即根据预估净营业量,按固定百分比计算折旧、库存租金、保险费、利息等项目的数值。在完成上述项目预估后,按月估算出税前利润、税后利润、净利润以及利润表的内容,然后进入编制预计财务

报表的步骤。

③编制预计财务报表。创业企业可以采用营业百分比法预估财务报表。这一方法的优点是能够比较便捷地预测出相关项目在营业额中所占的比率,以及相关项目的资本需求量。但是由于相关项目在营业额中所占比率往往会随着市场状况、企业管理等因素发生变化,因此必须根据实际情况及时调整有关比率,否则会对企业经营造成负面影响。为此,在预计财务报表时需要考虑多种情境,比如最乐观的估计、最悲观的估计以及现实情况估计等。这样的预测既有助于潜在投资者更好地了解创业者如何应对不同的环境,也能使创业者熟悉经营的各种因素,防止企业陷入可能的困难。

(3) 创业计划编写。创业企业对于资金的需求,需要通盘考虑企业创办和发展的方方面面,编写创业计划是一种很好的对未来企业进行规划的方式。在创业计划中,创业者需要估计未来可能的销售状况,为实现销售需要配备的资源,并进而计算出所需要的资金数额。

无论企业规模大小,有创业计划的企业比没有计划的企业表现得更好。当代一些知名创业家,如李彦宏、张朝阳、陈天桥等,他们的成功都得到了创业资本支持,而提供一份有说服力、体现创业前景的创业计划都曾是他们及其团队重要的工作。

(4) 融资来源确定。确定了创业企业需要的资金数额之后,接下来的工作就需要创业者进一步了解可能的筹集渠道及其优缺点。根据筹资机会的大小以及创业者对企业未来的所有权规划,充分权衡利弊,确定所要采用的融资来源。

(5) 融资谈判与技巧。融资谈判,无论创业计划写得多好,与资金提供者谈判时表现糟糕的创业者,仍很难获得融资。在选定所拟采取的融资渠道之后,创业者需要与潜在投资者进行融资谈判,说服投资者让其充分了解企业各个方面的情况和市场前景。要提高谈判成功的概率,要求投资者做好四个方面的准备:一是创业者要对自己的创业项目非常熟悉,充满信心,并对潜在投资者可能提出的问题,事先作好准备。二是在谈判时要抓住时机陈述重点,创业者应注意把投资者最感兴趣的内容醒目明了地呈现出来,清晰地将创业构思以书面形式表现出来,让投资者看到一幅美好的创业蓝图,以坚定其投资信心。三是准备放弃部分业务和作出妥协。创业者应有心理准备,融资谈判通常需要通过若干次会谈才能完成。在谈判中要尽可能让投资者认识和了解本企业产品或服务,并且始终把注意力放在创业计划上。除此以外,创业者在一般情况下还应向有经验的人士进行咨询,阅读关于谈判技巧的书籍,以提高融资谈判的成功概率。

2. 不同创业时期的企业融资策略

不同创业发展阶段创业企业具有不同的特征,面临的风险也不相同,可供使用的融资渠道也不尽相同。创业企业融资具有阶段性特征。创业企业完整的财务生命周期,主要由不同的业务发展阶段组成,即种子期、创立期、成长早期、快速成长期和成熟期。在不同阶段,创业企业基于不同的业务重点有着各不相同的资金需求,因为创业企业财务主要是一种商机驱动型财务模式,即由商机引导并驱动商业战略,然后又驱动了财务需求、财务来源、交易结构以及财务战略。

在种子期和创立期,个人积蓄和家庭、朋友融资是最主要的资金来源。创业者无法得到更多的股权融资,这很难满足企业进一步发展的需要。

当企业处于成长早期,成功的创业计划开始吸引风险资本的介入,加上公司较高的内部积累,使公司的融资渠道有所扩展,尤其是公司进入快速成长期后,原有资金规模可能显得太小，同时企业会吸引更多风险资金和证券投资介入。随着企业的进一步发展，创业企业往往把公开上市作为融资的一个较为彻底的解决方案。在存在创业板市场的经济环境中，此阶段上市意味着利用资本市场来丰富企业可利用的财务资源，以满足创业企业高成长下的资金需求。在创业板上市不仅是创业企业进一步发展成为成熟型企业的重要渠道，而且也是满足创业风险投资的资金退出要求的重要渠道。

创业企业不同发展阶段可能的融资渠道如图 2-1 所示。

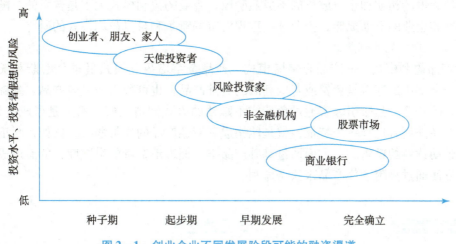

图 2-1　创业企业不同发展阶段可能的融资渠道

当然，也不排除有关创业企业在某些发展阶段采用其他融资渠道，如天使投资者可能在企业成长的种子期就投资于创业企业，创业者家庭朋友的资金也有可能在其成长的其他阶段继续投资于创业企业。

三、创业企业的盈利模式

企业盈利模式是近年来企业界和学术界经常谈到的一个话题。所谓盈利模式，简单来说，就是企业赚钱的方法，而且是一种有规律的方法。这不是那种东一榔头、西一棒槌的打游击，更不是抖机灵。这是能够在较长的一段时间内稳定维持，并为企业带来源源不断利润的模式。

模式因为它的规律性，所以可以把握、学习、仿效和借鉴。模式就像一块陶土、一个半成品，你可以根据自己的情况，加以改造。创业者认真学习、研究创业企业的盈利模式，可以从中获得一些启发。

1. 盈利模式概述

盈利模式是企业在市场竞争中逐步形成的企业特有的赖以盈利的商务结构及其对应的业务结构。企业的商务结构主要指企业外部所选择的交易对象、交易内容、交易规模、交易方式、交易渠道、交易环境、交易对手等商务内容及其时空结构。企业的业务结构主要指满足商务结构需要的企业内部从事的包括科研、采购、生产、储运、营销等业务内容及其时空结构。

商务结构反映的是企业内部资源整合的对象及其目的，业务结构反映的是企业内部资源配置情况。商务结构直接反映的是企业资源配置的效益，业务结构直接反映的是企业资源配置的效率。任何企业都有自己的商务结构及其相应的业务结构，但并不是所有企业都盈利，因而并不是所有企业都有盈利模式。

盈利模式分为自发的盈利模式和自觉的盈利模式两种：前者是自发形成的，企业对如何盈利，未来能否盈利缺乏清醒的认识，企业虽然盈利，但盈利模式不明确、不清晰，其盈利模式具有隐蔽性、模糊性、缺乏灵活性的特点；后者是企业通过对盈利实践的总结，对盈利模式加以自觉调整和设计而成的，它具有清晰性、针对性、相对稳定性、环境适应性和灵活性的特征。

在市场竞争的初期和企业成长的不成熟阶段，企业的盈利模式大多是自发的。随着市场竞争的加剧和企业的不断成熟，企业开始重视对市场竞争和自身盈利模式的研究。

2. 创业企业常见盈利模式

（1）产品盈利模式——产品金字塔模式。产品金字塔盈利模式最早是由斯莱沃斯基提出的。位于金字塔的底端是免费或者低利润的基础产品，也可称为防火墙产品。基础产品设置有两个目的：第一是吸引顾客通过免费或不赚钱的方式制造人气；第二是形成连带购买。作为基础产品需要有这样一个特征，就是能构成利润性产品的连带购买，比如，吃瓜子会口渴，从而带动饮料的销售。一方面通过基础产品牢牢捆绑消费者的忠诚度，从而形成竞争壁垒；另一方面通过高附加值产品来获得盈利。

产品盈利模式

3元的仓鼠

一个爸爸和他的女儿去宠物店购物，女儿非常喜欢一个3元的布丁仓鼠，于是他给女儿买下了这个布丁仓鼠；但是买了布丁仓鼠后就需要有个笼子养着它，于是又花了45元买了一个老鼠笼子；仓鼠脏了要给它洗澡，还要花15元，买洗澡的沙子，这还只是一次给布丁仓鼠洗澡的费用，以后还要持续购买；布丁仓鼠饿了要给它食物，再买一袋食物15元，还得持续购买。这样算下来，为了买那个3元的布丁仓鼠，这一次就消费了78元。不得不说这个宠物店赚钱的方法真是高明。

卖瓜子赚钱的故事

王先生的工厂开业请了个马戏团来演出，费用自己掏，朋友去看了一下给他提了个建议，是否借着这个机会赚点钱。王先生说，我请马戏团是为了让工厂有个好的开始，让人气旺起来就行了，要是收钱就没有人来看了。朋友给他出了个主意，王先生一听欣然同意。第二天是星期天，又正逢大集，王先生把马戏团来演出的事进行了大力宣传，发传单，还大张旗鼓地吆喝，为了庆祝工厂开业请大家免费观看马戏团演出，早到的每人一包瓜子。这样轰轰烈烈的宣传，来观看的人还真不少，观看的人吃了瓜子后不一会就口渴了，因为瓜子是咸的，要找水喝，王先生组织员工在旁边准备了矿泉水、饮料，这一下生意火了，买矿泉水、饮料的人络绎不绝，一结账当天净赚4 000元，把他高兴得不得了。

我们分析一下宠物店和王先生的故事，他们采用制造老鼠笼子和饮料的消费需求，带动老鼠笼子和饮料的销售，并通过销售老鼠笼子和饮料达到了赚钱的目的。

资料来源：王建华《利润的雪球》

产品金字塔模式主要是指为了满足不同客户对产品风格颜色等方面的不同偏好,以及个人收入上的差异化因素,从而达到客户群和市场拥有量的最大化。一些企业不断推出高、中、低各个档次的产品,从而形成产品金字塔。在它的底部是低价位的大批量的产品,靠薄利多销,赚取利润,在它的顶部是高价位的小批量的产品,靠精益求精,获取超额利润,如图2-2所示。

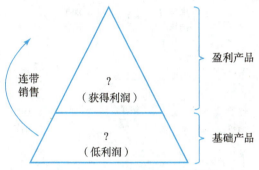

图2-2 产品金字塔的通用模型

该模式优势在于,可以快速获得顾客认同,从而获得较大的客户群体聚集人气,然后再通过其他的盈利方式获取利润。它的局限性在于该模式前期在于造势,获得利润需要一定的时间周期,且企业需要控制免费与连带销售的关系设置,从而产生持续盈利。

(2)渠道盈利模式——"配电盘"模式。配电盘模式是渠道制胜战略的延伸。在某些市场,许多供应商与多位客户发生交易,双方的交易成本很高,这就会导致出现一种高价值的中介业务。这种业务的作用类似于配电盘,其功能是在不同的供应商和客户之间,搭建一个沟通的渠道或者交易平台,从而降低买卖双方的交易成本,而提供中介业务的企业以及身在配电盘中的供应商都可以获得较高的回报。

> **渠道盈利模式**
>
> ## 气质美女店
>
> 方婧酷爱时尚,她总是喜欢将自己从头到脚的每一个细节都印上精致女人的标签。在每次同学聚会上,她总是容光焕发,让在场的女性都十分眼红。她们纷纷问方婧怎么让皮肤这么细腻?为什么你的头发看上去这么好?同样的衣服怎么你就可以配出不同的感觉?你的指甲怎么做的这么漂亮?怎么让自己的举止如此得体?同学聚会,让方婧发现一个庞大的市场,方婧将自己这几年在上海每月最主要的美容消费一一罗列出来,眼前突然一亮:对呀!何不将这些项目都集中在一起,开一家专门打造美女的网店呢?而且这个店的名字也脱口而出:气质美女店。方婧专门罗列了气质美女服务系列,如脸部化妆指导系列,然后围绕打造气质美女的要求,选择各种特点的商品,大到服装、鞋帽、背包,小到指环、修眉等。方婧和这些商家建立了合作关系,通过产品的销售提取佣金,经过一年多的努力,气质美女店终于迎来了生意火爆的场面。
>
> 资料来源:王建华《利润的雪球》

(3)客户盈利模式——客户体验模式。客户体验模式是站在顾客的角度思考行动联想五个方面，重新定义设计企业获利的思考方式，这种思考方式突破了传统上理性消费者的假设，认为消费者在消费时是理性和感性兼具的。

客户体验模式，构建的基本模型是1+N模型，即1个情景主题+N个产品组合，如图2-3所示。

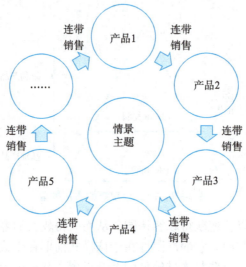

图2-3 客户体验模式通用模型

> **客户盈利模式**　　　　　　　为什么他能成功？
>
> 　　有一家全国性牛奶销售厂家，该厂家在某地区的销售量一直处在较低水平，但是不知道原因出在什么地方？公司连续更换了几位区域的销售负责人，仍不见成效，销量仍然上不去，最后公司派上了销售标兵小易，去负责该区域的销售工作。在小易负责该区域的一年时间里，该区域的销量比以前翻了两倍。他在该区域操作成功的模式也被企业选为最佳模式，作为全员学习的典范。那么小易是如何做到的呢！
> 　　小易在帮助终端商店老板理货的时候发现，商品的陈列和销售有很大关系。面包、牛奶、火腿肠等商品陈列在一起的时候，会相互促进商品的销售。因为这些商品构建了一个生活中的场景——早餐。顾客进到超市，本来可能只是打算买个面包，但是在逛超市的过程中看到这样一个早餐的场景，便刺激了购买欲望。于是连带购买了牛奶和火腿肠，牛奶的销售量自然也就获得了提升。通过构建一个体验式的场景使顾客产生连带购买获得利润提升的盈利模式，被称为客户体验模式。
>
> 资料来源：王建华《利润的雪球》

客户体验模式广泛应用于各行各业。在服装行业的店面陈列中，店员总是将上衣、裤子和配件搭配起来，而他们的搭配也总是围绕着一个主题，比如晚宴、职业、运动。消费者可能原本只打算购买一件，但被这种整体的搭配效果所打动，从而产生整套购买的可能。宜家的成功很重要的一个原因，就是把终端渠道的体验做到了极致。在商场内的陈列，都能让消费者体验到家居的场景。每一个体验的场景都在促进产品组合中相关产品的销售。

情景化的客户体验是通过感性的方式点燃客户的购买欲望，促进消费，创造利润的最大化。该模式的优势和特征在于能促进连带销售，创造消费需求实现利润的最大化。其局限性在于，要求企业的产品线比较丰富，产品吸引力强，并且能形成情景组合。

(4) 资源盈利模式——利润倍增模式。利润倍增模式是公司借助已经广为市场认同的产品、服务、形象、商标、品牌、形象或概念进行包装生产，在不同的细分领域中重复地获取利润的方式。这种方式类似于做乘法，利润倍增模式是一种强有力的盈利模式，关键是如何对自己所选择的形象或概念的商业价值进行正确的判断。

QQ 作为中国目前最大的在线即时通信平台，独占中国在线即时通信软件市场95%以上的份额，几乎覆盖所有中国网民。QQ 的卡通形象——一只憨态可掬的小企鹅，也渐渐被数以千万计的网民所熟知。以经营礼品进出口业务起家的广州东利行公司，看准了 QQ 小企鹅形象在商业领域拓展的前景。2000 年 12 月，东利行与 QQ 所有者腾讯公司签署了为期 7 年的 QQ 形象有偿使用协议。一个企鹅的形象能够带来多大的利润空间。东利行的思路，来源于运用卡通形象获得最大利益的迪士尼公司，他们需要做的只是将模式复制，这样可以更好地保证他们的成功。美国迪士尼公司是这一模式的缔造者和忠实实践者，他们将统一形象以不同方式包装起来，米老鼠、米妮、小美人鱼等卡通形象出现，在电影、电视、书刊、服装以及主题公园和专卖店里，每一种形式都为迪士尼带来丰厚的利润。

资源盈利模式

东利行与 QQ

在签署协议前，东利行对 QQ 用户进行了深入调查，发现通过 QQ 聊天的用户以年轻人为主，而他们对时尚产品的购买能力极强。于是东利行提出了"Q 人类 Q 生活"的卡通时尚生活概念，把衍生产品消费群定位在 14 岁到 26 岁的年轻人。随后东利行相继开发出精品玩具系列、手表系列、服饰系列、包袋系列等十大类 106 个系列约 1 000 种带 QQ 标志的产品。如果你以为东利行会拿自己的钱进行投资生产这些产品，那你就错了，多年从事进口业务的经历使他们很清楚，在国外十分流行的一种创造利润的手法——形象授权。实际上东利行正是凭借这个授权而挖掘到了他们在 QQ 上的第一桶金。所谓授权生产就是将某一形象或品牌的使用权，通过收取一定的使用费，授予生产厂家。厂家得到的好处是可以通过已经为人们所熟知的形象或品牌迅速打开市场。东利行在 QQ 上获得的，是累加式的。先通过授权获得一笔收入，当授权产品种类达到一定数量后，2001 年东利行的第一家 "Q—GEN" 专卖店在广州最繁华的北京路步行街开业。一开业就受到 Q 迷们的大力追捧，日营业额已超 10 万元，超过同一条街的原有铺王——佐丹奴专卖店。东利行还有第三步，即广招加盟。开专卖店并不是东利行获取利润的最终方法，在他们的计划中最大的利润来自于加盟商店。位于广州北京路上的专卖店，不过是东利行的一个样板店，它的用处是向潜在的加盟者展示可观的商业效益。换句话说，专卖店，不过东利行抛出的一个诱饵，他们的目的是钓后面更多的鱼。短短数月，"Q—GEN" 已经拥有 100 多家加盟商，遍布全国各大城市。一个小小的卡通形象就让东利行在极短时间内尝尽了甜头，由于 QQ 的知名度，部分 QQ 产品的毛利率达到 50% 以上。

资料来源：《8 种创业盈利模式》（程欣乔）

利润倍增模式是创业成功的一条捷径，但也存在种种问题。第一，要清楚容易接受该形象或概念的人群集中在哪些地方，并关注这些人的喜好；第二，由于同质产品的泛滥或将来可能的泛滥，需要将产品极度个性化并保持这种个性化，要不就要有能力创造出一种别具一格，别人难以模仿的经营方式；第三，流行形象或概念大多属于"易碎品"，需要对它精心呵护，尽量避免将其应用到可能威胁其形象或概念的产品中去。

3. 企业的盈利模式设计

企业的盈利模式有两个要素：一是核心竞争力；二是结构。

核心竞争力是指竞争对手无法模仿的能力，一个好的盈利模式必然有它的核心竞争力。例如，ZARA 的定位是"买得起的快速时尚"，定价略低于商场里的品牌女装，而它的款式色彩特别丰富。在这里既可以找到最新的时髦单品，也可以找到任何需要的基本款和配饰，再加上设计丰富的男装和童装，一个家庭的服装造型，甚至都可以一站式购齐。它可以在极短的时间内复制最流行的设计，并且迅速推广到世界各地的店里。ZARA 的核心竞争力是"快"，通过组织和运营效率获得无与伦比的"前导时间"，从而满足消费者快速时尚的消费需求。这个核心竞争力，是竞争对手无法轻易模仿的，是企业持续盈利的核心要素。ZARA 的组织能力战略定位如图 2-4 所示。

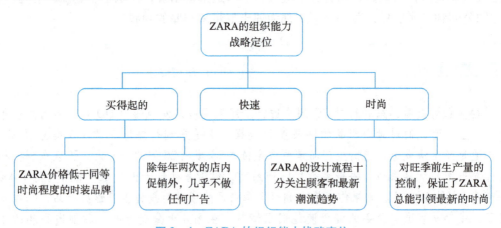

图 2-4 ZARA 的组织能力战略定位

结构是指客户、人才、投资者等相关利益者之间的交易关系，并且在这个结构中能清晰地看到企业的盈利点。举一个纯净水销售的例子来说。

第一阶段模式：厂家（卖水和饮水机）—中间商（卖水和饮水机）—消费者，厂家和中间商在各自的环节上通过两个产品（水和饮水机）的销售来获取利润。

第二阶段模式：厂家（卖水送饮水机）—中间商（卖水和饮水机）—消费者。厂家送饮水机，是为了占领更多中间商渠道，这样通过卖更多的水获取利润，而中间商卖水和饮水机获取利润。

第三阶段模式：厂家（卖水送饮水机）—中间商（卖水送饮水机，送饮水机需要消费一定数量的水）—消费者。厂家和中间商都只赚卖水的钱。但是这个模式很容易引起价格战，因为中间商的饮水机，是厂家送的，没花成本，对他来说就是给了其打折的空间，他会有积极性在水上给消费者打折，以吸引更多的消费者。其他中间商也不得不跟进，结果整个价值链上的利润空间就会越来越小。

第四阶段模式：厂家（卖水送饮水机）—中间商（卖水送饮水机）—消费者。在这个阶段，厂家送饮水机需要中间商交押金，而且在饮水机上打品牌名，一次要求中间商拿多个饮水机，这样中间商需要交很多押金，收的押金到时候返还利息和本金，其主要目的是不允许中间商随意打折，以免因此丧失彼此的盈利空间，这样厂家和中间商还是通过卖水来赚钱。

第五阶段模式：厂家（卖水送饮水机）—中间商（卖水送饮水机）—消费者（这样的消费者是公司用户或其他人多的地方的客户）。这个时候，厂家和中间商都可以不在水上面赚钱，也不在饮水机上赚钱，可以以成本价卖给客户。之所以能这样，是因为这样的客户位于一个人群集中的地方，有广告价值，厂家只需要在饮水机上面改良，上面安装一个液晶显示屏，里面可以插放广告，通过卖广告来赚钱。

在前四个阶段中，相关利益者是厂家—中间商—消费者。到第五个阶段，相关利益者发生了变化，第五个阶段的结构中多了一个广告主。在每个阶段，企业的盈利点的设置也是不同的。第一阶段，厂家赚水和饮水机的钱，第二、三、四阶段，厂家送饮水机赚水的钱，第五阶段厂家通过广告来获取利润。相关利益者的交易关系和企业的盈利点都发生了变化。

学习情境四

创业模式

知识目标

1. 知道并理解创业的商业模式选择。
2. 知道并理解创业的经纪与中介、广告等模式的选择。

能力目标

1. 掌握创业的商业模式选择,尤其是在互联网+时代的创业商业模式选择。
2. 掌握分析广告模式的选择。

导读案例

顺丰嘿客的商业模式

2014年12月顺丰嘿客全国布局半年有余,由最初的518家门店,扩张到目前的超过2 500家,终于在近日低调上线嘿客电商平台,至此嘿客已将线上电商和线下门店打通,初步形成了O2O的闭环。

仔细观察,嘿客的O2O又跟大多数的O2O模式不同,通常意义上的O2O包括两种形式:一种是线上平台结合线下万千商家(有门店),用户上门消费,如餐饮类、娱乐类;另一种是线上平台结合线下企业或个人服务(无门店),企业或个人主动上门服务,用户接受体验,如上门美甲、预约厨师上门、汽车上门保养等。两者都是线上营销、预订,线下消费、体验,线上为线下导流。

之所以强调"如果",是因为嘿客拥有传统电商不具备的以上优势,但嘿客也要面临用户习惯和黏性培育的困难,这种困难主要相对于传统实体店而言。嘿客是实体店,没有实物也没有库存压力,但用户想购买商品,又得通过网购形式购买,商品还得在路上"折腾",耗时不说、体验也不好,因此没有传统实体店现场试穿试用、即买即付的时间便利。

嘿客店如何吸引客流，从而为嘿客电商导流？既然嘿客的选址或定位在社区，社区因素就成为导流的关键。相比商业街、购物中心、写字楼等商圈，社区的人流量小，但人流主要来自长期定居附近的居民，人群相对稳定、变化较小，而且租金相对商圈也更低，于是社区成为各路商业势力渗透的必争之地。便利店、社区银行、药店、水果和蔬菜超市、洗衣店等各种便民服务纷纷落脚社区，它们各自提供的服务相对居民的需求而言比较互补，但也相对单一。

门店数量（计划总数为4 000家）和服务种类的扩展，是横向和纵向的扩展，都有利于增加嘿客客流总量，增加居民接触和体验嘿客服务次数，活跃社区关系、增强居民对嘿客的信任感和存在感，以及培养用户通过嘿客网购的习惯和黏性。

不管是实体店完善电商体验，还是电商从实体店引流，嘿客是商城和门店的O2O结合体。不管"用词"是消费者、顾客、居民，还是用户，嘿客服务的对象都是指向"个人"而非企业（即B2C，而非B2B），这也就是不久前顺丰创始人王卫所言"B2C是市场未来的发展方向，布局嘿客是为了探索一种能够更好地服务C类客户的模式"。

O2O也好，B2C也好，都是一种商业模式的统称，只是B2C是企业和个人关系的特指，概念和模式已相对成熟和固定，而O2O是线上和线下结合的商业模式的泛指，概念和范围比B2C更广，发展中也呈现出更多变化和不确定性，顺丰嘿客明显属于O2O中的B2C。

但嘿客在盈利模式未明之前，就大规模扩张建设门店的举动，让我想起一句话"只要方向是对的，就尽管往前走"，嘿客的方向是否选对了？低调、实干、屡战屡胜的王卫，在嘿客上能否延续战绩呢？

资料来源：iDoNews

单元一　网络商贸模式的选择

一、创业商业模式概述

1. 创业商业模式的种类

商业思维与商业模式

所谓"商业模式"是指一个企业从事某一领域的经营的市场定位和赢利方式，以及为了满足目标顾客主体需要所采取的一系列的、整体的战略组合。

一个企业的商业模式至少包括以下三方面内容：企业的经营内容、企业的服务对象、企业的收入来源。

企业的经营内容是指企业经营的是产品还是服务，是有形产品还是无形产品。企业的服务对象是指企业的受众，可以是特定的目标群体，也可以是不定的大众群体。企业的收入来源是指企业获取经营收入的方式，包括销售收入、广告、佣金、会员费、服务费等。考察任何一个企业的商业模式大致都可以从这三方面入手。

电子商务为商业模式增加了许多新的种类。

（1）商贸模式。商贸模式是模拟传统的商品、服务的批发商、零售商的模式。

(2) 代理模式。代理模式就是创造一个市场,把买方和卖方撮合在一起,并且促成双方交易行为的模式。代理从他撮合成功的每项交易中收取一定的费用。

(3) 广告模式。Web 上的广告模式是传统的媒体广告模式在 Internet 上的扩展,是指网站以广告收入为主要来源的商业模式。

(4) 信息中介模式。信息中介模式是指某些信息中介公司通过 Internet 收集信息并把信息卖给其他公司来获得利益的商业模式。在信息中介模式中,有关消费者和他们的购物习惯的信息是非常有价值的,特别是当这些信息被用来指导定位市场销售活动时。信息中介模式也能以另外的一些方式起作用:在经过市场细分后,为消费者提供有用的网站信息,以此为他们节约开支。

(5) 会员模式。会员模式是和一般化的门户入口模式相反的模式。进入网站的用户,需要缴纳费用注册成为会员,才能够得到更多的服务。网站一般通过收取会员费用获得收益,也可以通过广告和给用户提供共享软件获得利润。

(6) 订阅模式。订阅模式是指消费者访问网站,订阅某些信息,并为网站付费的商业模式。这种模式的网站必须提供高附加值的内容,以满足消费者的需要。网上订阅模式主要被企业用来销售报纸杂志、有线电视节目等。目前这一领域的电子商务获得了极大的成功。

(7) 信息搜索模式。在 Web 上,各种信息浩如烟海,要查询到自己需要的信息并不容易,于是有了专门为用户提供快速搜索信息的网站,如 www.google.com、www.baidu.com 等,这类网站的浏览量非常大,它们主要是通过对信息竞价排序收费来获得利润。

2. 网络零售创业准备工作

由于网络的便捷、高效和方便管理,不少创业者都把初次创业的方向定在了网上零售。在互联网上从事零售业务的渠道主要有两种:第一种是在专业的电子商务网站上开店,如在淘宝、易趣上开设自己的网店。对于资金有限的初次创业者来说,在免费的电子商务网站上开店是一种低成本的启动方式。第二种是建立一个创业者专有的电子商务网站。这需要一定的启动资金和运营费用,但是这种方式创业起点高,更有利于建立创业企业品牌和市场信誉。

创业者在建立自己的专业网站时应该做好以下准备工作。

1) 确定网络零售的销售对象

创业者作为网络零售的主体是要为客户提供产品和服务的。尤其是在创业初期,创业者必须明确谁是自己的客户,他们需要什么,创业企业能够为他们提供什么?是否能够满足他们的需求?这些问题对创业者是十分重要的。有些选择网络零售的创业者并不知道自己的客户是谁?他们需要什么?而是能够拿到什么便宜东西就去卖什么,这样做的结果也许在短期内能够有一定的收入,但是不利于长远发展。

2) 网络零售的价值分析与资源准备

从创业的长远发展考虑,创业者应该对自己的产品定位进行分析。什么是客户需要的商品?是否有稳定的高质量的货源?是否具有价格上的优势?与竞争对手相比较,自己的优势或差异是什么?这种优势和差异能否对客户产生足够的吸引力。

网上零售由于信息丰富、交流方便、价格低廉已经得到越来越多的消费者的青睐。但是随着网络零售业务的普及,创业者要想在众多的网络零售商中被消费者"相中"就越加困难。因此创业者需要同时采取差异化和低成本的策略,使自己的产品和服务优于竞争者,而成本低于竞争者,只有这样才有可能脱颖而出。

3)网络零售的业务流程设计

网络零售是商家在虚拟世界中向消费者提供产品和服务的商业形式。在买卖双方并未谋面的情形下,传统商业中依赖销售人员个人素养的销售技巧和经商之道,如"微笑服务""童叟无欺"等在虚拟世界中都难以奏效。网络零售要能够吸引消费者并且留住老顾客,就需要在业务流程上下功夫,要站在消费者的角度进行网络零售流程的设计,要让消费者登录到网络零售网站上有"宾至如归"的感觉。

对于具有独立网站的网络零售商,网络零售业务流程需要精心设计,网络零售业务流程的设计原则如下:

(1) 商品齐全、价格合理。
(2) 信息翔实、检索便捷。
(3) 安全可靠的网站管理。
(4) 纵横链接、快捷到位。

二、商业模式选择

1. 选择虚拟商店

虚拟商店也叫网上商场或电子商场,是电子零售商业的典型组织形式,是建立在因特网上的商场。在因特网上,虚拟商店的网站主页就是顾客和店主交流的店面。

虚拟商店是一个仅通过 Web 进行经营的公司,提供传统的或 Web 上的商品或服务。销售的方法可以是列表价格或拍卖。

企业选择虚拟商店形式开展营销活动必须进行总体营销策划和设计。从营销理念上要树立起为消费者提供快捷、方便、可靠服务的经营指导思想。

一家虚拟商店要脱颖而出,并成为消费者最佳的选择,关键在于其拥有良好的信誉。信誉良好的虚拟商店会在网友之间广为传播,逐渐取得消费者的信任。虚拟商店还可以通过提供免费送货、无条件更换保证、降低价位、采用优惠卡等方式建立商店的信誉。对原来在真实空间就拥有信誉的商店,再开办虚拟商店将享有先天优势。

从虚拟商店产生的原因来看,目标顾客大部分为年轻人。这些商品有一个共同特征,即商品质地统一、不易产生歧义。其中,信息和媒体商品最适合通过虚拟商店销售,礼品、汽车和食品也是虚拟商店的主要销售商品。但是并非所有的商品都适合虚拟商店销售,如要在虚拟商店中经营服装就比较困难,因为在因特网上一时难以实现人们先试穿后购买的习惯要求。

在价格策略上,目前我国网络消费者收入不太高,在未完全排除网上购物的不安全因素之前,商品价位以中低为主。对于网络消费者中的部分高收入者,他们对价格的敏感度较低,而对购物的便利性和商品的独特性要求却很高,可以采用高价策略。

主页就像公司的门面,关系到顾客对商店的第一印象。在因特网上,商店可以是一个电子邮件信箱或者是一个因特网小册子。设计好主页,根据因特网的特性促销商品,是开设虚拟商店的核心课题。因特网主页的设计,应遵循简洁、精美、专业化等原则,注意给顾客留下良好印象。

2. 选择比特卖家

比特卖家是一个严格地只卖数字产品和服务的商家,以它最单纯的形式,同时在 Web

上处理销售和分发业务。例如，在 Web 上卖手机铃声、软件等数字产品，用户自行下载，网上缴费获得许可。

这种模式是一种完全的电子商务模式，一般而言，它不需要借助传统的物流方式，仅仅依靠网络就实现了商品买卖的全过程。

3. 选择赠予模式

赠予模式是一种非传统的商业运作模式。它指的是企业借助于 Internet 全球广泛性的优势，向 Internet 上的用户赠送软件产品，扩大知名度和市场份额。通过让消费者使用该产品，让消费者下载购买一个新版本的软件或购买另外一个相关的软件。

由于所赠送的是无形的计算机软件产品，用户通过 Internet 自行下载，所投入的成本很低。

RealAudio 音频播放器软件是第一个能在网上直接实时播放音频的播放器。RealAudio 在网上赠予了成千上万份的音频播放器软件，希望并鼓励软件开发商将该软件的图标放到开发商的网址上，进而在软件开发时购买其播放器软件。

网上赠予模式的实质就是"试用，然后购买"。用户可以从网站上免费下载喜欢的软件，在真正购买前对该软件进行全面的评测。以往人们在选择和购买软件时仅靠介绍和说明，以及人们的口碑，而现在可以免费下载，试用 60 天或 90 天后，再决定是否购买。

4. 选择厂商模式

厂商模式是指生产企业直接面向消费者销售产品的商业模式。厂商模式是被预言为最能体现 Web 强大力量的模式，它使厂商直接接触消费者，因此压缩了分销渠道，省去了批发商和零售商。一般来说厂商模式可以降低成本，从而可以降低消费者的负担，能提高客户服务水平，更好地了解客户喜好。例如，美国戴尔电脑公司依靠 Internet 和电话网络直销，取得了巨大的成功。

这种模式会和厂商已经建立起来的供应链，如 Intel、Apple 产生渠道冲突。如何调整供应链上各个企业之间的利益、保证供应链的有效性，是企业必须解决的问题。

拓展阅读

百度的商业模式

百度，全球最大的中文搜索引擎、最大的中文网站。2000 年 1 月创立于北京中关村。百度已经成为中国最具价值的品牌之一，英国《金融时报》将百度列为"中国十大世界级品牌"，成为这个榜单中最年轻的一家公司，也是唯一一家互联网公司。而"亚洲最受尊敬企业""全球最具创新力企业""中国互联网力量之星"等一系列荣誉称号的获得，也无一不向外界展示着百度成立数年来的成就。

从创立之初，百度便将"让人们最便捷地获取信息，找到所求"作为自己的使命，成立以来，公司秉承"以用户为导向"的理念，不断坚持技术创新，致力于为用户提供"简单，可依赖"的互联网搜索产品及服务，其中包括：以网络搜索为主的功能性搜索，以贴吧为主的社区搜索，针对各区域、行业所需的垂直搜索，MP3 搜索，以及门户频道、IM 等，全面覆盖了中文网络世界所有的搜索需求，根据第三方权威数据，百度在中国的搜索份额超过 80%。

在面对用户的搜索产品不断丰富的同时,百度还创新性地推出了基于搜索的营销推广服务,并成为最受企业青睐的互联网营销推广平台。目前,中国已有数十万家企业使用了百度的搜索推广服务,不断提升着企业自身的品牌及运营效率。通过持续的商业模式创新,百度正进一步带动整个互联网行业和中小企业的经济增长,推动社会经济的发展和转型。

为推动中国数百万中小网站的发展,百度借助超大流量的平台优势,联合所有优质的各类网站,建立了世界上最大的网络联盟,使各类企业的搜索推广、品牌营销的价值、覆盖面均大面积提升。与此同时,各网站也在联盟大家庭的互助下,获得最大的生存与发展机会。

作为国内的一家知名企业,百度也一直秉承"弥合信息鸿沟,共享知识社会"的责任理念,坚持履行企业公民的社会责任。成立来,百度利用自身优势积极投身公益事业,先后投入巨大资源,为盲人、少儿、老年人群体打造专门的搜索产品,解决了特殊群体上网难问题,极大地弥补了社会信息鸿沟问题。此外,在加速推动中国信息化进程、净化网络环境、搜索引擎教育及提升大学生就业率等方面,百度也一直走在行业领先的地位。2011年年初,百度还特别成立了百度基金会,围绕知识教育、环境保护、灾难救助等领域,更加系统规范地管理和践行公益事业。

2009年,百度更是推出全新的框计算技术概念,并基于此理念推出百度开放平台,帮助更多优秀的第三方开发者利用互联网平台自主创新、自主创业,在大幅提升网民互联网使用体验的同时,带动起围绕用户需求进行研发的产业创新热潮,对中国互联网产业的升级和发展产生巨大的拉动效应。

单元二 经纪与中介模式的选择

一、经纪与中介模式概述

1. 互联网赢利模式

赢利模式是创业项目为创业者或经营者获取收入的方式、方法和程序的总和。换句话说,一个创业项目的赢利模式决定了创业者是否能够从创业项目的营运中赚钱。如果说价值分析是站在客户的角度对创业项目进行审视,那么赢利模式则是站在创业者和经营者的角度对创业项目进行设计。

赢利模式对于各种形式的创业都是一个至关重要的问题。赢利模式直接关系到创业活动的生命周期——一颗创业的种子是否能够成长为一棵参天大树,是否能够成为一项常青基业,取决于是否有一个明确的可持续的赢利模式。对于互联网创业来说,赢利模式是否清晰更成为互联网创业的核心问题。这是因为互联网创业的赢利模式往往更容易被先进的技术、新颖的概念所取代,创业者的关注力也往往更容易被某些技术细节所吸引。而如果没有一个清晰的赢利模式,互联网创业是不可能成功的。

即便是一个非常有创意的创业点子,即便是能够为客户创造价值的创业项目,但是未必能够为创业者带来利润。赢利模式不是互联网创业与生俱来的产物,而是创业者精心设计的结果。成功的互联网创业各有各的成功之道,而失败的互联网创业往往都是没有明确的赢利模式。

电子邮件最早出现在20世纪70年代,一直以来人们都是把它作为一种免费的电子沟通手段,直到90年代,一对美国的律师夫妇用电子邮件轻轻松松赚得了10万美金,人们才意识到原来电子邮件也可以成为一种赚钱的工具。因此对于互联网创业者来说,在对互联网创业项目进行价值分析的同时要对赢利模式进行设计。

一个好的互联网创业项目首先能够为客户提供价值,最好是为广大的客户提供价值,能够为客户提供价值的互联网创业项目,说明它能够满足一定的市场需求,有其存在的必要性。客户越广泛,其市场覆盖面就越大。

在互联网上通过出售商品或提供服务而直接获取收入的经营方式就是销售型赢利模式。销售型赢利模式与传统的销售经营方式并没有本质的区别,最大的区别就是出售商品或提供服务的场所是在互联网上。

销售型赢利模式的核心是所出售的商品或提供的服务(服务也可以被称作是一种产品)能够直接满足客户的需求,即所提供的商品或提供的服务本身是能够为客户创造价值的。销售型赢利模式是一种直接的价值交换方式——商品与货币的交换。商家在线出售商品,买方用货币在线或离线支付,同时商品交付给买方,商品所有权进行了转移。

流量型赢利模式是靠浏览量或点击获取收入的经营方式。流量型赢利模式通常是以免费出售非实物商品来吸引用户,这些创新的互联网电子商务模式虽然没有直接从商品出售或服务中产生收入,但是由于它能够吸引量的眼球,从而为其他间接地赢利创造了机会。

在互联网创业中,将销售型赢利模式和流量型盈利模式巧妙地结合在一起往往就孕育出了创新的商务模式。因此善于设计吸引用户注意力的流量型模式,同时又善于将流量转化为销量是互联网创业成功的不二法则。

2. 网络经纪与中介服务

经纪业务泛指各种代理和中介业务。网络经纪就是通过互联网提供经纪业务或中介服务的电子商务模式。利用互联网提供经纪业务或中介服务是一种低成本的创业途径,是建立在创业者自身的经验、知识和对信息的搜集判断等智力活动基础上并依托互联网而实现的创业活动。从广义上讲,所有为买卖双方提供交易与交流的平台都可以纳入网络经纪的范畴,包括网络竞价平台、供求信息发布平台、旅游中介网站、贸易中介网站、人才中介网站、婚姻中介网站等。

1)贸易中介网站

贸易中介网站是为买卖双方提供供求信息和交易服务的第三方网络平台。贸易中介网站的商业价值,是以海量的供求信息为基础,使买卖各方能够从中方便地寻求到交易的机会。经营贸易中介网站的关键资源就是供求信息,而供求信息的来源在于拥有大量的有效客户,特别是买方客户。如果创业者没有第一手的供求信息——直接来自于客户的信息,而是通过转载粘贴来获取的信息,这样的中介网站一定是"短命"的。

2)旅游中介网站

旅游产品,是数字化程度非常高的一个领域,利用互联网能够构筑起旅游经纪的电子商务模式,为个人旅游者、商务旅行者提供快捷灵活、体贴周到而又充满个性化的旅行服务。

旅游经纪类网站以免费的旅游信息服务和预订业务吸引客户。旅游信息包括旅游景点介绍、旅游景点的人文景观、餐饮住宿和天气预报等,预订业务则包括酒店订房、飞机票、旅游线路等。

旅游经纪类网站的收入来源主要有:

(1) 从预订业务中收取佣金。旅游经纪公司需要与各酒店、航空公司、旅行社等建立合作伙伴关系,从相应的预订业务中收取佣金。

(2) 通过对旅游景点、旅行社、宾馆的网上展示收取费用。

(3) 其他旅游产品的广告收入。

旅游经纪网站不仅是提供信息服务和预订业务,同时需要解决物流和资金的支付问题。

客户在网上订票提交以后,要按照客户指定的时间和地点将票送达客户。因此旅游经纪公司需要建立起庞大的配送网点。配送网点的覆盖面实际上决定了旅游经纪网站的业务覆盖面。

目前旅游经纪网站采取的资金支付手段有多种形式。

3) 婚恋交友网站

现代社会,生活节奏越来越快,生活压力越来越大,随之而来的是人与人之间交流的时间却越来越少。这使得越来越多的人希望借助互联网来加大交友的范围,甚至通过互联网喜结良缘。

婚恋交友网站的商业价值是显而易见的,但是其盈利模式是创业者需要精心设计的。目前几大婚恋交友网站的盈利模式主要还是建立在流量的基础上。当流量成为一种资源的时候,创业者要寻求将流量转化为销量的盈利模式。将流量资源与销量资源整合起来,才能拓展网络婚恋交友网站盈利空间。

二、经纪与中介模式选择

1. 选择买/卖履行

买/卖履行就是代理商把买方和卖方撮合在一起,履行某种合同完成一些交易行为的模式。

买/卖履行可以是一个在线的金融代理,进行金融投资的交易,目前我国广泛开展的网络证券交易就是这样一种模式,证券公司作为买/卖履行代理商把证券交易者集合在一起,实现证券交易。在这种模式中,代理向买方和/或卖方收取交易费用。有些模式基于规模经营,用很低的费用就可以发送出最好的交易价格。

2. 选择中介代理

中介代理是一个把购买者和在线商家撮合在一起的代理公司,同时提供交易服务,如金融结算和质量保证等。它是一个虚拟商场,但同时,它又处理交易,跟踪订单,提供开账单和催收费用的服务。这种中介,通过确保提供令人满意的商家来维护消费者利益。该代理公司收取商家的初建费,并对每笔交易收取一定的费用。

3. 选择拍卖代理

拍卖代理是为卖方(个人或商家)处理拍卖的网站。其拍卖方式可以分为多种。

正向拍卖以一个最低点为基础,卖方从购买者那里获得最高投标金额。拍卖根据报价和出价规则的不同而有所不同。目前中国知名的拍卖网站有易趣网、中拍网、雅宝拍卖网、易必得、八佰拜电子拍卖等。反向拍卖就是"报出你的价格"的商业模式,也被叫作"需求收集"和"请求销售"。预期的购买者为某一商品或服务报出最终价格,代理则为他寻求相应的卖家。在某些模式中,代理收取的费用是报价和成交价之间的差额。

4. 选择市场交换

市场交换就是买卖双方通过中介交易市场实现商品买卖的模式。市场交换是在 B2B 市场中不断得到应用的通用模式。在此交换模型中,代理向卖方收取基于销售额的交易费用,或者收取一定的会员注册费。

5. 选择商业贸易组织

商业贸易组织也称垂直型网站,垂直型网站指提供某类产品及其相关产品(互补产品)的一系列服务(从网上交流到广告、网上拍卖、网上交易等)的网站。该类网站的优势在于产品的互补性和购物的便捷性。例如,在一个汽车网站不仅可买到汽车,还可以买到汽车零件,甚至汽车保险,顾客在这一类网站中可以实现一步到位的采购,因而顾客的平均滞留时间较长。

6. 选择购买者集体议价

购买者集体议价模式是由 Accompany 最先使用的,它把来自于 Internet 的个体购买者聚集成一个群体,这样,购买者们就可以享受在传统购买活动中给批量购买者的优惠价格。销售者在每笔交易的基础上,给每个购买者打一个小小的折扣。

参加议价的人越多,价格就越便宜。集体议价又可以分为两种。一种是预先由发起人预估销售量,直接跟商家把货买断,以大量订购的方式取得低价,然后转卖给其他的购买者。这种方式发起人本身要负担一些风险,因为可能预估不准,万一没有全部卖出去,自己要负担后续处理的费用。另一种是先征集需求,然后与厂商商量各个购买数量级别的价格折扣。当然,购买的人越多价格越低。这种做法,经营者比较安全,风险较低。

在我们的日常生活中,要找到大量的想要跟我们买同样东西的人,根本是不可能的。但是通过网络,我们就可以把有同样需求的人集合起来,完成议价的过程。

7. 选择分销商

分销商模式是把大量的产品厂商和批量、零售购买者连接起来,通过网站实现信息共享和销售的模式。这种模式在 B2B 中愈来愈通用。代理使特权分销商和他们的贸易伙伴之间的企业交易更加方便。对于购买者,可以使他们更快地进行市场交易,更快地获取批量,同时,降低获取成本。为购买者提供来自于最好的分销商的报价,显示特定购买者的价格、交易时间,并推荐次分销商,以使交易更加有效。对于分销商,通过报价、订单处理、跟踪订单状态,使分销商更快地适应变化,减少劳动力,从而降低销售成本。

8. 搜索代理

搜索代理就是使用一个代理(如一个智能软件或"机器人"),为购买者指定的一项商品或服务搜索出最好的价格,或者努力定位发现信息的商业模式。中华英才网无疑是这方面的杰出代表。中华英才网成立于 1997 年,是国内最早、最专业的人才招聘网站之一。

作为中国第一的招聘网站,中华英才网始终以客户需求为导向,用权威的专业服务,做好企业与人才的对接。中华英才网是企业的人才之源,个人的职业伙伴。

> **拓展阅读**

2013 年十大电商创新商业模式

爱样品：免费体验营销的落地模式；创始人：马向东

爱样品网，是一家为消费者提供样品免费线下领取的网站。通过网站搭建的平台，线下商家每月缴纳 5000 元入驻，通过自主发布免费样品进行营销。而用户只需通过手机认证后，便可进入线下门店领取或体验。

创始人马向东将爱样品定义为一个体验营销平台：通过爱样品网为线下实体店带去消费者，品牌商不但能通过爱样品的开放后台实实在在地获取用户的账号、性别、手机号码等精确信息，还能对实地来取货的消费者完成进一步的促销和导购。

与导购网站纯线上逻辑不同的是，爱样品做的是提供落地服务，通过形成从线上到线下的闭环，向上游说服商家，从下游给予消费者眼见为实的质量保证。

快书包：一小时配送的破解模式；创始人：徐智明

快书包，顾名思义，最大的特点在于快捷，不仅向顾客承诺一小时送达服务，还免运费，这恰恰适合办公室商圈白领的需求。

跟已经成为先烈的 Kozmo 和 E 国一小时相比，快书包有其创新之处：在产品上，坚持选择畅销书；在目标客户上，锁定有良好网购基础的白领细分人群，但它的缺点也同样明显：成本结构过重和毛利率过低。

创始人徐智明的破解办法是：①适当程度扩大产品品种；②快速扩张，扩大规模；③增加分仓数提升效率。随着人员和城市数量的急剧扩大，运营管理和本地化将是考验快书包的关键。

尽管存在种种困扰，并不意味着快书包无胜算可言。而快书包在微博上持续的话题性以及相当高的用户忠诚度，证明了"一小时配送"仍然存在广大的市场。

青芒果："纯在线+半预付"的 OTA 电商模式；CEO：高戈

国内酒店在线预订市场就像一个两层蛋糕。上层以商务酒店、星级酒店为主要构造，形状日趋规整，正逐渐被 OTA 巨头瓜分蚕食。而下层市场仍生涩松散，其间中小酒店星罗棋布，呈现高度原子化，导致在线预订服务难以标准化。

青芒果正是要在这蛮荒之地寻找生路，将触角伸向传统 OTA 一直忽视的中小酒店市场。青芒果用自己的方式进行了排列组合，将酒店细分为 4 大类、9 小类。与传统 OTA "电话预订、前台面付"的模式不同，青芒果开始尝试"纯在线+半预付"模式。

取消电话预订使得他们比携程模式节省 1/3 的成本。又因为预付模式，青芒果能从酒店拿到更好的价格，与酒店之间不用结算，又节省 1/3 的成本，因此在向酒店收取服务费时有更大的弹性，也能提供更多的让利给消费者。

青芒果颠覆了传统 OTA 的电话预约模式，突出网络预订的体验优势，预付模式的实现标志着它成为行业内一家真正意义上的电商网站。

MFashion：基于地理位置的移动导购模式；创始人：肖宇

与一般聚合电子杂志 APP 不同的是，MFashion 会将每张图片打上标签，包括风格、色系、品牌等，这为用户的分类检索提供了方便，同时也令导购成为一种可能。

MFashion为消费者提供LBS导航,让消费者通过地理位置获得邻近的奢侈品店铺信息,进而可以为消费者提供这些店内产品的信息。例如,在微信上,你可以点击"+"菜单,选择位置图标按钮定位和发送当前地理位置,即可获得按距离远近进行排列的品牌专卖店信息。

MFashion规避了奢侈品电商最难的两个环节:品牌和渠道,以满足消费者的阅读需求为切入点,拉近消费者与品牌的距离,以轻制胜。

时间戳:电商维权利器;创始人:张昌利

简单来说,时间戳是一种电子凭证,用来证明某个电子文件的申请时间以及确保其内容的完整性。可信时间戳非常适宜电子商务产品的维权:维权速度快、费用低。对于使用者来说,只需要上传自己想要确定归属和时间的文件,即刻就可获得相应的时间戳文件。

例如,深圳市基本生活用品公司是一家主打创意生活用品的电商公司,在使用时间戳进行文件备份后,基本生活用品公司把盗用其图片的企业一一告上法庭,有力证据就是可信时间戳,九个案件全部胜诉。

目前联合信任时间戳服务中心是国内唯一提供可信时间戳服务的公司。每一份时间戳文件,联合信任收取的费用是10元。

由于市场普及度不够,无论是电商企业还是消费者,对可信时间戳的认识都太少,利用时间戳维权,这条路还很长。

inxx:聚合用户的圈子营销模式;中国区运营经理:吴伟强

inxx是一家国际高端潮流品牌集合店,B2C官网于去年12月初上线,12月底在上海大悦城开出了第一家线下体验店。店内的每一款商品都附带一个二维码,扫一扫就能在手机上看到模特的试穿效果以及搭配建议。下单、付款、自提或配送,客户都可以任意选择在线上或者店内完成。

此外,店内还提供自制的酒水饮料、打碟娱乐等服务,目的在于营造一个潮人们喜欢的空间,甚至是一个聚会的场所。

在移动端,inxx正在研发一款时尚行业社交APP,一个依托明星、红人、设计师、艺术家、时装编辑、时尚潮人的特殊偏爱而设计的垂直社区。

Gloosybox:按月订购的微调模式;中国区负责人:洪铭坤

美妆类按月订购模式最早在美国市场喷涌,2011年3月,Glossybox在德国成立,中国区公司在2011年10月开始筹备,当年12月发出了第一批盒子。

Glossybox把订购周期分为三档:三月、六月、一年。三档价格不同,时间越长,优惠力度越大。根据Glossybox提供的数据,在每月12 000个左右的付费用户中,VIP的数量远远超过了普通用户,更多的Glossybox用户选择长期订购。

从某种程度来说,用户订阅时间越长,越有利于凸显按月订购的优势——在没有库存压力的情况下有节奏地运营。

按月订购模式是一种很透明的模式,Glossybox所扮演的角色就是连通化妆品品牌和美妆消费者的平台与桥梁,一方面吸引喜欢尝鲜的消费者,另一方面为品牌方提供CRM数据支持。

车纷享：会员制汽车租赁模式；创始人：来晓敏

汽车共享在国外因其能够降低汽车使用量、绿色环保而为大众所熟知。而在国内，也出现了神州租车这样的租赁公司。来自杭州的车纷享则开启了一种新模式：汽车租赁从预订到取车到还车的自助交易过程全部由用户手机端完成，顾客可以随借随走。

以杭州地区为例，车纷享和神州租车的模式不同之处在于，车纷享没有自己的门店，所谓的网点便是停车位。用户租赁汽车的方式是自助的，所以不存在需要车纷享的员工将车送到目的地的情况。

爱回收：二手产品回收的便捷模式；创始人：孙文俊 陈雪峰

爱回收，顾名思义，提倡用户将不需要的二手产品卖给爱回收网，用户获得了实惠，爱回收则设法将其变废为宝。目前在爱回收网站上，二手产品仍主要锁定在手机等数码产品上。

爱回收网除了提供快递上门取货的服务之外，将重点放到了数码产品的定价方式上。目前有两套定价机制同时支持运作，即回收商的竞价机制优先、爱回收的报价机制辅助的方式。

目前爱回收坚持的仍然是自建的物流团队上门取货，由于一些热门产品，例如苹果和三星往往涉及仿冒问题，如何建立一个专业的评估队伍就成为其中的关键。

爱回收为消费者提供了便利和专业的回收服务，但大多数消费者并不具备将电子产品作价处理的意识，教育市场的成本仍然较高。

e 家洁：家政服务的整合模式；创始人：云涛

e 家洁的创始团队上一个项目是嘟嘟打车，受市场竞争和政策影响，嘟嘟打车的发展陷入瓶颈，团队转向了家政领域。

打车和家政两项 O2O 应用的相同之处在于都是整合线下的人，但不同点更多：司机们都有智能手机，而阿姨们习惯于电话接活；打车是标准化的，而保洁服务缺乏标准。

e 家洁从相对简单又具有广泛需求的钟点工入手，统一定价每小时 20~25 元，用号称"全市最低"的价格吸引客户，零提成聚拢阿姨。

如果说 e 家洁在上线之初遇到的最大挑战是如何把阿姨快速集聚起来，那么随着规模的扩大，不断提高服务质量又成为更迫切的问题。

APP 只是一个工具，e 家洁做家政 O2O 的关键不是线上产品，而是线下服务，如何提供优质标准化的家政服务才是后续发展的关键。

单元三 广告模式的选择

一、广告模式概述

1. 流量型盈利模式

流量型盈利模式是靠浏览量获取收入的盈利模式。互联网的奇妙之处就是它在传统的销售模式之外创造了更多的新的盈利模式。一些创新的电子商务模式虽然没有直接从商品出售和服务提供中产生收入，但是由于它能够吸引大量的眼球，从而为其他间接的盈利方式创造了机会。比如免费的搜索引擎、音乐下载、电子邮件服务、QQ、MSN 等即时通信，博客空间提供，免费电子书下载，等等。这些流量型电子商务模式所提供的服务具有广泛的市场需求，既能够为广大的客户提供价值，而且又是免费的，所以很容易吸引大量的眼球，形成一个巨大的客户群体和市场覆盖面，于是附加价值就很容易产生。

电子邮件的许可 E-mail 营销、即时通信、博客与电子书的网络广告等都成为流量型盈利模式的收入来源。

流量型盈利模式是建立在获取浏览量的商业模式之上的。所以尽管许多创新的商业模式在刚刚问世的时候并没有为创业者带来直接的利润，但是只要经过精心的设计，这些具有较高浏览量的商业模式，往往会衍生出令人意想不到的盈利模式。

流量型盈利模式的基础是流量，或者说是用户群。基础打好了，接下来的关键是要为用户提供有价值的服务。

从腾讯的发展过程可以得到如下的启示：

（1）价值与免费，缺一不可。

（2）流量型盈利模式需要设计盈利点。

（3）流量型盈利模式需要利用"网络效应"。

2. 网络媒体及其特点

互联网突破了传统媒体的限制，创造了形式新颖、内容丰富的新媒体，至人们对互联网的最初的定义就是第四代媒体。互联网作为继报纸杂志、广播、电视之外的第四代新媒体，不仅涵盖了传统媒体所具有的功能，同时又具有传统媒体不可比拟的优势。

互联网本身就是一个庞大的信息载体，因此从广义上说，已成为网络媒体的代名词。从狭义上讲，只有在互联网上专门从事内容传播和出版发行的应用模式才是真正的网络媒体。随着互联网的应用和普及，网络媒体的形式与载体也越来越丰富。最初网络媒体以文字、图片为主要表现形式，以专业化的网站为信息发布平台，以互联网为信息传播渠道。

同传统媒体的出版发行相比较，网络媒体的出版发行具有许多优势。

（1）零库存。传统的出版业图书的生产和销售是脱节的，图书印刷出版后，若销售不利，就会造成库存积压。

（2）低成本。网络出版物一方面不受纸张、油墨价格的影响；另一方面网络出版图书不存在由于印数少而亏损的问题，因此网络出版具有低价格、低成本的优势。

（3）效率高。传统出版业从作者交稿，到审稿、编辑加工、设计制作、印刷发行直至零售书店上架，最快也要 3 个月，一般为 6 个月甚至更长的间。而网络出版发行，只需网站图书编辑完成在线审稿，一般通过审核，几天内就可以上网销售，比传统方式节省 95% 以上的时间。

（4）沟通快。传统的出版业与读者沟通的渠道很不便利，不能以读者为中心。网络出版为读者与网络出版商之间的沟通提供了便捷的方式，读者可以直接通过 E-mail 与出版商沟通，也可以进入到网上读者社区发帖子，交流阅读体会、反映阅读倾向，网络出版商通过这些渠道能够随时采集读者的需求，根据读者的阅读倾向制订出版计划。

（5）互动性。新一代网络媒体，也被称之为第二代网络媒体的本质是"参与式的架构"，最重要的特点就是以用户为中心，充分激发用户的主动，发挥用户的原创能力，并真正形成网上网下的互动。

二、广告模式选择

1. 选择一般化的门户入口

一般化的门户入口网站是面向所有消费者的，作为这样的门户网站，需要高浏览量，一般需要每月有千万的浏览量，才能称为一般化的门户网站，才能获得广告主的青睐，例如，最著名的一般化门户入口网站有搜狐、新浪和网易等。高浏览量才使广告有收益，并且高浏览量为网站提供各种各样的服务提供了可能性。

2. 选择个性化的门户入口

一般化的门户入口网站通常会降低用户的忠诚度。这导致了一些门户入口网站允许对界面和内容进行客户化的处理，以满足客户的需要。通过个性化的网站来消费自己的时间，会提高用户的忠诚度，因为大多数客户都非常关注本地的新闻，关注发生在自己身边的事物。这种网站的收益基于用户选择的信息量和可能的信息价值。个性化能够满足那些需要开辟本地市场的广告主的需求，一方面使广告更加有针对性，另一方面也节省了在一般化门户网站做广告的高额费用。

3. 选择专业化的门户入口

专业化的门户入口网站也被称为"垂直入口"网站。这种模式具有一个比较固定的用户数，要比高浏览量更重要。例如，一个网站只吸引打高尔夫球的人，或家庭购物者，或新婚夫妇。作为某类广告的聚集地，该网站能够被大量地搜索访问，广告者也愿意为了能获得这些特殊的浏览者而付出费用。

4. 选择免费模式

免费模式就是企业免费为用户提供一些东西，吸引消费者浏览该企业网站，获得较高的浏览量，以便吸引更多的广告主在该网站投放广告。免费赠品为广告创造了较高浏览量。如果仅依赖于广告收入，生存将会是艰难的。

5. 选择打折商品

打折商品模式就是企业为用户提供一些打折商品，其网上销售价格远远低于网下销售价格，从而吸引消费者浏览该企业网站，获得较高的浏览量，最终吸引更多的广告主在该网站投放广告。

6. 选择注册模式

注册模式是基于内容的网站，能够把内容免费提供给浏览者，但是需要用户进行简单的注册，通过注册收集用户的一些信息。注册允许对用户的网站使用方式进行跟踪，从而能为目标的广告公司产生具有潜在价值的数据。这是信息中介模式中最基本的形式。

创业模式案例

一个生鲜电商失败者的经验分享
优菜网创始人　丁景涛

现有的平台包括淘宝、京东等都不适合做生鲜，因为都是全局电商，没有"本地化基因",而生鲜非常适合本地化经营。

可能我是第一个创业失败了还勇敢站出来分享经验的吧(自嘲一下),我有两个目的:一个是为新进入这个行业的创业者提供一些失败的教训,另外一个是能听到业内人士的意见,让优菜网能凤凰涅槃。

自从新浪科技报道优菜网150万出售的新闻以来,陆续见了几十位业内、外资深人士,受益颇多,包括"正谷"让我耳目一新的生态农业、"生态人"期货农业的构想、"青蔬园"电商优先式基地设想等,也有其他行业与生鲜电商进行资源整合的构想。其实到此刻为止,我大致有一个生鲜电商未来的构想了,再次借新浪科技的力量,引来更多的玉,目的还是能让农业电商真正做成功。

我对电商和生鲜电商的一些观点

只看好平台电商,京东、亚马逊等不约而同地向淘宝(天猫)方式靠拢,其原因是多方面的。

(1) 淘宝的几百万商家都是淘宝免费的宣传员,在各大论坛、线下、微博进行宣传。

(2) 听到过淘宝店主过劳死,没听说过京东等员工过劳死,也许就是创业和打工的本质区别。所以未来商业模式更倾向于平台基础上的众多企业模式,而不是大企业模式。

标准化产品的垂直电商要么死掉,要么进入各大平台。很简单的理由,如果平台之间的价格战选择某分类,比如化妆品,通过化妆品降价,平台电商会增加客户和其他商品的销售,而垂直电商,降价就代表损失,三个月价格战就拖垮了。

现有的平台包括淘宝、京东等都不适合做生鲜,因为都是全局电商,没有"本地化基因",而生鲜非常适合本地化经营。

优菜网的发展过程

1. 像送牛奶一样送菜模式

优菜网的模式是我思考了2年才出手做的,最核心的思路是解决生鲜的物流问题,通过"像送牛奶一样送菜"让低成本生鲜物流成为可能,像三元牛奶一样,厢货先将菜送到社区,然后通过电动三轮车送到千家万户,并且通过取菜箱,实现不见面配送,不但降低成本,而且"菜等人"的模式可以让客户有更好的体验;通过区域化运作,小区深挖掘,增加订单密度,降低物流成本;通过订单式农业,降低蔬菜损耗,并降低库存面积需求;通过先进的后台ERP系统,加快车间的处理速度。取菜箱又能起到不间断广告效果,降低客户发展难度,并增加客户黏性等。一个区域做好后,迅速复制。所有这一切,在我这个IT人眼里非常优美,但是,生鲜问题的复杂性,让这次创业成了灾难。

2. 有机起步

优菜网刚开始做的是中高端,主要是有机和绿色,并与北京知名企业合作,在世纪城迅速做到100单,并实现了盈利,因此获得200万的天使投资,天使投资的进入,让我们觉得模式完全没有问题,开始盲目扩张,此时,问题出现了,我们发现供货商给我们的并不都是有机蔬菜，以次充好严重，所以果断停止了合作。另外找有机基地才发现，问题比我们想象的复杂，经常缺货，品类太少，客户满意度下降。

3. 普通菜不稳定

后来我们想，有机难做，就做普通蔬菜，就开始从新发地进货，新发地的蔬菜占北京蔬菜的90%，各种品质的菜都有（没有有机，如果有有机，优菜网的模式就成功了），我们一般都采购优质的，但是，因为我们主要采购时间是凌晨3－5点，很多时候这个时间段内，并不能买到符合我们采购标准的菜。所以，客户收到的蔬菜时好时坏，体验大打折扣，虽然短时间内我们做到了500单，最终无法阻挡客户的流失。

优莱网失败分析

（1）没有稳定的货源。单一农场不能满足电商的需求；新发地采购无法保证质量；多个农场供货，采购量小，物流成本高。

（2）不能提供比菜市场更好的购物体验。去菜市场买菜，可以挑选自己爱吃的，比如苹果，同样的红富士，口味非常多。在网上购买，送到家的苹果可能千滋百味。

（3）环节太多了。

（4）货车进城问题（对初创企业很不友好啊）。这是压垮优莱网的最后一根稻草，没有进城证，原来是认罚，9月份开始，不光罚款，还要扣分，我们不得不缩小经营区域。另外，社区配送最好的工具——电动三轮车，是不合法的，好在这方面执法很松。

（5）信息不对称，劣币驱逐良币。

优莱网未来设想

本地化生鲜平台是未来的必然，也是优莱网转型的方向，通过平台进行专业化分工，基地只管种菜，电商只管发展用户和服务用户，平台负责IT解决方案，物流外包给专业生鲜物流企业等。只有专业化分工才能真正让各个环节的效率达到最高。这个平台已经思考了很久了，希望您能一起来实现梦想。

我看好生鲜电商的未来

（1）方便。

（2）损耗小。订单式农业，隔夜菜极少，也没有人为挑拣损耗。

（3）可想象的空间大。毕竟超市受地域和面积限制。

但是，目前生鲜电商还需要解决如下问题才会有未来：

（1）标准化。

（2）安全感。

（3）生鲜物流。

对新人的忠告

（1）诚实，如果靠欺骗赚钱，就不要做农业了，"积恶之家，必有余殃"，是殃及子孙的事情。

（2）做好持久战准备。

（3）小范围的试点，然后再扩大规模。

（4）借鉴别人的经验，而不是自己摸索。

学习情境五

创业计划

知识目标

1. 知道并理解创业计划书的重要性。
2. 知道并理解创业计划书的撰写。
3. 理解创业计划书的撰写要领。

能力目标

1. 掌握创业计划书的撰写。
2. 掌握创业计划书的规范。

导读案例

Eyes 威客网站创业方案（节选）

威客的英文 Witkey 是 The Key of Wisdom 的缩写，是指通过互联网把自己的智慧、知识、能力、经验转换成实际收益的人，他们通过在互联网上帮助他人通过解决科学、技术、工作、生活、学习中遇到的问题来获得报酬，从而让知识、智慧、经验、技能体现出应有的经济价值。

从 21 世纪初，互联网开始加速发展，各种创新型应用和互联网新概念不断出现，例如搜索引擎、电子商务、博客等。这些应用和概念与知识管理都有着或多或少的关系。如何利用互联网进行知识管理已引起互联网界和知识管理学界诸多学者的高度关注。威客模式就是在这个大的背景下产生的，它是利用互联网进行知识管理的网络创新模式。但随着很多威客网站的建立和许多威客的产生，也出现了很多的问题。比如威客们知识产权的问题，还有竞标失败后威客付出劳动却无法得到回报等问题也是阻碍威客和威客网站发展的重要因素。

尽管威客网站存在种种缺陷，但它实现了知识商品的网络营销，具备得天独厚的优势，经过周密的调研分析，我们决定设计 VI Eyes 威客网站以"VI 设计"为知识商品，为威客（Witkey）和海客（Seeker）构建一个交易与沟通的平台。

下面是全文目录。

前言
一、需求分析
  （一）项目背景
  （二）威客行业调研分析
  （三）威客网站客户需求分析
  （四）市场竞争者分析
二、商业网站模式
  （一）运营模式
  （二）收益模式
  （三）竞争优势
三、商业模式可行性分析
  （一）技术可行性
  （二）经济可行性
  （三）可实施性分析
四、网站推广计划
  （一）搜索引擎营销
  （二）资源合作
  （三）广告推广
五、经营目标
  （一）战略目标
  （二）功能目标
六、系统建设目标
七、系统功能设计
  （一）网页说明
  （二）站点功能模块
  （三）主要功能模块说明
八、风险分析
九、总结

单元一　创业计划书规划

一、创业计划书概述

1. 创业计划书概念与作用

在创业者完成创意形成、机会评估等基础工作后,应积极投入制订完整的创业计划工作。通过创业计划书的规划与撰写向现实的和潜在的合作伙伴、投资者、员工、客户及供应商等全面阐述公司的创业机会,把握创业机会的措施及实施过程,说明所需的资源,揭示风险和预期回报。另一方面,一份综合的创业计划也是创业者对创业项目在发展方向问题上的综合意见和反思的结果,它是决定企业基本运作的主要工具,也是管理企业的主要文件。

创业计划书,也被称为商业计划书,是详述筹建企业的书面文件,是对与创业项目有关的所有事项进行总体安排的文件。创业计划覆盖了创业企业的各个方面:项目、市场、研发、制造、管理、关键风险、融资、阶段或时间表等。所有这些方面的描述展现了这样一幅清晰的画面:本企业是什么;企业的发展方向是什么;企业家怎样达到他的目标。总之,商业计划是企业家成功创建企业的路线图。

对于大学生创业者而言,由于存在行业、经验、资源等经验缺乏的客观情况,因此,创业计划书的规划与撰写对于大学生而言就显得尤为重要,对深入分析创业项目、厘清创业思路、指导创业行为都具有重大的实践意义,很大程度上关系到创业项目的成败与否。

大学生创业初期,虽然头脑酝酿一个创业项目,但不是很成熟,可以通过编制创业计划,减少盲目性和冲动。应该说,编制一份翔实、可行的创业计划书对一个大学生创业项目而言有着关系成败的关键意义。

(1) 对创业者而言,一个创业项目在头脑中酝酿时,往往比较有把握,但从不同角度仔细推敲时,可能有不同的结果。通过编制创业计划书,创业者对创业活动可以有更清晰的认识,深入探讨项目的可行性。可以说,创业计划首先是把计划中的项目推销给创业者自己,使创业活动能有条不紊地进行。

(2) 创业计划书是筹措资金的重要工具。投资者不是慈善家,投资者投资的目的在于获取投资带来的收益。投资者对于投资项目的选择也是十分谨慎而苛刻的。由于投资者的时间精力都有限,对于任何潜在投资项目他们不可能身体力行地去考察。因此,作足表面文章就是十分必要的了。具体说来,对于投资者而言,大学生创业者在面对一份理想的商业时明确企业经营的构想和策略、产品市场需求规模与成长潜力、财务计划、投资回收年限以及风险等要素的阐述与评估,成为创业者向投资者传递信息的关键媒体。

(3) 创业计划书可以为企业的发展提供指导作用。创业计划的内容涉及创业的方方面面,可以使创业者对产品开发、市场开拓、投资回收等一些重大的战略决策进行全面的思考,并在此基础上制订翔实清楚的营运计划,周密安排创业活动,发挥指导作用,降低创业风险。

(4) 创业计划书帮助创业者把创办的企业推销给潜在的合伙人、银行家、供应商、销售商以及行业专家、政府行业管理部门、新闻媒体。从这种意义上说,创业计划书还担负潜在资源积聚与整合的功能。对于大学生创业而言,创业计划书还是争取各类政府优惠与扶持

二维码 2——
百度百科:创业计划

政策待遇必不可少的通行证。

2. 创业计划书的特征

作为创业的纲领性文件，创业计划书具有如下基本特征。

1）开拓性

创业计划书最鲜明的特点是具有创新性。这种创新性是通过其开拓性表现和反映出来的，而开拓性最本质的体现在于对新项目、新内容、新的营销思路和运作思路的整合上，这也是创业计划书不同于一般的项目建议书的根本之处。

2）客观性

创业计划书的客观性是创业计划书的又一个十分重要的特点。这种客观性突出表现在创业者提出的创业设想和创业商业模式，是建立在大量的、充分的市场调研和客观分析的基础之上的，是项目具有实战性和可操作性的基础。

3）整体性

创业计划书的整体性要求创业者把严密的逻辑思维融汇在客观事实中体现和表达出来。通过项目的市场调研、市场分析、市场开发及生产安排、组织、运作，以及全程的接口管理、过程管理和严密的组织，去把你提出和设计好的商业模式付诸实施，把预想的效益变成切实的商业利润。因此，创业计划书的每一个部分都是为这个整体目标服务的。每一个部分又是这个整体目标的一种论据、一种支撑。

4）实战性

创业计划书的实战性是指创业计划书具有可操作性。写在计划书上的商业模式不仅是可以运作的，而且是必须靠运作进行实战的。

5）增值性

创业计划书是一种与国际接轨的商业文件，有着十分鲜明的商业增值特点，主要体现在：创业计划书的创新性以及创收点、创业计划书鲜明的证据支持以及包括投资分析、创收分析、盈利与回报分析在内清晰的商业价值观。

3. 创业计划书的框架结构

一份详细的创业计划书的框架通常由九部分构成，下面提供了一份标准计划书的大纲，在实际撰写过程中，可以根据具体情况与撰写风格进行适当、灵活的调整。

创业计划书大纲

1. 执行摘要
2. 企业描述
    A. 企业的一般描述
    B. 企业理念
    C. 企业的发展阶段（针对已创办企业）
3. 产品与服务
    A. 产品/服务的一般描述
    B. 产品/服务的竞争优势
    C. 产品/服务的品牌和专利
    D. 产品/服务的研究和开发情况

E. 开发新产品/服务的计划和成本分析
4. 市场分析与营销策略
   A. 市场调研与分析
   B. 营销计划策略
5. 产品实现
   A. 产品生产制造方式
   B. 生产设备情况
   C. 质量控制
6. 管理团队
   A. 管理机构
   B. 关键管理人员
   C. 激励和约束条件
7. 财务计划
   A. 企业过去三年的财务情况（针对已创办企业）
   B. 未来三年的财务预测
   C. 融资计划
8. 关键风险、问题和假设
9. 附录

二、计划书规划

创业计划书一旦准备就绪，接下来的主要挑战就是如何将计划书介绍、推广、投送给相关者。在大部分情况下，口头介绍是推荐给潜在投资者最普遍也是最关键的一步。事实上，大学生创业者应该清晰地认识到：口头表达能力不仅对推介创业计划书与筹集资金至关重要，实际上，它还是创业者在注入新产品开发、买卖交易、巩固合作关系、招聘员工等一系列活动达成协议的基本工具。

创业计划书的推介主要包括前期准备、演示创业计划以及访谈三个基本环节。

1. 前期准备

口头表达与书面表达存在巨大的差异，其要点是快速地切入主题，恰当地解释创业项目，语言内容需要好好地予以斟酌，同时不乏风趣灵活，结构上需要体现较强的系统性与逻辑性，同时在表达过程中可以自由添加或改变某些点作为介绍的拓展，一份背下来的介绍是无法激发投资者激情与兴趣的。

创业者在做创业计划推介准备时，首先要训练自己言简意赅的表达能力，训练自己用一分钟来表达、阐述创业企业的性质与职能。

在前期准备中，创业者还应积极了解与分析推介对象。大学生创业者往往认为出色发言的基础在于激起听众热情的能力。实际上，出色发言的基础源于推介前对推介对象所进行的调研。

创业者还应该依照"10/20/30"原则做好推介内容、长度和文字表现的准备工作。"10/20/30"原则指通过10张幻灯片、20分钟时间、30磅的文字字体来指导推介演讲。

在演示创业计划之前，创业者还应该完成会场布置与设备准备。创业者必须事前检查、确认相应设备如手提电脑、投影仪等是否到位，并检查它们的兼容性与使用可靠性。创业者备份演讲文稿并检查演讲文稿是否能在手提电脑、投影仪等设备中正常运行，同时还应准备打印机，以备万一设备出现问题的情况下，将需讲述的内容打印出来。这些工作需要创业者在演示前天准备就绪，并于演示当天提前检查。创业者必须认识到倘若会议一开始陷入乱糟糟的地步，再想把它好好地恢复起来几乎是不可能的事情。

2. 演示创业计划

演示创业计划是创业者展示自己能力的大好机会，同时也是创业投资者考察创业者的关键阶段。尽管项目好坏才是创业投资者考虑的主要方面，但是大多数情况下，创业投资者不会将资本交给一个连自己创意都表达不清楚的人。

在做好包括推测对方可能提出的问题、如何应付展示期间可能出现的意外以及确定展示重点等信息调查与前期准备工作后，创业计划书进入实质演示阶段。

3. 访谈

访谈也是创业计划推介的重要环节。对于通过初步审查的创业项目，下一步就是与创业者直接交流。由于创业者的素质是决定创业能否成功的关键，所以必须要对创业者进行访谈，以达到以下三个目的：一是面对面地考察创业者的综合素质；二是根据审查创业计划的情况，核实创业项目的主要事项；三是了解创业者愿意接受何种投资方式和退出途径、投资者能以何种程度参与企业决策与监控。

单元二　创业计划书编写

一、创业计划书的撰写

1. 创业计划书编写要素

当选定了创业目标与确定创业的动机之后，而在资金、人脉、市场等各方面条件都已准备妥当或已经积累了相当实力，这时候，就必须提出一份完整的创业计划书。创业计划书是整个创业过程的灵魂，这份白纸黑字的计划书，主要详细记载了一切创业的内容，包括创业的种类、市场分析、营销规划、产品实现、融资与财务分析、风险评估、内部管理规划，具体如何系统地、规范地撰写创业计划书以及如何向潜在利益方推介已完成的创业计划书。这些都是创业者接下来必须面临的紧迫任务与重大挑战。

如何写创业计划书？成功创业计划书的关键内容又是什么？回答这个问题，一定是站在潜在投资者的角度，采取换位思考的方式予以确定的。应该说，投资者对项目最关心的问题集中在项目是否能够成功、能否保障自我资金的回报与安全两个方面。那些既不能给投资者以充分的信息也不能使投资者激动起来的创业计划书，其最终结果只能是被扔进垃圾箱里。

我国传统文化将成功归因于天时、地利、人和三大要素，而且"天时不如地利，地利不如人和"。同理，成功的创业计划也可以积极围绕产品、市场与竞争、团队三个关键要素展开；即是否具备产品优势的天时、是否具备市场环境与竞争优势的地利以及是否具备成功实现创业活动人力资源的人和。另外，出色的创业计划书还应该考虑撰写结构、文字组织等方面对潜在投资者的影响。

1）产品与服务

在创业计划书中，应提供所有与企业的产品或服务有关的细节，包括企业所实施的所有调查。创业计划书应通过言简意赅的语言对产品进行阐述，要让出资者有相逢恨晚的感觉与冲动。

2）市场与竞争

创业计划书要给投资者提供企业对目标市场的深入分析和理解，要细致分析经济、地理、职业以及心理等因素对消费者选择购买本企业产品这一行为的影响，以及各个因素所起的作用。创业计划书中还应包括一个主要的营销计划，计划中应列出本企业打算开展广告、促销以及公共关系活动的地区，明确每一项活动的预算和收益。

在市场营销环节中，创业者将不可避免面临竞争对手的挑战。因此，在创业计划中，创业者应细致分析、阐述竞争对手的情况。竞争对手都是谁？他们的产品是如何工作的？竞争对手的产品与本企业的产品相比，有哪些相同点和不同点？竞争优势在哪里？竞争对手所采用的营销策略是什么？等等。创业计划书要使它的读者相信，本企业不仅是行业中的有力竞争者，而且将来还会是确定行业标准的领先者。

3）管理团队

把一个思想转化为一个成功的企业，其关键的因素就是要有一支强有力的管理队伍。这支队伍的成员必须有较高的专业技术知识、管理才能和多年工作经验。在创业计划书中，应首先描述一下整个管理队伍及其职责，然后再分别介绍每位管理人员的特殊才能、特点和造诣，细致描述每个管理者将对公司所作的贡献。创业计划书中还应明确管理目标及组织机构图。对于大学生创业团队而言，人力资源往往是创业要素中较常见的短板，因此，对于大学生创业团队而言应一方面积极展示学生创业团队的创业热情、专业背景以及团队成员的互补与实践经验；另一方面，也应积极开拓人力资源途径，吸引优秀人才的加盟。

2. 创业计划书的格式规范

在撰写创业计划书过程中，一方面要积极关注创业计划书的核心要素；另一方面，由于创业计划书面对的读者往往是具有专业背景的投资专家，因此，创业者也需同时关注创业计划书的书写格式与规范。

（1）要简洁明了。
（2）写作风格要掌握适中。
（3）尽量客观。
（4）让外行也能看懂。
（5）保持写作风格一致。

二、互联网创业计划书的编写步骤

成功创业计划书的撰写不是一蹴而就的事情，创业者需做好大量的前期准备工作，并在写作过程中遵循一定的写作步骤与写作原则。

1. 前期准备阶段

首先，成功的创业计划应有周详的前期准备与启动计划。由于创业计划涉及的内容较多，编制之前必须进行充分的准备、关于创业企业所在行业的发展趋势、同类企业组织机构状况、行业内同类企业报表等方面的资料；第二，确定计划的目的和宗旨；第三，组成专门的工作小组，制订创业计划的编写计划，确定创业计划的种类与总体框架，制订创业计划编写的日程安排与人员分工。

2. 创业计划初步草拟阶段

前期准备完成后，接下来是创业计划初步草拟阶段。主要是全面编写创业计划的各部分，包括对创业项目、创业企业、市场竞争、营销计划、组织与管理、技术与工艺、财务计划、融资方案以及创业风险等内容进行分析，初步形成较为完整的创业计划方案。

3. 完善阶段

在完成创业计划书的草拟后，创业者应广泛征询各方面的意见，进一步补充、修改和完善草拟的创业计划即创业计划书的完善阶段。编制创业计划的目的之一是向合作伙伴、创业投资者等各方人士展示有关创业项目的良好机遇和前景，为创业融资、宣传提供依据。所以，在这一阶段要检查创业计划是否完整、务实、可操作，是否突出了创业项目的独特优势及竞争力，包括创业项目的市场容量和盈利能力，创业项目在技术、管理、生产、研究开发和营销等方面的独特性，创业者及其管理团队成功实施创业项目的能力和信心等，力求引起投资者的兴趣，并使之领会创业计划的内容，支持创业项目。

4. 定稿阶段

创业计划书撰写的最后阶段为定稿阶段，创业者在这一阶段定稿并印制成创业计划的正式文本。

由于创业计划书的专业性因素影响，撰写优秀的创业计划书对于相当部分的大学生创业团队而言存在一定的难度。因此，大学生创业团队经常会考虑聘用一个外部专业人士来准备商业计划，以便可以专心从事融资和企业创建工作。但聘请外部专业人士并不是好主意，大学生创业者或创业团队应该亲自书写整个计划。

5. 自我评估阶段

创业者精心构思的创业计划书，很可能将面临投资专家的所谓"5分钟阅读法"。

"知己知彼，百战不殆"，在了解投资者的评价、行为模式的基础上，大学生创业者应采取积极的应对措施。因此，在创业计划书写完之后，创业者对计划书自我评估、检查一遍，评估计划书是否能准确回答投资者的疑问，争取投资者对创业项目的信心。对计划书的评估、检、以下几个方面展开：

（1）创业计划书是否显示出你具有管理公司的经验。

（2）创业计划书是否显示了你有能力偿还借款。

（3）创业计划书是否显示出你已进行过完整的市场分析。

（4）创业计划书是否容易被投资者所领会。

（5）创业计划书中是否有计划摘要并放在了最前面，计划摘要相当于公司创业计划书的封面，投资者首先会看它。

（6）创业计划书是否在文法上全部正确。

（7）创业计划书能否打消投资者对产品/服务的疑虑。

三、计划书编写

由于每一份商业计划需要强调和突出的重点有所不同，因此商业计划并没有硬性规定的格式，是人们经过不断的实践总结，在商业计划的制定过程中也逐步形成了约定俗成的基本格式。一般说来，一份完整而周密的创业计划书的编写大致包括以下几个主要部分：

1. 撰写计划摘要

计划摘要列在创业计划书的最前面，它是浓缩了的创业计划书的精华。计划摘要涵盖计划的要点，以求一目了然，以便读者能在最短的时间内评审计划并作出判断。

计划摘要一般要包括以下内容：公司介绍；主要产品和业务范围；市场概貌；营销策略；销售计划；生产计划；管理者及其组织；财务计划；资金需求状况等。

在介绍企业时，首先要说明创办新企业的思路、新思想的形成过程以及企业的目标和发展战略。其次，要交代企业现状、过去的背景和企业的经营范围。最后，还要介绍一下自主创业者自己的背景、经历、经验和特长等。企业家的素质对企业的成绩往往起关键性的作用。在这里，企业家应尽量突出自己的优点并表示自己强烈的进取精神，以给投资者留下一个好印象。

在计划摘要中，企业还必须回答下列问题：企业所处的行业，企业经营的性质和范围；企业主要产品的内容；企业的市场在哪里，谁是企业的顾客，他们有哪些需求；企业的合伙人、投资人是谁，企业的竞争对手是谁，竞争对手对企业的发展有何影响。

摘要要尽量简明、生动。特别要详细说明自身企业的不同之处以及企业获取成功的市场因素。如果企业家了解他所做的事情，摘要仅需 2 页纸就足够了。如果企业家不了解自己正在做什么，摘要就可能要写 20 页纸以上。

2. 描述企业

企业描述是创业企业或创业者拟创企业总体情况的介绍，其主要内容包括企业定位、企业战略及企业的制胜因素等。

企业定位是指创业企业的行业选择、业务范围以及经营思路的确定，是创业企业的现实状况的必要说明，也是计划书其他部分的基础。

企业战略是公司生产、销售策略的总体概括。创业者应该对如何成功地经营创业企业并使之与众不同有一个指导性的原则。

在这部分中，要对创业企业的历史、现状及未来的发展有完整而清晰的阐述，要重点说明创办新企业的思路、新思想的形成过程及企业的目标和发展战略。在这部分中，要对企业以往的情况作客观的评述，不回避失误。中肯的分析往往更能赢得投资者的信赖，从而使人容易认同企业的商业计划。

3. 介绍产品与服务

在进行投资项目评估时，投资人最关心的问题之一就是风险企业的产品、技术或服务，能否以及在多大程度上解决现实生活中的问题，或者风险企业的产品（服务）能否帮助顾客节约开支，增加收入。因此，产品介绍是创业计划书中必不可少的一项内容。通常，产品介绍应包括以下内容：产品的概念、性能及特性；主要产品介绍；产品的市场竞争力；产品的研究和开发过程；发展新产品的计划和成本分析；产品的市场前景预测；产品的品牌和专利。

在产品（服务）介绍部分，企业家要对产品（服务）作出详细的说明，说明要准确，也要通俗易懂，使非专业人员的投资者也能明白。产品介绍要附上产品原型、照片或其他介绍。产品介绍必须回答以下问题：顾客希望企业的产品能解决什么问题，顾客能从企业的产品中获得什么好处？企业的产品与竞争对手的产品相比有哪些优缺点？顾客为什么会选择本企业的产品？企业为自己的产品采取了何种保护措施？企业拥有哪些专利、许可证，或与已申请专利的厂家达成了哪些协议？为什么企业的产品定价可以使企业产生足够的利润？为什么用户会大批量地购买企业的产品？企业采用何种方式去改进产品的质量、性能，企业对发展新产品有哪些计划等。

4. 分析市场情况

当企业要开发一种新产品或向新的市场扩展时，首先就要进行行业与市场分析。如果分析与预测的结果并不乐观，或者分析与预测的可信度让人怀疑，那么投资者就要承担更大的风险，这对多数风险投资家来说都是不可接受的。

市场分析首先要对需求进行预测。市场是否存在对这种产品的需求？需求程度是否可以给企业带来所期望的利益？新的市场规模有多大？需求发展的未来趋向及其状态如何？影响需求的都有哪些因素？其次，市场预测还要包括对市场竞争的情况及企业所面对的竞争格局进行分析。市场中主要的竞争者有哪些？是否存在有利于本企业产品的市场空当？本企业预计的市场占有率是多少？本企业进入市场会引起竞争者怎样的反应，这些反应对企业会有什么影响等。

在创业计划书中，市场预测应包括以下内容：市场现状综述、竞争厂商概览、目标顾客和目标市场、本企业产品的市场地位、市场特征等。创业企业对市场的预测应建立在严密、科学的市场调查基础上。创业企业所面对的市场，本来就有更加变幻不定的、难以捉摸的特点。因此，风险企业应尽量扩大收集信息的范围，重视对环境的预测和采用科学的预测手段及方法。大学生创业者应牢记的是，市场预测不是凭空想象出来的，对市场错误的认识是企业经营失败的最主要原因之一。

5. 陈述公司组织

有了产品、市场预测之后，创业者第二步要做的就是结成一支有战斗力的管理队伍。企业管理的好坏，直接决定了企业经营风险的大小，而高素质的管理人员和良好的组织结构则是管理好企业的重要保证。

6. 确定市场营销策略

市场营销是企业经营中最富挑战性的环节，影响营销策略的主要因素有消费者的特点、产品的特性、企业自身的状况、市场环境方面的因素。最终影响营销策略的则是营销成本和营销效益因素。

在创业计划书中，营销策略应包括以下内容：市场机构和营销渠道的选择、营销队伍、促销计划和广告策略、价格决策。

对于新创业企业来说，由于产品和企业的知名度低，很难进入其他企业已经稳定的销售渠道中去。因此，企业不得不暂时采取高成本低效益的营销战略，如上门推销、商品广告、向批发商和零售商让利，或交给任何愿意经销的企业销售。对发展企业来说，它一方面可以利用原来的销售渠道，另一方面也可以开发新的销售渠道以适应企业的发展。

7. 制订生产计划

创业计划书中的生产制造计划应包括以下内容：产品制造和技术设备现状；新产品投产计划；技术提升和设备更新的要求；质量控制和质量改进计划。

在寻求资金的过程中，为了增大企业在投资前的评估价值，自主创业者应尽量使生产制造计划更加详细、可靠。

8. 编制财务计划

财务计划需要花费较多的精力来做具体分析,其中就包括现金流量表、资产负债表以及损益表的制备。流动资金是企业的生命线,因此企业在初创或扩张时,对流动资金需要有预先周详的计划和进行过程中的严格控制;损益表反映的是企业的赢利状况,它是企业在一段时间运作后的经营结果;资产负债表则反映在某一时刻的企业状况,投资者可以用资产负债表中的数据得到的比率指标来衡量企业的经营状况以及可能的投资回报率。

9. 分析关键风险、问题和假设

创业计划总会包括相关的一些隐含的假设,因此,创业计划必须描述一些有关所在行业、公司、人员、销售预测、客户订单和创立企业的时机和融资的风险及其负面结果的影响。

识别并讨论创业项目中的风险,可以证明创业者作为一名经理人的技能,并能增加创业者和创业项目在风险投资者或私人投资者心目中的可信度。主动分析与讨论风险也有助于创业者对创业项目完成风险评估与对策研究,"未雨绸缪"方能降低创业风险。

单元三 创业计划书编写案例(产品类)

绿色汽车增光护理剂商业计划

第一部分 概 述

一、背景

1. 广阔的市场

研究表明:2010年中国汽车的保有量将超过8 000万辆。其中城市家庭汽车保有量将超过2 000万辆。

研究表明:在未来十几年里,随着汽车保有量的飞速增长,相关的服务市场将会空前得繁荣。

2. 爱美之心,人皆有之

为了让自己的汽车更加靓丽,汽车拥有者提出了汽车美容的要求。2003年起,汽车美容护理服务在全国大中城市如雨后春笋般崛起。2010年后,国内汽车美容护理用品的需求量将超过12 000吨/年。

3. 把握商机,赢得市场

目前汽车美容增光护理剂绝大多数是含蜡产品。实践表明,含蜡产品存在许多缺点。无蜡水性乳液产品是汽车增光护理剂的发展趋势,而含蜡产品终将被淘汰。国内汽车美容增光护理用品绝大部分来自国外,价格昂贵。

二、公司

在广泛考察了国内外产品的基础上,我们研制开发出了绿色汽车增光护理剂,追随世界涂料领域水性化、无毒性的趋势,将"营养护理"的新概念引入汽车美容业。

新创公司由3名清华大学研究生发起创立。绿色汽车增光护理剂是我公司独立研制开发的产品。该产品生产工艺流程简单、技术先进、生产成本低、性能优越。

我们已经小规模生产出少量产品，并在京城十几家汽车美容店做过试用、受到专业汽车美容员的一致好评，均表示愿与我们进一步合作。

我们的发展目标：以生产经营绿色汽车增光护理剂为主，同时发展其他汽车护理用品。我们力争在5年后将公司办成我国生产汽车护理用品的大型企业，并逐步将产品打入国际市场。

三、产品

1. 绿色汽车增光护理剂

绿色汽车增光护理剂为无蜡水性乳液产品、用于汽车的增光护理，从而实现汽车外部美容，光亮如新。绿色汽车增光护理剂主要成分是高分子材料，易在车漆表面很快地生成高分子护膜。

绿色汽车增光护理剂完全替代了传统美容护理的固体蜡和液体蜡，在许多方面尤其是在环境保护和汽车表面油漆防护方面更具优势。

2. 绿色汽车增光护理剂的主要功能

养护漆膜、增加汽车表面的光洁度，使汽车光亮如新。

防紫外线、酸碱以及腐蚀性物质破坏汽车表面车漆。

清除汽车表面的污物。

涂在汽车玻璃和反光镜上可起到防雾作用。

提高汽车外观质量，延长汽车使用期。

防止火星损伤车漆。

四、市场与竞争

1. 市场

汽车美容业市场还有很大的潜力可以开发。根据市场细分，我们将选择全国各主要大城市的汽车美容用品消费市场作为我们的目标市场。汽车美容店和汽车护理用品专卖店是我们最主要的两类客户，这里集中了市场上汽车美容护理品90%以上的销售量。由于我们产品独有的竞争优势和大城市兴起的汽车美容热，这个市场对我们的产品具有强大的吸引力，但我们也清楚地看到了其中激烈的竞争。

2. 竞争

我们的竞争对手主要来自国外产品，它们是美国的"3M"和"龟博士"；英国的"多宝"，"尼尔森"和"莱斯豪"；日本的"99丽彩"和德国的"施硅国宝"等。由于这些厂家的生产和经营历史早，生产工艺和技术成熟，资金雄厚，再加上它们的产品打入中国市场较早，已经有了相当的市场占有率，因而竞争将十分激烈。

3. 竞争优势

潮流性：我们的产品是无蜡水性乳液产品，代表着汽车美容护理品发展趋势。

独有性：我们是国内唯一拥有无蜡水性乳液汽车美容产品的厂家，并且在国际上也居于领先地位。

低价格：我们的产品生产流程简单，生产成本低。

高质量：绿色汽车增光护理剂为化学惰性，黏附力强，耐老化和光照辐射，无"出汗"和"结晶粒"等不良现象，尤其是不粉化，从而减少了车体刻痕的机会；同时，它又为化学中性，不损伤车体。

统一性：我们的产品对所有车漆均可统一使用，这就免除了因选择产品不当而导致车漆损伤的后顾之忧。同时，可适应较大气候温差，能在中国南北两地一年四季使用。

易操作：喷涂均可，操作简单，比现有打蜡工艺省时12%。

多功能：我们的产品具有防雾和防火功能。只要往车窗上打上我们的产品，就不用担心车窗起雾。倘若一不小心有火星掉在车漆上，只要使用了我们产品，也不用担心火星会损伤车漆。

无污染：我们的产品不但在生产过程中无"三废"产生，而且在使用过程中不会污染环境，更不会对人身健康造成毒害。

4. 竞争策略

坚持"以人为本、以诚取信"的经营管理理念。

坚持"高质量、高性能、低价格"的市场竞争策略。

坚持"系列化、多样化、大众化"的产品发展道路。

坚持"自主开发、勇于创新"的科研方向。

五、市场营销

为了能够迅速有效地打开我们产品的市场，并获得长久的发展，我们将以公司上述发展战略为核心，树立鲜明的产品形象、建立广阔的市场营销网络、严格控制生产成本与产品质量、持续的技术发展等四个方面系统规划品牌竞争策略。

我们将从3条渠道开拓我们的销售市场：

我们将与国内一家或多家汽车生产企业建立某种"伙伴"，实行售车配备汽车美容护理品销售方式，在促进汽车生产厂家汽车销售的同时，确保我们产品的基本销售量，并迅速有效地占领市场。

汽车美容店是汽车美容护理品的主要消费市场之一。近两三年来，汽车美容红遍全国大中城市。目前汽车美容基本上都是在汽车美容店来完成的。我们已到京城十几家汽车美容店进行了产品试用。专业人员对我们的产品一致反映很好，都希望能与我们进一步合作。

汽车护理用品销售店将是我们产品的另一个销售市场。我国汽车美容店的汽车外部美容价格过高，一次美容的花费要500元左右。因此。有相当一部分车主更愿意自己动手进行美容。我们将在各大城市建立独家产品代理商，以优惠的价格把产品直接送到各汽车美容店和汽车护理用品销售店。

六、公司组织与人力资源

（1）公司初期规模较小，我们将采用职能式的组织结构，充分发挥个人的特长。主要核心管理人员构成如下：

总经理——全面负责公司的经营管理；

生产副总经理——主要负责生产和技术管理；

销售副总经理——主要负责营销与财务管理。

（2）我们将招聘一批又相关工作经验和专业知识、并有志合作的中青年来加强和充实我们公司的管理队伍；我们还将招聘18~20名生产人员和部分工作人员。

（3）我们将积极弘扬企业文化来全面提高公司员工素质，培养每一个职工的企业荣誉感，同时引进企业CIS（企业形象系统）。

（4）不断学习新的管理思想，减少错误的管理理念，逐步建立从生产到销售的企业核心程序，努力创建一支高水平的管理团队，实现公司的持续发展。

七、风险及对策

1. 风险

（1）行业风险。汽车美容服务业的自身发展的局限；行业内部竞争激烈。

（2）经营风险。对主要客户的依赖；人们消费观念的影响；重要原材料供应风险；人力成本上升和高素质人才不足。

（3）市场风险。市场价格竞争激烈；市场销售不畅。

2. 对策

充分发挥本公司在生产技术、产品质量、管理水平、科研水平方面的优势，加快新产品的研制、开发和生产，扩大生产规模，坚持质优价廉和优质服务方针。在加强产品销售的同时，建立一套完善的市场信息反馈体系，制定合理的产品销售价格，增加公司的盈利能力。加快新产品的开发速度，增加市场应变能力，适时调整产品结构，增加适销对路产品的产量。实行创名牌战略，以优质的产品稳定价格，以消除市场波动对本公司产品价格的影响。

八、财务分析

初步估算我们的产品开发第一年需要固定投资 1 000 万元。第二年流动资金贷款 400 万元，用于公司生产和销售工作的启动费用。经营成本 3.9 万元/吨，销售价格（批发）5.9 万元/吨，平均税后利润 1.3 万元/吨。

NPV = 5 302 万元，远远大于 0，经济效果良好。

产品投资回收期短，3 年内即可收回全部投资，银行贷款可在 4 年内全部还清。

不确定性分析表明：当投资增加 87% 以上，或者经营成本增加 102% 以上，或者销售收入降低 47% 以上时，该计划变得不可行。

总体上看，本产品是一个投资少、利润高的产品，并且，我们的发展计划具有相当强的抵抗市场风险能力。

我们相信，在巨大的迅速发展的汽车美容服务用品行业中，我们的产品必将拥有一个光明美好的前景！

第二部分 公　司

一、公司成立于目标

新创公司由三名清华大学研究生组建。面对我国汽车服务用品领域的广阔市场潜力，我们的目标是：用 5 年时间，以生产绿色汽车增光护理剂为核心，将我们公司发展成为国内最大的汽车美容用品生产企业。

二、发展规划

第 1 年：成立公司，建立生产、办公和销售基地，生产设备的安装、调试与生产，初步建立市场营销体系。

第 2~3 年：树立产品形象，打开生产销售渠道；实现生产规模 600 吨/年，初步达到 5% 的市场占有率，为进一步扩大生产、占领生产奠定基础。

第 4~5 年：广泛开拓市场，实现生产规模 1 200 吨/年，利润 1 200 万元/年，力争取得汽车美容汽车增光剂市场 10% 的占有率，并还清各项贷款。

第 6~10 年：保持国内市场占有率 15%，实现利润 1 800 万元/年；进一步开发其他产品，努力使我们的产品打入国际市场。

三、公司现状

组织：目前公司正处于筹备阶段，尚无外来投资者。公司的所有权由三位创始人平均拥有。今后公司将采用有限责任公司的组织形式。

生产：我们绿色汽车增光护理剂的生产技术已经完全成熟，现在已经小规模生产出一批产品，在京城十几家汽车美容店进行了产品试用，效果极佳。

销售：我们已经与一些汽车美容点建立了联系，他们均表示愿意销售我们的产品。

四、发展战略

坚持"以人为本、以诚取信"的经营管理理念。坚持"质量、高性能、低价格"的市场竞争策略。坚持"系列化、多样化、大众化"的产品发展道路。坚持"自主开发、勇于创新"的科研方向。坚持企业文化建设，实现持续发展。

五、关键成功因素

提倡团队精神，积极开拓进取、设计出有效可行的市场营销方案，逐步建立广阔的营销体系。对世界汽车美容护理用品的现状及其发展趋势有深入的研究。有独立的产品开发能力，能够随时根据市场和顾客需要不断设计出新产品。

第三部分 我们的产品

一、产品

1. 产品内容

绿色汽车增光护理剂为无蜡水性乳液产品，它能使汽车、摩托车等机动车表面光亮如新，实现增光护理；并且，它还可以用于皮革、高档家具、乐器、玻璃和经过抛光的大理石等产品的增光护理。

绿色汽车增光护理剂的主要成分是一些高分子材料，易于车漆表面快速地生成高分子保护膜，从而实现增光护理效果。

绿色汽车增光护理剂为瓶式包装，每瓶450mL，可进行7~8次美容护理，同时，我们将提供相应的汽车美容护理工具。

2. 产品功能

汽车在使用过程中，在其表面漆膜会由于自然原因和人为因素不可避免地造成损伤、老化和失去光泽。因此，为维持汽车外观的光亮及延长汽车使用年限，车主就应当定期对汽车进行表面油漆护理。

二、生产

（1）生产技术：绿色汽车增光护理剂的生产采用世界先进的特殊乳化技术，该技术已经完成成型，可直接用于市场生产。

（2）生产成本：绿色汽车增光护理剂的生产成本与市场同类产品相比平均低1/3。

（3）生产设备：绿色汽车增光护理剂的生产设备采用高剪切乳化机，易于操作与管理。

（4）生产原料：绿色汽车增光护理剂的生产原料（具体名称暂略）易于从市场上购买。

（5）生产能力：绿色汽车增光护理剂的生产流程十分简单，一个人生产周期仅需3小时，安装一套设备生产量最多可达2吨/天。

（6）生产条件：根据我们的目标，100平方米生产车间和200平方米库房即可满足800

吨/年的最终生产目标。初期先安装一套生产设备,3年后再安装另一套。

(7)生产人员:绿色汽车增光护理剂对生产人员的要求不高,具有高中以上学历的人员经过一定的培训后均可上岗进行生产。18~20人即可满足我们最终的生产要求。

第四部分 市场分析

一、市场需求

(1)人们对汽车美容的青睐极大地刺激了汽车美容市场的发展。爱美之心,人皆有之。汽车作为现代城市人社会地位的某种象征,其外表当然也就成为车主的"脸面"。20世纪80年代,汽车美容首先在广州、深圳兴起,继而在上海、北京、天津等大城市展开。据统计,仅北京现在就有汽车美容店300多家,而且还不断有新的汽车美容店开业。

(2)全国各大城市汽车保有量迅速增加也极大地刺激了汽车美容市场的发展。《中国汽车报》中的一份调查报告表明:2002年以来,国内家庭购车市场全面启动,购车率逐步上升,增长速度平均达48%。其中:计划单列市达到154%,直辖市达41%,省、地、县城市均为39%。

二、市场细分

1. 按地理位置细分

(1)主要集中在各大城市≈90%。
(2)中小城镇有少量市场≈10%。
(3)农村市场≈0%。

2. 按汽车所有权细分

(1)公用车≈40%。
(2)个人用车≈60%。

3. 按心理和行为细分

(1)追求时尚,追求汽车靓丽的外表≈50%。
(2)追求内在利益,保养汽车≈50%。

三、市场内部结构的吸引力

从经营的角度看,通常有5种力量决定着某个市场长期的内在吸引力。

序号	细分市场内部机构	基本状况	吸引力大小
1	细分市场内的竞争	激烈	一般
2	新参加品牌的威胁	小	大
3	代替品牌的威胁	小	大
4	顾客购买力	高	大
5	提供商供应能力	高	大

结论:汽车美容增光用品市场对我们的产品具有强大的吸引力。根据我们产品的优势,汽车美容增光用品市场对我们而言是一个进入的壁垒高(市场竞争激烈),退出的壁垒低(硬件设施投入少),因此,经营得好则会有高而稳定的收益。

四、目标市场的选择

根据上面的市场需求、市场细分及本产品的特点,我们将选择全国各大城市的汽车美容用品消费市场作为我们的目标市场，并以积极的汽车养护概念、优质的产品和优惠的价格来吸引各方面的消费群体，力争用 5 年时间占领这一市场 20% 的份额。我们的目标市场主要由两部分组成。

1. 汽车美容店

汽车美容店是我们产品的第一个主要客户，近三四年来，汽车美容店遍及了全国各大中城市，各种汽车美容业务基本上都是由汽车美容店来完成的。

2. 汽车护理用品促销店

我们另一个主要客户就是汽车护理用品销售店。随着城市居民生活水平的提高和消费观念的改变，一部分中档收入家庭也纷纷开始购买汽车，现在城市家庭私人汽车占全国汽车总保有量的 6%～8%。他们所购买的汽车大部分为中、低档车，为 5 万～20 万元这一档次的。

对这一部分汽车车主来说，我国汽车美容店的汽车外部美容价格相对过高，一次美容的花费平均要 400 元左右，因此，绝大部分车主更愿意自己动手给汽车美容。毫无疑问，汽车护理用品销售店里质优价廉、简单易用的汽车美容护理用品将是他们的首选。

第五部分　品牌竞争策略

一、行业发展现状

根据我们的市场调查分析，当前我国汽车美容护理业市场具有以下几个特点：

（1）汽车美容业处于刚刚兴起阶段，人们对汽车美容的认识还不够全面，有不少人还只认为汽车美容不过是给汽车一个漂亮的外表而已。

（2）市场上虽有不少外国产品打进来，但现在还没有一个产品取得绝对的市场优势。

（3）现有汽车美容产品的市场占有率：

品牌	3M	99 丽彩	龟博士	多宝	尼尔森	壁丽珠	施硅国宝	其他
占有率/%	15	18	10	8	8	18	8	15

（4）现有品牌绝大多数是含蜡产品。由于含蜡产品存在许多不足，终将被无蜡产品取代。市场运作还很不规范。

（5）约 99% 的汽车美容店达不到相应的专业技术要求。

（6）大量劣质汽车美容产品充斥市场。

（7）汽车美容价格不统一，且普遍偏高。

（8）2010 年后，汽车美容护理用品的市场容量将达 4 000 吨/年以上，市场价值超过 10 亿元。为了更多地占领市场，各商家的"价格战"已经逐步打响。

二、竞争分析

1. 对手的优势和劣势

在汽车美容护理用品领域，我们的竞争对手主要来自国外产品，它们是美国的"3M"和"龟博士"，英国的"多宝""尼尔森"和"莱斯豪"，日本的"99 丽彩"和德国的"施硅国宝"等。由于国外这些厂家的生产和经营历史早，生产工艺和技术也很成熟，其产品质量普遍较高，性能优良，提供的服务也令顾客满意，因而在中国已有相当的市场占有率。

但是，这些国外产品基本上是含蜡产品，实践表明，含蜡产品存在以下缺点：

（1）容易被氧化而黏附空气中的灰尘造成表面永久性污染。

(2) 使用的油性溶剂带来了有机溶剂的挥发而造成环境污染。

(3) 耐候性差,高温、低温下会产生"出汗"和"结晶粒"等不良现象。

(4) 使用时要选择与车漆的性能相符合的蜡产品,否则会使车漆变色。

(5) 价格较高,平均在200元/(450~500)mL以上。

(6) 国内也有竞争对手,如上海的"壁丽珠""999集团"的"车仆"等。这些产品由于价格便宜也占据了一定市场。但是,由于国内还没有相应的汽车美容用品生产技术,这些厂家基本上是与国外厂家合资生产,其生产技术基本上是国外淘汰十几年的技术,因而产品质量和性能还不近人意。除存在上述含蜡产品的问题外,还表现在光泽维持时间短、靓丽程度差等。

2. 我们的竞争优势

(1) 潮流性:绿色汽车增光护理剂是水性乳液产品,代表着汽车美容护理品发展潮流。

(2) 独有性:我们是国内唯一拥有无蜡性乳液汽车美容产品的厂家,并且在国际上也居于领先地位。

(3) 低价格:绿色汽车增光护理剂的生产技术简单,成本低,因此可相应降低市场价格。

(4) 高质量:绿色汽车增光护理剂为化学惰性材料,黏附力强,耐老化和光照辐射,无"出汗"和"结晶粒"等不良现象,尤其是不粉化,从而减少了车体刻痕的机会。同时,它又为化学中性,不损伤车体。

(5) 统一性:我们的产品对所有车漆均可同意使用,这就免除了因选择产品不当而导致车漆损坏的后顾之忧。同时,可适应较大的气候温差,能在中国南北两地一年四季使用。

(6) 易操作:喷涂均可,操作省时,比现有打蜡工艺省时1/2。

(7) 无污染:我们的产品不但在生产过程中无"三废"产生,而且在使用过程中不会污染环境,更不会对人造成身心健康的毒害。

(8) 多功能:我们的产品具有防雾和防火功能,只要往车窗上打上我们的产品,也不用担心火星会损伤车漆。

三、我们的竞争策略

为了能够迅速有效地打开我们产品的市场,并获得长久的发展,我们将以公司的发展战略为核心,从产品形象、市场销售、生产与质量、技术发展等四个方面系统规划品牌竞争策略。

1. 树立鲜明的品牌形象

鲜明的产品形象是创建成功品牌、打开市场的基础。

(1) 针对各大城市报纸阅读率排在第一位的都是地方报的特点,并结合我们将各大城市作为目标市场的战略,通过地方性报纸的宣传将是我们的广告宣传的重点之一。通过汽车类报纸、杂志、画报和广播中交通台节目的广告宣传是我们广告工作的重点之二。针对电视广告效果最佳的特点,我们也将根据时机和资金运作情况,有针对性地选择电视媒体进行广告宣传。根据不同情况考虑制作一些因特网广告和POP广告。

(2) 定期举办以"营养护理"为核心的免费汽车美容知识讲座。定期举办以宣传我们产品优良性能为核心的汽车美容咨询、培训和有奖促销活动。积极参加相关的行业博览会,增强我们产品的市场影响力。

2. 建立广泛的市场营销网络

定期举办以宣传我们产品优良性能为核心的汽车美容咨询、培训和有奖促销活动。积极参加相关的行业博览会,增加我们产品的市场影响力。

归根结底,只有实现一定数量的销售才能是一个成功的商业计划,因此,建立广泛的市场营销网络是我们绿色汽车增光护理剂市场发展计划最最核心的内容。

3. 严格控制生产成本和产品质量

低成本、高质量是我们公司的整体战略之一,同时也将是我们获得竞争优势、赢得市场的重要保障。

(1) 严格控制生产成本。绿色汽车增光护理剂的生产采用的是特殊乳化技术,生产工艺流程简单,生产设备少,生产人员要求也少,因而大大降低了生产成本。我们每吨产品各类成本总和(含现在预期的经营成本)还不足4万元,大大低于同行业的平均生产成本,约6万元/吨。因此,严格控制生产成本必将带给我们巨大的收益。

(2) 严格控制产品质量。"质量是产品的生命",我们将实行全面质量管理,建立并完善相应的质量保证体系,主要包括:建立明确的质量计划和质量目标。建立一个综合的质量管理机构,并将产品质量落实到个人。建立一套灵敏的质量检验和反馈体系,严格质量控制。建立质量管理工作的标准化程序。

4. 持续的技术发展

没有创新的企业是难以保持长期发展的。在我们的发展过程中,我们将注意积极开发新产品,发展多种服务。事实上,在我们选择以汽车增光护理剂为核心的发展道路时,我们已经对企业的长期发展在技术方面做了充分的考虑。

第六部分 风险及对策

一、风险

1. 行业风险

(1) 汽车美容服务业的自身发展的局限。尽管汽车美容服务业近两三年来在中国有很大的发展,但由于在国内刚刚起步,各种设备和技术手段还未完全专业化,加上汽车美容价格偏高,人们的消费观念还未完全跟上,从而影响了汽车美容服务业的发展,进而影响了对汽车美容护理品的需求。

(2) 行业内部竞争。中国是未来汽车消费大国,因而也是汽车美容护理用品的消费大国,国外产品已打入国内市场,形式众多产品分割市场的激烈竞争局面,国内一些相关厂家也纷纷加入竞争行列。

2. 经营风险

(1) 对主要客户的依赖。目前,我们公司的主要客户是汽车美容店,因而,汽车美容店对产品的选择使用将直接影响我们公司产品的销售。

(2) 人们消费观念的影响。目前,有相当一部分人有只认"外国牌"的心态,因此会优先选择国外产品。

(3) 人力成本上升和高素质人才不足。公司为稳定科技人员和吸引外部人才,必将采取一些必要的奖励措施,因此人力成本的投入必然会增加。同时,由于公司属新成立的公司,工作环境、福利待遇在开始会存在一定差距,从而增加了引进高素质人才的难度。

(4) 重要原材料供应风险。若原材料市场出现供不应求，或者原材料价格涨幅过高、过快，而产品价格又不能相应调整时，将影响公司利益。

3. 市场风险

(1) 市场价格波动。由于市场竞争激烈，各厂家会采取打"价格战"的策略来打击竞争对手。因而会引起本公司产品价格的波动，进而影响公司利益。

(2) 产品销售不足。新型产品和新品牌往往在初期不被市场认同。

二、对策

1. 行业风险对策

充分发挥本公司在生产技术、产品质量、管理水平、科研水平方面的优势，加快新产品的研制、开发和生产，扩大生产规模。坚持质优价廉和优质服务方针。发挥系列产品的集约优势，增加产品的竞争力，提高产品市场占有率。

2. 经营风险对策

充分利用各广告媒体，加强公司和产品宣传。强化销售队伍和售后服务，保持与汽车美容店的良好合作关系。快速推进其他汽车系列用品的开发，从而相对减少对汽车美容店的依赖。利用一切优势使本产品成为国内知名品牌，力争将产品打入国际品牌。积极营造良好的工作环境和科技环境，改善福利待遇，吸引更多科技人员和高素质人才来公司工作。

3. 市场风险对策

在加强产品销售的同时，建立一套完善的市场信息反馈体系，制定合理的产品销售价格，增加公司的盈利能力。加快新产品的开发速度，增加市场应变能力，适时调整产品结构，增加适销对路产品的产量。实行创名牌战略，以优质的产品稳定客户，稳定价格，以消除市场波动对本公司产品价格的影响。进一步提高产品质量，降低产品成本，提高产品的综合竞争能力，增强产品适应市场变化的能力。进一步转变观念，拓宽思路，紧跟市场发展方向。

第七部分 财务评估

一、现金流量的估算与经济效果评估

1. 资金需求

初步估算我们的产品开发第一年需要固定资产投资1 000万元，主要用于公司成立、建立生产基地、初步建立销售网络等，详见表固定资产投资及试生产费用估算表。第二年需流动资金贷款400万元，用于公司生产和销售工作的启动费用。初步计划在5年内还清这两项贷款。

固定资产投资及试生产费用估算表

投资项	金额/万元
公司成立	80
建立外地营销网	120
生产及辅助设备费	80
安装施工费	40
厂房、仓库及办公地点	200

续表

投资项	金额/万元
水电等基础设备	60
车辆	60
办公设备	40
试生产费用	100
其他	220
总计	1 000

2. 财务设计简述

根据我们的发展计划（请参见第二部分），我们计划在财务方面实现以下目标。财务计划的计算是以产品平均批发价格 5.94 万元/吨为基础的。

财务设计目标如下：

年份	目标产量/吨	销售收入/万元	税后利润/万元
第 1 年	公司成立		
第 2 年	400	2 376	316
第 3 年	500	2 970	660
第 4 年	600	3 564	1 191
第 5 年	600	3 564	1 191
第 6～10 年	800	4 752	1 560

3. 主要财务报表

以下各表列出了主要财务报表及主要财务项目。

第一年建设期资金使用计划表（万元/月）

项目	1	2	3	4	5	6	7	8	9	10	11	12
1. 特殊项目												
公司成立与注册	29	60										
购置与租赁厂房			50	100	50							
供电、供水等						60						
购置生产设备							0					
生产设备安装								40				
购置机动车辆		30					30					
购置办公设备	10							15				15
建立外地销售网									30	30	30	30
试生产准备									10	20	35	35

续表

项目	1	2	3	4	5	6	7	8	9	10	11	12
人员招聘			3				5					
2. 一般项目												
工资及福利	2	2	4	4	4	5	6	6	6	6	7	7
管理费用	5	5	5	7	7	7	7	10		10	10	10
不可预见费	5	5	5	5	5	5	5	5	5	5	5	5
总计	42	102	67	116	66	107	118	61	61	71	87	102

投产期（第 2~3 年）资金投入（万元/季度）

项目	1	2	3	4	5	6	7	8
1. 生产材料费	87.5	87.5	87.5	87.5	112.5	112.5	112.5	112.5
2. 工资及福利	30	30	30	30	35	35	35	35
3. 生产制造费	35	35	35	35	42.5	42.5	42.5	42.5
4. 管理费	10	10	10	10	10	10	12.5	12.5
5. 销售及广告	350	200	150	150	350	150	150	150
6. 其他	12.5	12.5	12.5	12.5	15	15	15	15
7. 总计	525	375	325	325	565	365	367.5	367.5

借款还本付息表（万元/年）

项目		类别	建设期	投产期		达到设计生产能力期		
			1	2	3	4	5	6
1 借款及还本付息								
	1.1 年初借款累计	长期借款	1 000	1 000	600			
		流动资金		400	400	400		
	1.2 本年借款	长期借款	1 000					
		流动资金		400				
	1.3 本年付息	长期借款		100	60			
		流动资金		32	32	32		
	1.4 本年还本	长期借款		400	600			
		流动资金				400		
2 还款来源								
	2.1 利润			250	500	400		
	2.2 折旧			150	100			

注：长期借款年利率10%，流动资金借款年利率8%。

成本费用表（万元/年）

项目	投产期		达到设计能力生成期						
	2	3	4	5	6	7	8	9	10
1. 材料费	350	450	550	550	750	750	750	750	750
2. 工资及福利费	120	140	200	200	300	300	300	300	300
3. 生产制造费	140	170	220	200	270	270	270	270	270
4. 管理费	40	45	50	50	60	60	60	60	60
5. 营销及广告费	850	800	500	500	800	800	400	400	400
6. 其他费用	50	60	70	70	100	100	100	100	100
7. 折旧	200	200	150	150	100	100	50	50	
8. 利息支出	132	92	32						
9. 总成本	1 882	1 957	1 752	1 720	2 380	2 380	1 930	1 930	1 930
10. 经营成本	1 550	1 665	1 570	1 570	2 280	2 280	1 880	1 880	1 930

损益表（万元/年）

项目	投产期		达到设计能力生产期						
	2	3	4	5	6	7	8	9	10
1. 销售收入	2 376	2 970	3 564	3 564	4 752	4 752	4 752	4 752	4 752
2. 销售税金及附加费	22	27	33	33	43	43	43	43	43
3. 总成本	1 882	1 957	1 752	1 720	2 380	2 380	1 930	1 930	1 930
4. 利润总额（1－2－3）	472	986	1 779	1 779	2 329	2 329	2 779	2 779	2 779
5. 所得税（4×33％）	156	326	588	588	769	769	918	918	918
6. 税后利润（4－5）	316	660	1 191	1 191	1 560	1 560	1 861	1 861	1 861

注：销售收入按产品平均批发价5.94万元/吨计算。

全部投资现金流量表（万元/年）

项目	建设期	投产期		达到设计能力生产期						
	1	2	3	4	5	6	7	8	9	10
1 现金流入										
1.1 产品销售		2 376	2 970	3 564	3 564	4 752	4 752	4 752	4 752	4 752
2 现金流出										
2.1 固定资产投资	1 000									
2.2 流动资金投资		400								
2.3 经营成本		1 550	1 665	1 570	1 570	2 280	2 280	1 880	1 880	1 930

续表

项目	建设期	投产期		达到设计能力生产期					
	1	2	3	4	5	6	7	8	9	10
2.4 销售税金附加		22	27	33	33	43	43	43	43	43
2.5 所得税		156	326	588	588	769	769	918	918	918
3 净现金流	−1 000	404	1 278	1 961	1 961	2 429	2 429	2 829	2 829	2 829
4 累计现金流	−1 000	−596	682	2 643	4 604	7 033	9 462	12 291	15 120	17 949
5 净现金流	−100	249	952	1 373	1 660	1 660	1 991	1 911	1 911	1 911
6 累计现金流	−1 000	−752	200	1 573	2 946	4 606	6 266	8 177	10 088	11 999
7 P/F, 0.12, t	0.8929	0.7972	0.7118	0.6355	0.5674	0.5066	0.4523	0.4039	0.3606	0.3220
8 净现金流现值	−829.9	197.7	677.6	872.5	779.0	841.0	750.8	771.9	689.1	615.3
累计净现金流值	−829.3	−695.2	−17.6	854.9	1 633.9	2 474.9	3 225.7	3 997.6	4 686.7	5 302.0

4. 经济效果分析

NPV = 5 302 万元，远远大于 0，经济效果良好。产品投资回收期短，3 年内即可收回全部投资。银行贷款可在 4 年内全部还清。该产品是一个投资少、利润高的产品。

二、不确定性分析

将产品销售和经营成本按十年平均值计分别为：产品销售 B = 4 036 万元/年、经营成本 C = 1 845 万元/年、投资 K = 1 400 万元。分别考虑投资额。经营成本和产品销售三种因素的变动对 NPV 的影响。

投资额变动的影响：

NPV = −K(1+x) + (B−C) × (P/A, 12%, 10) × (P/F, 12%, 1)

0 = −1 400(1+x) + (4 026 − 1 845) × 5.328 × 0.8929

x = 0.87

计算表明当投资增加 87% 以上时计划变得不可行。

经营成本变动的影响：

NPV = −K + [B − C(1+y)] × (P/A, 12%, 10) × (P/F, 12%, 1)

0 = −1 400 + [4 026 − 1 845(1+y)] × 5.328 × 0.8929

y = 1.02

计算表明当经营成本增加 102% 以上时该计划变得不可行。

销售收入变动的影响：

NPV = −K[B − C(1+y)] × (P/A, 12%, 10) × (P/F, 12%, 1)

0 = −1 400 + [4 026(1+z) − 1 845] × 5.328 × 0.8929

z = −0.47

计算表明当销售收入降低 47% 以上时计划变得不可行。

结论：

通过上面的计算可以看出，该计划具有很高的抗风险能力。

总之，我们的市场分析表明。我们的新科技产品绿色汽车增光护理剂在大城市里有很大的市场，我们与汽车美容店的经营者们的会谈和初步的市场调查已证明了这一预测。我们已经与他们建立了良好的合作关系。我们已小规模生产出该产品，并做了前期试用，得到了一致好评。我们计划一期投资1 000万元，力争在5年内将我们的公司发展为国内最大的汽车美容用品生产企业，达到20%的国内市场占有率。

我们相信，在我们的努力下，我们的公司、我们的产品将有一个光明美好的前景。

学习情境六

创业企业的设立

知识目标

1. 知道并理解新创企业的流程。
2. 知道并理解新创企业的发展战略。
3. 理解成功管理新创企业。

能力目标

1. 掌握新创企业的创办流程。
2. 掌握分析新创企业发展与管理。

导读案例

"中国女大学生创业第一人"的创业故事

李玲玲被称为"中国女大学生创业第一人"。她在17岁时就发明了"高杆喷雾器",获得国家专利。1999年,还在华中科技大学新闻系上大三的李玲玲就已拥有7项专利,发明的防撬锁在第七届中国专利博览会上获金奖,拿到10万元创业风险基金,注册成立了天行健科技开发公司。李玲玲以专利入股,占公司四成股份。

对一个初出茅庐的女大学生来说,创业两个字本身就意味着艰辛。她回忆说:"白天学校的保安不让刷海报,我们总是在半夜12点以后,偷偷跑到学校里面去刷。"

事情并没有按既定轨道运行。不到一年时间,天行健公司就匆匆以倒闭收场。李玲玲回想说,"最大的障碍还是在于人际关系处理不当,大学生创业圈子都有一个与生俱来的缺陷,那就是办事无头绪,人脉资源匮乏,不会处理人际关系。"

从2004年开始,李玲玲开始把精力放在防盗门和装饰装潢上,重新注册"海纳科技"公司。在摸索期,她遇到了很多的难题。"不是难,是非常难,比如说资金的压力、项目的改进、人员管理，包括社会关系这些都碰到过。"

经过几年的摸爬滚打，李玲玲的公司开始走上正轨。由于钢价不断上涨，防盗门成本加大。李玲玲顶住压力，既没有涨价，也没有减料，经久耐用的产品得到客户的认可，订单不断涌来。

公司目前拥有真空转印、防撬多扣边、隐形中控锁等6项专利，应用到生产中的有4个。专利对于公司的发展功不可没——这位靠专利起家的"金点子姑娘"，依旧有着难以割舍的专利情结。李玲玲解释说："拥有自主知识产权，就拥有了竞争力。"

近年来，李玲玲并购了综合网站"汉人网"，经营的防盗门公司从开始的三个人发展到上千人，公司规模不断壮大。

案例分析

创业企业的首要任务是：从无到有，探索可实现的盈利模式，生存下来。创业企业要生存下来，会遭遇很多障碍和问题。要破解创业企业的生存难题，需要创业者确立战略意图，培育核心竞争力，追赶和挑战行业领先企业，最终推动企业的成长和长远发展。

单元一　创办新企业

创业者组建了创业团队，通过市场调研和分析找到了创业机会，制定了创业计划，获得了创业启动资金，就可以开始成立新企业了。从某种意义上说，成立新企业是创业过程中最关键的环节。但是，作为创业者还必须清楚，当你走到这一阶段，创业的真实故事，才刚刚开始。

一、企业组织形式的选择

"我想创业，我注册一家什么样的公司合适？"或者"我想创业，我采取一种什么样的组织形式合适？"这个问题是创业者创业首先会遇到的一个问题。创业过程，就是一个建立组织和组织逐渐成长、壮大的过程。创业第一步，除了资金上的准备、资源上的准备、心理上的准备以外，极为重要的一件事就是针对自身情况，选择一个合适的创业组织形式。每种创业组织形式各有其利弊，选择恰当，便可趋利避害；反之，就可能会为组织将来的发展带来巨大的隐患。

一般来说，企业选择的法律组织形式有个人独资企业、合伙企业和公司企业三种。大学生初创企业多属于小微企业。如果是想自己独立创办企业，那么可以选择的是个人独资企业、个体工商户等形式；需要与他人合作设立企业的话，可以成立合伙企业或有限责任公司。不同形态的企业有不同的成立要件、出资额、承担责任形式等，表2-6对四种小微型企业作了一个比较。

表 2-6 小微企业法律形态特征比较

法律形态特征比较	个体工商户	个人独资企业	合伙企业	有限责任公司
法律依据	《个体工商户条例》	《个人独资企业法》	《合伙企业法》	《公司法》
企业性质	非法人、非企业	非法人企业	非法人企业	法人企业
投资人数	一个自然人或家庭	一个自然人	2人以上	2~50人
注册资本	无注册资本限制	无注册资本限制	无注册资本限制，协议约定	最低3万，因经营内容不同而有不同下限
出资形式	无限制	无限制	普通合伙企业无限制，有限合伙企业中有限合伙人不可以以劳务出资	货币、实物、知识产权和土地使用权等均可出资，但是劳务、商誉等不可作为出资
投资主体	自然人或家庭	自然人	国有公司、国有企业、上市公司、公益性事业单位、社会团体不得为合伙人	2~50个自然人或法人
经营主体	个人或家庭	投资者	合伙人共同经营	股东不一定参与经营
成立条件	有相应的经营资金和经营场所即可	自然人；有合法企业名称；出资额；有固定的生产经营条件；有必要的从业人员	有两个以上合伙人，依法承担无限连带责任；有书面合伙协议；有合伙人实际缴付出资；有企业名称；有经营场地和必要的生存经营条件	股东符合法定人数；出资额达到法定最低额；制定公司章程；有公司名称与符合有限责任公司的组织结构；有固定的生产经营场所和条件
税收	定额，不缴纳企业所得税	定额，不缴纳企业所得税	缴纳个人所得税，不缴纳企业所得税	双税制，缴纳企业所得税和个人所得税
利润分配	归个人或家庭	对个人	合伙人按照合伙协议分配	股东按出资比例分配

二、企业登记注册

创业企业从事经营活动，必须到工商行政管理部门办理登记手续，领取营业执照。如从事特定行业的经营活动，还需事先取得相关主管部门的批准文件。办理企业注册登记手续一般包括以下十一个步骤：

（1）预先核准企业名称。申办人提供法人和股东的身份证复印件；申办人提供公司名称，写明经营范围，出资比例；由各行政区工商局统一提交到市工商行政管理局查名，由市工商行政管理局进行综合审定和注册核准，并向合格者发放盖有市工商行政管理局名称登记专用章的《企业名称预先核准通知书》。

（2）提供证件。新注册公司申办人提供一个法人代表和全体股东的身份证各一份；相关行政机关如有新规定，由相关部门和申办人按照国家规定相互配合完成。

（3）前置和后置审批。经营范围中有需特种许可经营项目，不同行业及相应管理部门规定不同，有的要前置审批，有的后置审批。

（4）验资。按照《公司法》规定，企业投资者需按照各自的出资比例，提供相关注册资金的证明，通过审计部门进行审计并出具验资报告。

（5）申领营业执照。工商行政管理局对企业提交材料进行审查，确定符合企业登记申请后，经工商局核定，即发放工商企业营业执照，并公告企业成立。

（6）备案刻章。在企业办理工商注册登记过程中，需要使用图章，要求通过公安部门刻章，如公章、财务章、法人章、全体股东章、公司名称章等。

（7）办理组织机构代码证。公司必须申办组织机构代码证。企业提出申请，通过审定，由中华人民共和国国家质量监督检验检疫总局签章。

（8）办理税务登记。办理税务登记应提供的材料有：营业执照副本及复印件，组织机构代码证书及复印件，银行开户许可证复印件，法人代表（负责人）或业主、财务负责人身份证明，经营场所租房协议复印件，所租房屋的房产证复印件，固定电话，通信地址等。

（9）开设企业基本账户。基本账户是指存款人办理日常转账结算和现金收付而开立的银行结算账户，企业经营活动的日常资金收付以及工资、奖金和现金的支取均可通过该账户办理。存款人只能在银行开立一个基本存款账户，开立基本存款账户是开立其他银行结算账户的前提。企业开立的基本账户的名称应按照营业执照上的单位名称设置，具体可在企业属地任一家具有对公业务的银行金融网点开立基本存款账户。如需将验资存款账户直接转为基本存款账户，企业应提供开户证明、企业的营业执照正本原件及复印件、组织机构代码证正本原件及复印件、法人代表身份证原件及复印件、国地税的税务登记证原件及复印件、印鉴卡、开立单位银行结算账户的申请书等相关资料。

（10）进行社会保险登记。社会保险登记是社会保险费征缴的前提和基础，也是整个社会保险制度得以建立的基础。县级以上劳动保障行政部门的社会保险经办机构主管社会保险登记。缴费单位申请办理社会保险登记时，应填报《社会保险登记表》，并出示相应的证件和材料。

（11）进行商标注册。商标注册，是指商标使用人将其使用的商标依照法律规定的条件和程序，向国家商标主管机关（国家工商行政管理总局商标局）提出注册申请，经国家商标主管机关依法审查，准予注册登记的法律事实。商标通常由文字、图形、英文、数字的组合构成。商标注册的一般程序是：商标查询（2天内）→申请文件准备（3天内）→提交申请（2天内）→缴纳商标注册费→商标形式审查（1个月）→下发商标受理通知书→商标实质审查（12个月）→商标公告（3个月）→颁发商标证书。

三、企业地址选择

企业需要有经营场所，企业的选址与未来经营发展有很大关系。对于创业者来说，尤其是以门店为主的商业或服务型企业，店面的选择往往是创业成功的关键。好的选址等于创业成功的一半。

1. 企业选址的主要影响因素

经营地点的选择是创业者在创业初期面临的一大难题，影响选址的因素也很多，其中值得注意的因素主要有市场因素、商圈因素、政策因素、价格因素、交通因素等。

(1) 市场因素。可从顾客和竞争对手两个角度考虑。从顾客角度看，要考虑经营地点是否接近顾客，周围的顾客是否有足够的购买力。对于零售业和服务业，店铺的客流量和客流的购买力决定着企业的业务量。从竞争对手角度看，经营地点的选择有两种不同的思路：一是选择同行聚集的地方，同行扎堆有利于聚集和提升人气，比如当下的服饰一条街、建材市场、家电市场、小商品市场等；另一种思路则是"别人淘金我卖水"，别人都蜂拥到某地去淘金，成功者固然腰缠万贯，失败者也要维持生存。

(2) 商圈因素。选址时需要对特定商圈进行分析，如车站附近是往来旅客集中的地区，适合经营餐饮、食品、生活用品；商业区是居民购物、聊天、休闲的理想场所，除了适宜开设大型综合商场外，特色鲜明的专卖店也很有市场；影剧院、公园名胜附近，适合经营餐饮、食品、娱乐、生活用品等；在居民区，凡能给家庭生活提供独特服务的生意，都能获得较好发展；在市郊地段，不妨考虑向驾车者提供生活、休息、娱乐和维修车辆等服务。

(3) 政策因素。政策因素指的是经营业务最好能得到当地社区和政府的支持，至少不能与当地的政策相违背。对于创业者来说，尤其要做好实地考察，详细了解当地政府的政策情况。

(4) 价格因素。创业者在购买商铺或租赁商铺时，要充分考虑价格因素，包括资金、业务性质、创业成功或失败后的安排、物业市场的供求情况、利率趋势等，以免作出错误决定，对企业的经营造成不良影响。

(5) 交通因素。便利的交通不仅对生产型、制造型企业很重要，对于服务型、零售型、批发型企业也至关重要。

企业选址案例

"星巴克"（Starbucks）是美国一家连锁咖啡公司，成立于1971年，是全球最大的咖啡连锁店。星巴克看好中国市场的巨大潜力，立志于在中国长期发展，与中国经济共同成长。自1998年进入中国以来，星巴克已在包括中国香港、中国澳门和中国台湾在内的大中华区开设了近2 000家门店，其中约1 500家在中国大陆地区。

支撑星巴克这份雄心的是一张明晰的开店选址图。星巴克选址首先考虑的是诸如商场、办公楼、高档住宅区等汇集人气、聚集人流的地方。此外，对星巴克的市场布局有帮助，或有巨大发展潜力的地点，星巴克也会把它纳入自己的版图，即使在开店初期的经营状况不很理想。星巴克对开店的选址一直采取发展的眼光并从整体规划考量。

选址的流程分为两个阶段：第一阶段，当地的星巴克公司根据各地区的特色选择店铺。这些选择主要是来自三个方面：公司的搜寻，中介介绍，另外还有各大房产公司在建商业楼的同时，也会考虑主动引进星巴克来营造环境。第二阶段是总部的审核。星巴克有独立的扩展部负责选址事宜，包括店面的选择、调查、设计等一系列工作。星巴克的中国公司将店面资料送至亚太区总部评估,总部会提供衡量店面的标准。

案例来源：赢商网

2. 企业选址的基本步骤

(1) 挑地方：确定人潮及流量。首先，必须清楚人们要往哪里去，而不只是在哪里，如早餐店要在上班族会走过的地方开。可以花点时间，在目标地区计算上午、下午、晚上各时段的人潮，统计进入附近店铺的人数，看看经过的人当中，上班族、学生、家庭主妇的比例，而且至少要在平日和周末各算一次，以确切了解人潮的分布状况。除了人们往哪里去，还要考虑人们得花多久才会到达你的店面。愈便宜的产品，顾客愈不愿花时间；只有当购买高单价商品，顾客才会忍受较长的交通时间。

(2) 找地点：调查周围环境。有了预选的地点，第二步就要考察其周围环境。这时要从两种角度来观察：一是商人的角度：什么迹象显示该地点可以创造业绩？二是从顾客的角度：你会不会到该地点逛街？黄金地段也有冷门的角落，次级商圈也有热门的据点，找地点最忌讳只看到别人成功，就想在隔壁复制一家店，除非你有把握实施差异化发展策略。此外，要留意坐落在对角或不远处的竞争对手是否会抢走你的生意？你是否能在顾客行动路线上，抢先一步拦截顾客？要随时注意对手的位置，寻找足以抗衡的地点。

(3) 看店面：建筑等于活广告。看店面，要先远看，再近看，想象你的店面在这个空间里的感觉，一旦店名放在招牌上，会很显眼吗？开车经过的人看得到吗？行人能从人行道上就注意到吗？好的店面就像活广告，不只是让人方便找到你，也能向路上经过此地的潜在客户展示自己。此外，建筑设计也是一个重点，这个地点适合你经营的行业吗？吸引人吗？即使在外观设计上相似的购物街，质量方面也可能相差悬殊。大楼的质量是否跟你的产品一样好？记住，一定要从品牌打造的角度来思考建筑物。

(4) 选邻居：好邻居让你少奋斗。顾客会认为，彼此相邻的店面，其商品质量也相当类似，所以与类似品牌坐落在同一地点十分重要。在大百货公司旁开服饰店，在高级超市旁开饮食店，被大品牌所吸引的顾客，也会被你所吸引。另外，如果能碰到一些像水果店或干洗店之类的优质邻居更好，因为这些店面都有着"多次到访"的机会，人们把衣服送去洗，隔几天必定会再回来拿；超市、健身房等也是这种可以利用的人潮回流。若能沾到它们的光，那对经营绝对是大大加分。

四、新企业的孵化与成长

根据生命周期理论，企业注册成立后，一般遵循创立初期、发展期、成熟期、衰退期四个阶段的顺序发展。人们通常把处于创立初期和发展期的企业界定为新企业，在这两个阶段，新企业能否生存和健康成长至关重要，这既关系到创业的成败，又关系到企业今后能否持续发展。

1. 新企业成长的特殊性

(1) 新企业具有高成长性和高风险性。新企业区别于成熟企业的重要特点就是成熟企业已经进入常规发展阶段，不再具有高成长性；而新企业则处于超常规发展阶段，极具成长潜力。新企业通常经营机制灵活，同时在产品、技术或业务的某些方面具有一定的独特性和领先性，对区域市场和细分行业的竞争能够保持良好适应和应对，因而成长性较好。但与高成长性相对应的是，新企业的成长具有很大的不确定性和高风险性。由于技术环境的变化、商业模式的变革、竞争对手的打压、内部管理的瓶颈等，新企业的业绩波动也高于成熟企业，呈现出"易变""不稳定""高死亡率""充满风险"等特点。

（2）新企业管理是以生存为首要目标的"生存管理"。新企业在创立初期的首要任务是在市场竞争中生存下来，让消费者认识和接受自己的产品或服务。在这个阶段，生存是第一位的，一切都要围绕生存而运作，应避免一切危及生存的做法。要尽快找到客户，把自己产品或服务卖出去，掘到第一桶金，只有这样新企业才能在市场中找到立足点，才有了生存的基础。"别再跟我谈对新产品的构想，告诉我你能推销出去多少现有的产品"是这一时期的典型独白。重要的不是在于想什么，而在于做什么，一切以结果为导向。企业里的大多数人，甚至包括创业者在内，都要设法销售产品，这就是所谓的"行动起来"。

（3）新企业管理具有较强的灵活性和创新性。活力是创新之源，是企业快速发展的核心动力。与大企业相比，新企业的突出优势就在于高层管理者更贴近客户，更容易感受到市场发生的变化，能够比大企业作出更迅速的反应，能够用小企业的反应速度来抗击大企业的规模经济。如果新企业机制灵活，那么就会以目标为导向，淡化分工，强化协作，老板与员工形成一体，这时公司的反应速度很快，非常灵活，充满活力。与此同时，新企业管理通常也需要有较强的创新性。因为新企业会面临许多新问题，这些问题很多是管理者以前没有遇到过的，在书本和前人的经验中也找不到答案，只有敢于创新、善于创新，才能有效地解决这些问题。

2. 新企业成长的驱动因素

当企业度过了以生存为主要特征的初创期后，就进入了以快速成长为主要特征的发展期，也叫成长期。对于进入发展期的企业，其成长性并不相同，有的企业成长较快，有的企业成长较慢，甚至不少企业会遇挫夭折。但一般而言，随着产品或服务逐步被市场认可，销售收入不断增加，企业规模不断扩张，成功穿越初创期"死亡陷阱"的新企业会表现出强烈的成长动力。归纳起来，新企业成长的主要驱动力量可以概括为企业家的成长欲望、市场扩张、组织资源的增加以及创新与变革等四个方面。

（1）企业家的成长欲望。企业家的成长欲望是新企业实现快速成长的最关键因素。具有企业家精神的创业者成长欲望强烈，工作充满热情，拥有勇于向环境挑战、识别并开发商业机会的能力。正是这些能力使得他能够把经济资源从生产率较低的领域转移到生产率较高的领域。具有企业家精神的创业者往往目光远大，在产品投入市场并赢得一定利润后，不会以达到个人满意的生活水平和享受利润所带来的好处为目标，而是将利润进行再投资，期望将自己的企业塑造为一个可以向行业内的标杆看齐的高速成长企业，期望在市场上创造一个为消费者所认同的著名品牌。创业者的企业家精神和成长欲望给新企业的成长注入最根本的驱动力，使其在实现企业目标时更加坚决、乐观并持之以恒，这不仅极大地激发了员工的工作热情，而且使其他企业认为不可能实现的事情在其企业里得以实现。

（2）市场扩张。如果新企业的产品或服务具有较好的市场竞争力，良好的市场反馈会使创业者确信自己的事业是有生命力的，会极大地强化创业者的企业家精神。在区域市场取得初步成功后，创业者有很大的动力去加快市场扩张，从而推动新企业的快速成长。这里指的市场扩张包括两个方面：一是指在现有的区域市场，由于更多的消费者接受新企业的产品或服务，导致本地市场的扩张；二是指创业者采取批发、代理、特许经营、建立直营分支机构、直销、电子商务等形成，将新产品或服务分销到更广阔的市场区域，进行异地扩张。

（3）组织资源的增加。在一定程度上，企业成长欲望的实现取决于其所控制和能够利用的组织资源。这里，组织资源被广义地定义为人力资源、财务资源、无形资产、厂房设备、技术能力、销售网络、组织结构、管理能力等。度过初创期后，新企业拥有的组织资源不论在数量上，还是质量上都会有明显的增加，而且创业者对资源的获取、整合和利用能力也有明显的提升。这就为新企业下一步的成长奠定了必要基础。例如，在财务资源方面，企业累计的利润和现金流，能够在一定程度上支持成长所需的资金；银行可能看好企业的发展前景，愿意提供一定额度的商业贷款；具有高成长欲望的创业者可能愿意通过出售部分股权的方式筹集更多的发展资金。又如，随着创业团队对企业的经营活动越来越熟悉，管理能力不断提高，其可以在不降低现有工作质量的前提下，节约出管理资源以支持企业成长。

（4）创新与变革。新企业的成长具有明显的创业特征，需要持之以恒的创新精神。创业者擅长识别和追求机会的能力使新企业具有创新的优势，创新使企业能够赢得快速成长的机会。与此同时，新企业在成长过程中会面临各种挫折和挑战，具有企业家精神的创业者会不惧挑战，审时度势，大胆变革，并以此为契机将企业推向一个新的发展阶段。哈佛大学教授拉里·格雷纳认为，企业成长的每个阶段都由前期演进和后期的危机与变革部分组成，这些危机与变革加速了企业向下一个阶段跃进。企业成长的每一个阶段都有其独特的管理方式，推动现阶段成长的动力往往会成为下一阶段进一步成长的障碍。因此，能否通过变革与创新突破这种障碍是企业能否进入下一个成长阶段的关键。

单元二　制定企业战略

企业战略是决定企业发展成败的关键性因素。企业能否实现良好发展，关键就在于企业的战略选择是否科学，是否合理，如果企业战略选择失误，那么企业的整个发展就必然会满盘皆输。

一、企业战略的含义与作用

1. 企业战略是什么
企业战略是指企业根据环境的变化、自身的资源和实力，为谋求生存和不断发展，选择适合的经营领域和产品，确立长远目标并对实现目标的轨迹作出的总体性、长远性、指导性谋划。随着经济全球化进程的加快和随之而来的国际竞争的加剧，对企业战略的要求愈来愈高，企业要通过战略谋划和具体实施，形成自己的核心竞争力，并通过差异化策略在竞争中取胜。

2. 企业战略的作用
企业战略是决定企业生存与发展的一个极其关键的因素，其作用主要表现在以下四个方面：

（1）可以保证企业有计划地实现其战略目标。企业战略是企业对自己的发展方向、途径、范围、实施步骤、阶段目标等进行的科学规划。每个企业都应根据外部环境的变化和企业的特点，提出具有自己特色的战略规划，并按规划所规定的时间、进度和要求，按期实现阶段目标，促进企业的发展。

（2）可以促使企业经营决策科学化、制度化、系统化。决策贯穿于企业生产经营的全过程，是企业领导的基本职能，是现代管理的核心。企业通过战略制定、执行、评价和控制，有利于保障企业经营决策科学化、制度化、系统化，使企业更好地适应内、外部环境的变化。

（3）可以有效地利用资源，实现系统的最优化目标。企业战略要充分研究企业的内部条件和外部环境，在对企业所拥有的各种经营资源进行有效配置的同时，亦要对外部环境资源进行有效利用。根据系统分析的原理，运用定性与定量的方法，构造企业总体目标的优化模型，通过多方案比较论证，最后决定企业的最优化模型，以谋求企业的长远发展和系统的最优化目标。

（4）可以增强企业的市场竞争能力。企业战略以战略观念为指导，在市场经济中集中表现为质量观念、效果观念、竞争观念和开拓创新观念。企业战略管理通过信息反馈系统，可以及时地把握市场信息，通过企业外部环境的判断和内部条件的分析，及时调整经营对策，修订经营目标，改变竞争手段，提高应变能力，保持企业对环境的动态适应性和相对稳定性，使企业立足当前，求胜长远。

企业战略案例

如家酒店集团创立于 2002 年，是国内商务酒店品牌中规模最大的品牌，在全国 300 多个城市拥有近 2 000 家酒店。2014 年，如家酒店以 4.2 亿美元的品牌价值入选中国品牌 100 强，居酒店行业之首。如家的快速崛起与其踏准每个战略节拍密不可分。在如家连锁酒店 CEO 孙坚看来，如家的战略思维和发展经历了布种、布局和布道三部曲。

一部曲：布种。首先，确定商业模式，并加以系统实践。如家确立了以快捷、服务标准化和价格适中为特点的商业模式，并采取以自营与特许加盟方式并举的轻资产型连锁经营模式。其次，让团队职业化，运作系统化。树立清晰的目标，搭建起可以复制的有效的、系统性的组织架构，以此建立明确、公正、公开的评估和考核系统，通过制度、标准、流程来强化管理效率，培养综合竞争力。

二部曲：布局。首先，发展布局。2005 年开始，如家实施了全国布局战略，布局策略采取了点、线、面相结合的方法，同时集中兵力进行围城布局。其次，融资布局。2006 年 10 月，如家在美国纳斯达克上市，融资超过 1 亿美元。再次，渠道下沉布局。上市后，从 2007 年开始，如家提出了向二三线城市进军的下沉式发展战略。最后，特许经营布局。2008 年，如家又提出特许经营发展战略。特许经营发展战略不仅让如家跑得更快，还可以跑得更远。

三部曲：布道。如家的布道包含四个层面：一是标准化理念。标准化已成为如家的组织信仰之一。二是服务理念。如家让大家相信服务是人与人相处的方式。三是关爱理念。如家酒店设有员工宿舍、员工餐厅、员工活动室，成立爱心基金等。四是快乐理念。如家的快乐理念包括：尊重、诚信、真实、归属感等。

在这十几年中，如家从布种、布局到布道，一路走来，一路壮大起来。

案例来源：研修班网

二、企业战略管理过程

企业战略管理过程包括战略分析、战略制定、战略实施与战略控制四个环节，是全过程管理。企业战略管理过程的四个环节是相互联系、循环反复、不断完善的过程，是一种往复性的动态管理过程。

（1）战略分析。战略分析是指对影响企业现在和未来生存和发展的一些关键因素进行分析，这是战略管理的第一步。战略分析主要包括企业外部环境分析、内部环境分析和战略目标的设定三个方面。

（2）战略制定。战略分析为战略制定提供了坚实的基础。战略制定主要包括制定公司战略、竞争战略、职能战略以及选择战略方案。其中需要解决的两个基本问题是：一是企业的经营范围或战略经营领域，即规定企业从事生产经营活动的行业，明确企业的性质和所从事的事业，确定企业以什么样的产品或服务来满足哪一类顾客的需求；二是企业在某一特定经营领域的竞争优势，即要确定企业提供的产品或服务，要在什么基础上取得超过竞争对手的优势。

（3）战略实施。企业战略方案一经选定，管理者的工作重心就要转移到战略实施上来。战略实施是贯彻执行既定战略规划所必需的各项活动的总称。如果精心选择的战略不付诸实施，或不认真地组织实施，则以前的努力将付诸东流；反之，不但可以保证好的战略取得成功，而且还可以克服原定战略的某些不足，使之趋于完善，获得成功。一般来说，可在三个方面来推进一个战略的实施：一是制定职能策略，如生产策略、研究与开发策略、市场营销策略、财务策略等。在这些职能策略中要能够体现出策略推出步骤、采取的措施、项目以及大体的时间安排等。二是对企业的组织机构进行构建，以使企业的架构能够适应所采取的战略，为战略实施提供一个有利的环境。三是要使领导者的素质及能力与所执行的战略相匹配，即挑选合适的企业高层管理者来贯彻既定的战略方案。

（4）战略控制。战略控制过程是指将战略的执行结果与既定的战略目标进行对比，发现偏差，分析原因，采取措施加以克服的整个过程。战略控制首先要确定评价标准，然后衡量实际工作效果，通过比较目标和实际成果，分析原因，纠正偏差。战略执行中产生的实际结果和预期目标有明显差距时要对战略方案进行修改。

三、企业战略的 SWOT 分析法

SWOT 分析法是指企业在战略制定和战略实施之前，对企业所处的外部环境的机会（Opportunities）、威胁（Threats）所造成的影响，以及企业内部资源的优势（Strengths）、劣势（Weaknesses）状况，按矩阵形式排列起来，然后运用系统分析的思想，把各种因素相互匹配起来加以分析，从中得出一系列相应的结论或对策。SWOT 分析法包括以下几个主要步骤：

1. 分析环境因素

运用各种调查研究方法，分析企业所处的各种内部和外部环境因素：

（1）外部环境因素包括机会因素和威胁因素，它们是外部环境对企业的发展直接有影响的有利和不利因素，一般归属为经济、政治、文化、人口、产品和服务、技术、市场、竞争等不同范畴。机会因素具体包括新产品、新市场、新需求、外部市场壁垒解除、竞争对手失误等；威胁因素具体包括新的竞争对手、替代产品增多、市场紧缩、行业政策变化、经济衰退、客户偏好改变、突发事件等。

（2）内部环境因素包括优势因素和劣势因素，它们是企业在其发展中自身存在的积极和消极因素，一般归类为组织、经营、财务、营销、人力资源等不同范畴。优势因素具体包括有利的竞争态势、充足的财政来源、良好的企业形象、先进的技术力量、规模经济、产品质量、市场份额、成本优势、广告攻势等；劣势因素具体包括设备老化、管理混乱、缺少关键技术、研究开发落后、资金短缺、经营不善、产品积压、竞争力差等。

2. 构造SWOT矩阵

将调查得出的各种因素根据轻重缓急或影响程度等排序方式，构造SWOT矩阵。在此过程中，将那些对企业发展有直接的、重要的、大量的、迫切的、久远的影响因素优先排列出来，而将那些间接的、次要的、少许的、不急的、短暂的影响因素排列在后面。

3. 制订行动计划

在完成环境因素分析和SWOT矩阵的构造后，便可以制订出相应的行动计划。其基本思路是：发挥优势因素，克服弱点因素，利用机会因素，化解威胁因素；考虑过去，立足当前，着眼未来。运用系统的综合分析方法，将排列与考虑的各种环境因素相互匹配起来加以组合，得出一系列企业未来发展的可选择对策。

SWOT分析可以作为企业选择和制定战略的一种方法，它利用优势、劣势、机会和威胁的相互组合，提供了优势—机会战略（SO）、劣势—机会战略（WO）、优势—威胁战略（ST）、劣势—威胁战略（WT），见表2-7。

表2-7 企业战略管理的SWOT分析模型

优势/劣势 机会/威胁	优势（S）	劣势（W）
机会（O）	SO战略（增长性战略——依靠内部优势，利用外部机会）	WO战略（扭转性战略——利用外部机会，克服内部劣势）
威胁（T）	ST战略（多种经营战略——依靠内部优势，回避外部威胁）	WT战略（防御性战略——减少内部劣势，回避外部威胁）

（1）优势—机会战略。优势—机会战略是依靠内部优势去抓住外部机会的战略，属于增长型战略。如一个资源雄厚（内在优势）的企业发现某一外部市场未曾饱和（外在机会），那么它就应该采取优势—机会战略，去开拓这一外部市场。

（2）劣势—机会战略。劣势—机会战略是利用外部机会来改进内部弱点的战略，属于扭转型战略。如一个面对计算机服务需求增长的企业（外在机会）却十分缺乏技术专家

（内在劣势），那么它就应该采用劣势—机会战略，培养技术专家，或购入一个高科技的计算机公司。

（3）优势—威胁战略。优势—威胁战略是利用企业的优势，去避免或减轻外部威胁的打击，是多种经营战略。如一个企业的销售渠道（内在优势）很多，但是由于各种限制又不允许它经营其他商品（外在威胁），那么就应该采取优势—威胁战略，走集中型、多样化的道路。

（4）劣势—威胁战略。劣势—威胁战略是直接减少内部弱点和避免外部威胁的战略，是防御型战略。如一个商品质量差（内在劣势）、供应渠道不可靠（外在威胁）的企业应该采取劣势—威胁战略，强化企业管理，提高产品质量，稳定供应渠道，或走联合、合并之路以谋求生存和发展。

SWOT方法的基本点，就是企业战略的制定必须使其内部能力（优势和劣势）与外部环境（机会和威胁）相适应，以获取经营的成功。SWOT方法的优点体现在考虑问题全面上，它是一种系统思维，而且可以把对问题的"诊断"和"开处方"紧密结合在一起，条理清楚，便于检验。

四、企业决策的制定步骤

企业决策的制定，是直接关系到企业生存发展的一项活动，有时一个很小的决策失误，就可能会给企业带来很大的损失，一个大的失误就可能直接导致企业失败。企业决策的制定，是任何一家希望实现稳定发展，能够持久存续的企业都不得不高度关注的工作，其制定步骤主要包括以下六个方面：

1. 准确分析外部环境

（1）认清外部环境发生的变化。商业环境时常处于剧烈变化之中，而环境变化会对企业经营产生重要影响。要认清宏观的变化、行业的变革、竞争条件的变化、消费者需求的变化，从而有利于企业发展。

（2）洞察变化带来的影响。行业变化是必然的，要分清行业变化带来的主要影响、次要影响；对企业带来的直接影响、间接影响，并把这些影响系统分析，清晰洞察，制定对策，加以应对。

（3）分清企业的机会和威胁。外界环境带来的变化无非是机遇和威胁，机遇是要抓住的，威胁是要避免的，分清这些并及时应对会使企业发展得更快更好。

2. 科学盘整内部资源和能力

（1）内部资源系统盘整。对企业的人力资源、物质资源、财务资源、生产资源、网络资源等方面进行系统盘整，明晰现有资源状况，为战略制定执行打下资源基础。

（2）企业能力盘整。对企业生产能力、营销能力、盈利能力、财务收益能力、发展能力、营运能力等进行系统评估，对各部分的关键要素进行评分，明晰企业的竞争优势所在，并构建自己的核心竞争力。

（3）分清企业的优势、劣势。要分清企业的优势、劣势，并制定相应的改善应对之策，以此来确定各资源能力对企业战略规划的支持，为下一步的企业战略规划做准备。

3. 企业发展战略制定

（1）企业总体战略要和商业环境紧密结合。商业环境和竞争状况将会很大程度上影响到企业战略规划的制定和执行,未来的商业发展趋势也会影响到企业的战略制定。

(2) 企业战略规划要考虑到区域局势。企业所处的区域、核心市场所在地、生产基地所在地及周边,都是企业经营的重要区域,而这些区域的局势很大程度上也影响着企业发展,影响着企业的战略规划制定。

(3) 企业资源和能力与战略规划的匹配度是重要的参照值。企业战略规划会有很多种,战略假设也可以做很多种,但企业的资源和能力是有限的,战略选择的价值就在于从假设中选出正确的路径并贯彻执行。

4. 企业竞争战略制定

(1) 企业竞争战略可以按业务单元进行制定,确定其具体要求操作策略,对各业务层面作出加大投入、维持现状、清算出局等不同的抉择。

(2) 企业竞争战略具有区域差异性,可分区域制定不同竞争战略,对核心区域、重点区域竞争战略进行重点关注,差异化操作以实现利润最大化。

5. 企业业务战略制定

(1) 公司发展战略是公司业务战略制定的基调。业务战略制定须以公司发展战略规划为前提和基调。

(2) 竞争战略是业务战略制定的方向。竞争战略已经制定了企业的竞争方式、竞争路径,业务规划就是竞争战略的具体体现,业务的增长、维持、淘汰等操作如何推进都来源于竞争战略的制定。

(3) 业务战略侧重于业务层面的结构优化、发展提升。对业务进行系统的盘点,关于业务的销售比重、毛利比重、地区构成、物流配比、生产支持状况等进行系统化分析,依据竞争战略进行相关操作。

6. 企业职能战略制定

(1) 对市场部门给予界定,明确市场操作方略。

(2) 对销售部门给予界定,明确销售部门的产品研发战略、产品包装战略、品牌管理方略、渠道建设方略、客户管理方略等重要环节,聚焦资源、强化产出是企业发展必由之路。

(3) 保障体系要健全。营销部门是核心,人力保障、组织建设、财务支持、物流安排等方面一样很重要,要给予明确规定,也是对企业主要价值部门的有力支持。

单元三 管理企业员工

企业如何正确地管理员工,使其最大限度地为企业创造财富,是企业领导人必须重视的问题。随着经济全球化和市场竞争的加剧,人才的竞争日益成为企业竞争的关键。而企业对员工的正确管理,不仅会让企业留住人才,更能激发企业员工内在潜能,使其为企业创造更多财富。

一、企业组织结构

1. 企业组织结构是什么

任何企业组织都有一定的内部结构。企业组织结构就是指企业组织内部各级各类职务职位的权责范围、联系方式和分工协作关系的整体框架，是企业组织能够保持有效地运行，完成经营管理任务的体制基础。企业组织的不同结构形式，以及企业组织结构是否与企业组织本身特征相适应，在一定程度上决定了企业组织的素质水平和组织管理能力。

2. 企业组织结构的特征

（1）复杂性。复杂性是指企业组织分化的程度。各种企业组织由于规模大小不一，企业组织内部劳动分工的细致程度有差异，导致横向与纵向的管理幅度与层次关系各不相同。一个企业组织越是进行细致的劳动分工，就越具有较多的纵向等级层次；企业组织单位的地理分布越广泛，则协调人员及其活动就越困难。

（2）正规化。正规化是指企业组织内部的人员行为规范化的程度。一个组织为实现共同目标，就需要制定各种规则和程序来引导员工行为，指示员工可以做什么、不可以做什么。一个企业组织建立的各种规章条例越多越完善，它的组织结构就越正规。一般来讲，随着企业组织规模的扩大，所需的规章条例会增多，但需要明确的是规范性与组织的规模没有必然的联系。

（3）集权化。集权化是指决策制定权力在管理层中分散与集中的程度。每个企业组织都会形成自己特有的职位和职务结构，这必然产生职权、授权与分权的问题。而决策制定权力的分布状况，决定了企业组织的集权程度。事实上，为了能够迅速适应复杂的环境，组织规模越大，越需要分权。

3. 企业组织结构的设置

一个良好的企业组织结构应该满足三个方面的要求：一是要体现组织战略的要求，有利于企业组织战略的实施；二是有利于企业组织业务流程的顺利进行；三是有利于管理者对企业组织的管理和控制。企业组织结构设置程序要在战略指导下以职能设置和流程分析为基础，其基本步骤包括以下六点：

（1）确定基本思路。根据企业组织内外部环境条件和企业组织战略目标，确定企业组织结构设置的基本思路，如是集权还是分权、管理层次与管理幅度的设置、采取哪种企业组织结构形式等。

（2）职能分析和岗位设计。根据企业组织自身的任务和目标确定需要设置的各项管理职能及其结构，并把它们层层分解为各项具体的管理业务和工作，形成具体岗位，明确各岗位所拥有的职责权限和任职资格。

（3）部门划分。根据一定的标准把工作岗位组合在一起形成部门。

（4）设计组织框架。确定企业组织结构框架，设计各个管理层次、部门、岗位及其责任、权力。

（5）管理规范设计。主要包括设置管理规章制度、工作程序、管理工作标准和岗位职责。管理规范保证了各个层次、部门和岗位按照统一的要求和标准行动和进行配合。

（6）反馈和修正。在企业组织运行过程中，加强跟踪控制，适时修正，使其不断完善。

企业组织结构设置的目的是形成企业组织目标所需要的正式组织体系。企业组织结构设置的成果表现为企业组织结构图、职位说明书和企业组织手册等。

企业组织结构案例

微软公司是世界上最具盈利能力的软件公司，其创建者比尔·盖茨也成为世界上最富有的人之一。微软公司的成功与其采用的小组和团队组织方式紧密相关。

在微软公司，程序员以五或六人的小组方式工作，由不同的小组负责相应的软件应用，多个小组往往在一个项目经理负责的大型项目的不同方面工作。例如，在开发 Windows 98 操作系统时，共有 300 多人以小组的形式共同参与。产品小组的运用使员工能把他们所拥有的技能和资源协调起来，推动小组成员间的深度互动，而这种互动又往往容易产生突破，从而有助于公司迅速开发出新产品。此外，小组成员还能够相互学习和了解对方的行动。

在组织层次上，比尔·盖茨尽可能减少组织层次，以使他和小组之间的距离保持最近。同时，公司围绕着这些小组来设计组织结构，并且把职权分散到各个小组，授权各小组进行一些重要决策，扩大其自主性和自由度，以使其保持创造性并敢于冒风险。

案例来源：豆丁网

二、企业员工的招聘

企业员工的招聘按照其来源渠道，可以分为内部招聘与外部招聘两种方式。内部招聘就是从组织内部招聘员工，将当前的员工作为空缺职位的候选者。外部招聘是指从组织外部招聘、甄选和聘用人员。

1. 内部招聘

（1）内部招聘的形式。内部招聘主要有员工晋升、平级调动、工作轮换和招回原有员工等形式：①员工晋升，也叫内部晋升，是指将组织内部的职工调配到较高的职位上。②平级调动，是指内部员工在同级水平职务间的调动，是较常见的内部招聘方式。③工作轮换，是指派员工在不同阶段从事不同工作。④招回原有员工，是指将那些暂时离开工作岗位的人员招回到原有工作岗位。

（2）内部招聘的优缺点。

优点主要有：①有利于调动员工的工作积极性。员工不论是晋升、平级调动还是工作轮换，都会由于拓展了自己的工作范围而使员工感到组织的安全感，调动员工的工作积极性。②有利于保证选聘工作的正确性。企业对这些员工比较了解，能较正确地评价他们胜任新职务的能力和资格。③有利于被选聘者迅速开展工作。内部应聘者熟悉企业的管理方式、政策和组织文化，因而上岗后更易适应新岗位。

缺点主要有：①失去通过外部招聘获得更合适、更优秀人才的机会。②提升的数量有限，容易挫伤未被提升人员的积极性，而且还可能影响企业的内部团结。③可能会导致企业内部"近亲繁殖"现象发生，同时也可能会引起同时参加竞聘同事之间的矛盾。

2. 外部招聘

有时组织内部不一定有合格的人选，尤其是在组织快速发展，需要大量专业和高水平人员时，内部人员在数量和质量上都不能满足招聘的要求，此时，就需要从企业外部招聘。

（1）外部招聘的形式。主要包括：①内部人员介绍推荐。内部人员介绍推荐是指企业内部人员推荐和介绍职位申请人到企业中来。它实际上是内部员工以口头方式传播招聘信息，将企业外部人员引进企业适当的岗位。现在很多企业鼓励内部人员介绍推荐这种方式，并给予相应的奖励。②劳务中介机构。劳务中介机构是那些专门向企业提供人力资源的机构。劳务中介机构的形式有临时劳务市场、固定劳动介绍机构、人才交流中心等。利用劳务中介机构获取所需人员，可以以较低的费用快速地找到所需的人员，是企业从外部获取员工的重要途径。③招聘广告。招聘广告是指利用网络、报纸、杂志、电视等媒体发布招聘信息。其中，在人才招聘网站或者企业主页上发布招聘岗位信息，招募合适的人前来应聘是目前企业外部招聘常用的方式。④猎头公司。猎头公司是指专门为企业招聘有经验的专业人士和管理人员的机构。猎头公司区别于其他职业中介机构的特点是，它一般只为企业搜寻中高级管理人员。企业招聘到中意的人选后，必须向猎头公司支付昂贵的费用。⑤教育机构。这是企业从外部获取人力资源，尤其是新生人力资源的主要来源。通常毕业生缺乏实践经验，因而使用前往往需要岗前培训，但能给企业带来活力。

（2）外部招聘的优缺点。

优点主要有：①新员工的加入，能够为组织输送新鲜血液，给组织带来新观念、新思想、新技术和新方法。②外来者与组织成员间无裙带关系，因而能较客观地评价组织工作，洞察存在的问题，同时有利于平息并缓和内部竞争者之间的紧张关系。③使用较灵活。企业可根据组织活动情况与外聘者签订短期或临时的工作合同。④外部招聘是一种有效的与外部信息交流的方式，企业可以借此树立良好的企业形象。

缺点主要有：①挫伤内部员工的工作积极性。因为组织内部有胜任能力的员工未被选用，会使他感到不公平，容易产生与外聘的员工不合作的情绪。②外聘者需要较长时间来适应组织环境和工作，可能会出现"水土不服"的现象。③由于信息不对称，往往造成筛选难度大，无法清楚了解其真实能力，容易被外聘者的表面现象所蒙蔽。④管理职务上的外聘者可能照搬老经验来管理企业，而忽视了调整自身来适应企业，容易导致管理上的冲突。

三、企业员工的培训

员工培训是指企业为开展业务及培育人才的需要，采用各种方式对员工进行有目的有计划的培养和训练的管理活动，其目的是使员工不断地更新知识，拓展技能，改进员工的动机、态度和行为，使员工适应新的要求，更好地胜任现职工作或担负更高级别的职务，从而促进企业效率的提高和企业目标的实现。

1. 员工培训的内容

员工培训的内容与形式必须与企业的战略目标、员工的职位特点相适应，同时应考虑适应内、外部经营环境的变化。

（1）知识的学习。知识学习是员工培训的主要方面。员工应通过培训掌握完成本职工作所需要的基本知识，企业应根据经营发展战略要求和技术变化的预测，以及将来对人力资源的数量、质量、结构的要求与需要，有计划有组织地培训员工，使员工了解企业的发展战略、经营方针、经营状况、规章制度、文化基础、市场及竞争等。

（2）技能的提高。技能是指为满足工作需要必备的能力，而技巧是要通过不断的练习才能得到的,熟能生巧。企业高层干部必须具备的技能是战略目标的制定与实施、领导力方面的训练;企业中层干部的管理技能是目标管理、时间管理、有效沟通、计划实施、团队合作、品质管理、营销管理等,也就是执行力的训练;基层员工是按计划、按流程、按标准等操作实施,完成任务必备能力的训练。

(3)态度的转变。态度是影响员工能力与工作绩效的重要因素。员工的态度与培训效果是直接相关的。管理者重视员工态度的转变会使培训成功的可能性大大增加。管理者根据员工的不同特点,找到适合每个人的最有效的影响与控制方式,规范员工的行为,促进员工态度的转变。

2. 员工培训的方法

(1)工作指导法。工作指导法是指由一位有经验的技术能手或直接主管人员在工作岗位上对受训者进行培训。所谓工作指导培训,主要是指列出每一项工作的基本任务清单、完成任务的工作步骤以及每一步骤所对应的关键点,从而对员工进行培训。工作指导培训常用于基层生产工人或者是技术类的工作,一般在员工刚走上工作岗位时使用。这种方法一定要有详细完整的教学计划。培训者的任务是教给受训者如何做,提出如何做好的建议,并对受训者进行鼓励。

(2)讲授法。讲授法属于传统的培训方法,指通过语言表达,系统地向受训者传授知识,期望这些受训者能记住其中的重要观念与特定知识。在企业培训中,经常开设的专题讲座就是采用讲授法进行的培训,适用于向群体受训者介绍或传授某一个单一课题的内容。这种方法要求培训者对课题有深刻的研究,并对受训者的知识、兴趣及经历有所了解。讲授法的重要技巧是要保留适当的时间进行培训者与受训者之间的沟通,用问答形式获取受训者对讲授内容的反馈。

(3)讨论法。对某一专题进行深入探讨的培训方法,其目的是解决某些复杂的问题,或通过讨论的形式使众多受训者就某个主题进行沟通,谋求观念看法的一致。采用讨论法培训,必须由一名或数名受训者担任讨论会的主持人,对讨论会的全过程实施策划与控制。在讨论过程中,要求培训者具有良好的应变、临场发挥与控制的才能。在结束阶段,培训者的口头表达与归纳总结能力同样也是至关重要的。讨论法比较适于管理层人员的训练或用于解决某些具有一定难度的管理问题。

(4)企业内部的在线培训法。这是一种新型的培训方法,主要是指企业通过内部网,将文字、图片及影音文件等培训资料放在网上,通过网络对员工进行培训。这种方法由于具有信息量大,新知识、新观念传递优势明显,更适合成人学习。因此,企业内部的在线培训法也将成为一个必然趋势。

(5)工作轮换法。工作轮换法是一种在职培训的方法,指让受训者在预定的时期内变换工作岗位,使其获得不同岗位的工作经验,一般主要用于新进员工。现在很多企业采用工作轮换则是为培养新进入企业的年轻管理人员或有管理潜力的储备管理人员。工作轮换法要考虑培训对象的个人能力以及个人的兴趣、态度和职业偏爱,从而选择合适的工作。

四、企业员工的绩效考评

绩效考评是指考评主体对照工作目标或绩效标准,采用科学的考评方法,评定员工工作任务完成情况、工作职责履行程度和员工发展情况,并且将上述结果反馈给员工的活动过程。

1. 员工绩效考评的作用

（1）绩效评估是人员聘用的依据。通过科学的评估体系，对员工的工作、学习、成长、效率、培训、发展等进行全方位的定量和定性的评估，可以为员工聘用决定提供重要依据。

（2）绩效评估是员工职务调整的重要依据。通过绩效考核，可以评估员工对现任工作的胜任程度及其发展潜力，进而对其职务进行调整，包括晋升、调岗、降职、辞退等。

（3）绩效评估是确定劳动报酬的依据。根据岗位工作说明书的要求，对应制订的薪酬制度要求，按岗位取得薪酬，而岗位目标的实现是依靠绩效评估来实现的。

（4）绩效评估是人员激励的手段。通过工作绩效评估，把员工聘用、职务升降、培训发展、劳动薪酬相结合，使得企业激励机制得到充分运用，有利于企业的健康发展；同时，对员工本人，也能够建立不断自我激励的心理模式。

2. 员工绩效考评的内容

（1）业绩考评。业绩考评是指对员工在一段时间内的实际工作成果进行的考评。其基本方法就是根据一定期间内计划完成工作任务目标来衡量员工实际完成的工作任务成果，考察目标任务的达成度。每次评估的结果都反映了当期被考评者完成工作任务的程度以及对组织的贡献度。业绩考评所采用的评估指标主要包括完成工作的任务量大小、完成工作的质量情况、相关职责的完成情况以及在工作中的改进和创新情况等。

（2）工作态度考评。工作态度考评主要反映出员工对待工作的相关态度，包括工作积极性、工作热情、工作自觉性、工作责任感以及对待组织和相关工作人员的态度等。对于工作态度的评估，由于缺乏量化的指标来准确地反映，因此在采用各种主观评定的方法时，应注意观察结果的认真分析和其他信息来源的可靠性和准确性。

（3）能力考评。能力考评中员工工作能力可以划分为三个方面，即基础能力、业务能力和素质能力。其中基础能力和业务能力是工作绩效评估中能力评价的范畴，而素质评价则需要通过智力测试、体能测试以及心理测试等方法取得参考结果，通过适应性考察来评价。

（4）性格考评。性格考评主要反映员工对胜任工作的性格特质。不同人的性格对他的行为倾向性有一定的影响，换句话说，不同性格的人在同一岗位上的行为表现有可能是不一样的。个人的性格只有与岗位所要求的职业特质相符合才有可能表现出高的工作热情和绩效。

3. 员工绩效考评的方法

员工绩效考评的方法有很多种，常用的方法主要包括以下四种：

（1）平衡计分卡（BSC）。平衡计分卡主要从四个方面对企业的绩效进行考核：顾客、内部运作、财务、学习与发展。这四个纬度是互相支撑的。从顾客角度来看，它关注的目标是解决"客户如何看待我们？"和"要达到我们的财务目标，我们必须满足怎样的客户需求？"；从内部运作角度来看，它关注的目标是解决"我们的优势是什么？"和"要使我们的股东和顾客满意，我们必须在哪些业务流程和内部运作上超越他人？"；从财务角度来看，它关注的目标是解决"股东如何看待我们？"和"企业的运作达到什么样的标准才能使我们的股东满意？"；从成长与学习角度来看，它关注的目标是解决"我们如何提高自己的能力？"和"为了实现财务目标和客户需求，内部运作需要我们应具什么样的技能和知识？"

所以，平衡计分卡的核心思想是通过四个指标之间相互驱动的因果关系展现组织的战略轨迹，实现绩效考核—绩效改进—战略实施—战略修正的目标。

（2）关键绩效指标法（KPI）。关键绩效指标法是衡量企业战略实施效果的关键指标，其目的是将企业战略转化为内部过程和活动，以不断增强企业的核心竞争力。建立 KPI 指标的要点在于流程性、计划性和系统性。一是依据部门承担的责任建立 KPI 体系的方式，主要强调部门从本身承担责任的角度，对企业的目标进行分解，进而形成评价指标。这种方式的优势是突出了部门的参与，但可能导致战略稀释的现象发生，指标可能更多是对部门管理责任的体现，而忽略了对流程责任的体现。二是依据职类职种工作性质建立 KPI 体系。各专业职种按照组织制定的每一项目标，提出专业的响应措施。但是，这种设置指标的方式增加了部门的管理难度，有可能出现忽视部门管理责任的现象。而且依据职类职种工作性质建立 KPI 体系更多的是结果性指标，缺乏驱动性指标对过程的描述。

（3）目标管理法（MBO）。目标管理法强调管理者应该通过目标对下级进行管理，当组织最高层管理者确定了组织目标后，必须对其进行有效分解，转变成每个部门以及每个人的分目标，管理者根据分目标的完成情况对下级进行考核、评价和奖惩。MBO 导向的绩效管理通过对实现企业目标的关键性指标的选择，将考评过程与管理过程相统一，在对关键环节实施管理和控制的基础上，利用绩效管理机制充分调动员工的积极性和创造力，激发组织的经营活力，从而实现组织内管理和经营的统一。计划、指导、考评和激励是目标管理导向的绩效管理的彼此紧密联系的四个阶段，不断地激励员工在实现企业目标的方向上努力，促进个人能力的成长，并使过程中的管理更多地成为促进目标实现的手段，而不仅仅是控制手段。

（4）360 度反馈法。360 度反馈法也叫全方位绩效考评法，是由被考评人的上级、同级、下级、本人或考评专家担任考评者，从各个角度对被考评者进行全方位评价的一种绩效考核方法。考评的内容涉及被考评人的管理绩效、专业绩效、业务绩效、工作态度和能力等方面，考评结束后，人力资源部门通过预先制定的反馈程序，将整理出的考评结果反馈给本人，从而达到改变行为，提高被考评人工作绩效的目的。360 度反馈法可以从多个角度来反映被考评人的绩效，因而考评过程更加透明，考评结果更加客观、全面、公正和可靠。正因为 360 度反馈法具有全员参与管理、信息收集对称、能分散管理者日常管理压力等这些特点，很快成为我国企业重要的绩效考核办法之一。

企业员工绩效考评案例

安利公司在人力资源管理方面近年来总走在其他公司的前面，亚洲"最佳雇主"、广州市"员工信得过企业"、国内 HR（人力资源）"最青睐的雇主"等荣誉接踵而至。

安利（中国）公司员工队伍的和谐稳定、保持活力是很多企业所少有的。特别是对于工作氛围和内部沟通的满意度，公司领导层自评的结果和对员工们调查得出的结果更是前所未有地一致。值得关注的应当是安利先进的绩效考评制度，由此产生的

> 人才忠诚度使安利的全球化市场战略的宏伟目标得以实现，成为《财富》"世界500强"排行榜里长盛不衰的公司之一。安利（中国）公司人力资源总监饶俊认为，如果企业文化和组织动力是一家企业前进的最重要因素的话，完善的绩效考评就是杠杆。饶俊介绍，安利在绩效考评方面没有什么秘密，就是让员工充分参与、广泛做主。安利（中国）公司的绩效考评机制是建立在突出员工间的伙伴关系的企业文化和明晰的才能要素上的。
>
> 案例来源：劳动法宝网

五、企业员工的薪酬福利

员工薪酬有广义与狭义之分。广义薪酬是指员工为企业工作所获得的所有回报，包括有形的和无形的、货币的和非货币的；狭义薪酬是广义薪酬的一部分，即有形的货币性报酬，包括基本工资、绩效工资、奖金、股权、红利、津贴和福利等。

（1）基本工资也称基本薪酬，是指企业按照一定的时间周期，根据员工所承担或完成的工作本身或者是员工所具备的完成工作的技能或能力而向员工支付的稳定性报酬。一般情况下，组织确定基本工资的依据是员工所承担工作的重要性、复杂性、难度或者该工作对企业的价值，即采用岗位工资制。另外，组织也可能以员工所拥有的完成工作的技能或能力的高低为基础来确定基本工资，即采用能力工资制。

（2）绩效工资是根据员工的年度绩效评价的结果而确定的对基础工资的增加部分，是对员工的优良工作绩效的一种奖励。绩效工资通常与组织的绩效管理制度紧密联系，承认令企业满意的员工工作行为或业绩，作为基本工资以外的增加。绩效工资往往根据员工作业绩的变化进行调整。

（3）奖金也称可变薪酬，是薪酬中根据员工的工作绩效进行浮动工资的部分，具有针对性和不稳定性。与工资不同，它的支付不以职务说明为基础，而是以阶段性绩效考核为基础。通常，奖金可分为短期和长期两种，短期奖金建立在非常具体的绩效目标基础上，长期奖金用于激励员工实现跨年度或多年度的绩效目标。

（4）福利是一种补充性的员工报酬，是工资和奖金之外的附加性劳动报酬。企业中的福利有多种类型，有些属于法定福利，有些属于自愿福利。法定福利是指由政府统一管理的福利项目，目的在于维护员工的基本权益。在我国，《中华人民共和国社会保险法》规定企业法定福利项目有养老保险、医疗保险、失业保险、工伤保险、生育保险和住房公积金，俗称"五险一金"。自愿福利是企业为了提高竞争力、吸引人才自行确定的福利项目。在我国，比较常用的有补充养老金、工作午餐、住房津贴、交通补助等。

第三篇　大学生的创业与成长

学习情境一

创业者

知识目标
1. 知道并理解创业成功的标准。
2. 知道并理解创业者应具备的基本素质。
3. 理解成功创业者的行为特征。

能力目标
1. 掌握创业者应具备的基本素养。
2. 掌握分析评价创业成功的标准。

单元一 创业成功的标准与评价

一、创业成功的标准

成功意味着什么？成功时发生的事和一定要拥有的东西、成功的时间、成功的范围、成功与健康、成功与家庭、被承认的社会地位和方式、想拥有的权势和社会的地位、能使自己满意的金钱数等，这些都是每个创业者思绪经常会触及的。

创业者需要具备的十项能力

（一）界定成功标准

1. 什么是成功标准

成功需要标准。对于创业者而言，成功标准就是在对创业目标的审视和评估的基础上，对自己创业目标实现程度的认可描述。成功标准和创业目标一道构成"职业愿景"。

成功可能是某个标志性的事件，比如自己的企业成功上市；也可能是一个数字性的目标，比如自己的企业年销售额达到某个水平；还可能是某种奖励，比如作为一个学者获得领域内至高无上的奖项。在创业过程中，由于每个人的价值观念是不同的，因而每个人的成功标准都不尽相同。同时由于所处的阶段不同，并非所有人对自己的成功都有清晰的标准可以衡量。但是作为一个有志于创业的人来说，有意识并客观地界定自己的成功标准是十分重要的。

2. 成功标准的特征

（1）个性化：成功标准反映的是个人的价值观，因而具有个性化的特点。

（2）激励性：成功标准和创业目标一道构成的"职业愿景"，能使人产生强大的驱动力，从而促进个人素质的提高和潜能的发挥。

（3）评价的差异性：创业成功与否，个人、家庭、企业、社会判定的标准都存在一定的差异。如果能在这四类评价体系中得到平衡，其成功标准无疑是十分完善的。

（4）物质和精神的双重性：对于大多数人来说，成功不仅意味着金钱的满足、工作环境的融洽、社会地位的提高、战胜自我超越自我的成就感等，精神层面的成功同样具有重要的意义。

导读案例

泰豪人的创业成功标准

泰豪科技股份有限公司是一个成长迅速的高科技企业，董事长黄代放为企业员工明确了核心价值观，即"承担责任实现"：个人的成功在于承担责任的实现；人生的价值在于不断地承担责任。

在泰豪的企业文化中，创业文化极为浓厚，以下这段名为"我的信条"的话在企业的各个场合不断地被重复："我不会选择去做一个平庸的人，我有权成为一个不寻常的人，我寻找机会，但不寻找刺激；我不希望在他人的照顾下碌碌无为，那将被人轻视而使我感到痛苦不堪。我要做有意义的冒险，我要梦想，我要创造，我要失败，我也要成功。我宁愿向生活挑战，而不愿过有保障的乞求的生活；宁愿要达到目的时的激动，而不愿要乌托邦式的毫无生气的平静。我寻求公平的竞争，以求对社会环境有所贡献。我轻视能劳而不劳以及不劳而获。我不会用我的自由去与袒护作交易；也不会用我的尊严去与施舍做买卖；我决不会在任何一位大师的面前发抖，也不会为任何恐吓所屈服。我的天性是挺胸自立，坦诚而无所畏惧。我勇敢地面对这个世界，自豪地说：'在大家的帮助下，我已经尽到一个人应该去尽的职责。'"

对于泰豪的创业者们而言，这段话就是他们共同的成功标准。

（二）确定成功标准

确定成功标准可以根据创业者的类型、"职业锚"和职业个性，结合各自的职业生涯目标，从不同的角度进行。

1. 根据不同的创业者类型确定成功标准

在前文曾提到，创业者可分为自主创业者、从属创业者和内部创业者三种类型。由于他们所承担的任务不同，所以其成功标准也是不一样的（见表3-1）。

表 3-1　不同类型创业者的成功标准

类型	定义	任务	成功标准
自主创业者	企业的创始人或事业的发起者	策划实施企业的组建；进行运行管理；企业的重大决策	企业成功组建后获得盈利，产生预期中的经济效益和社会效益；个人才能得以充分发挥，潜能得以充分发掘；投资得到最大化回报、社会地位提高、精神需求得到满足
从属创业者	自主创业者的合伙人或主要帮手	协助创建者进行企业的管理；提供决策参谋；分担企业领导人的职责	企业成功运行；个人对企业的发展贡献得到充分肯定，精神和物质得到最大化回报
内部创业者	在组织内部进行创新活动，实现创业	完成本职工作；进行工作创新、技术创新或新产品开发等创新活动	创新活动取得收益、获得成功；在组织及行业领域内得到肯定；个人精神与物质需求得以满足

2. 根据"职业锚"确定成功标准

"职业锚"是美国学者施恩提出的。所谓"职业锚"就是指当一个人不得不做出选择的时候，无论如何都不会放弃的职业中的那种至关重要的东西或价值观，实际上就是人们选择和发展自己的职业时所围绕的中心。一个人对自己的天资和能力、动机和需要以及态度和价值观有了清楚的了解之后，就会意识到自己的"职业锚"到底是什么。

"职业锚"是早期个人和工作情境之间相互作用的产物，只有经过若干年的实际工作才能被发现，"职业锚"的核心内容由三部分内容组成：

（1）自身的才干和能力，以各种作业环境中的实际成功为基础；

（2）自身的动机和需要，以实际情境中的自我测试和自我诊断的机会以及他人的反馈为基础；

（3）自身的态度和价值观，以自我与外部环境的准则和价值观之间的实际遭遇为基础。

"职业锚"与创业成功的标准密切相关。一个人只有在明确自己的"职业锚"，了解自己的志趣之后才能明晰自己创业成功的标准和内涵。表 3-2 显示了不同"职业锚"可能的成功标准。

表 3-2　不同"职业锚"的成功标准

"职业锚"类型	行为特征	成功标准
技术/功能能力型	①强调实际技术、功能等业务工作。②拒绝一般管理工作，但愿意在其技术、功能领域管理他人。③追求在技术、功能能力区的成长和技能不断提高。	其成功更多地取决于该领域专家的肯定和认可，以及承担该能力区日益增多的富有挑战性的工作

续表

"职业锚"类型	行为特征	成功标准
管理能力型	①追求承担一般管理性工作,且责任越大越好。倾心于全面管理,掌握更大权力,肩负更大责任。 ②具有强有力的升迁动机和价值观,以提升、等级和收入作为衡量成功的标准。 ③具有分析能力、人际沟通能力和情感能力的强强组合。 ④对组织有很大的依赖性	表现出成为管理人员的强烈动机,"他们的职业经历使得他们相信自己具备被提升到那些一般管理性职位上去所需要的各种必要能力以及相关的价值倾向",必须承担较高责任的管理职位是这些人的最终目标
安全稳定型	①追求安全、稳定的职业前途。 ②注重情感的安全稳定。觉得在一个熟悉环境中维持一种稳定的、有保障的职业对他们来说是非常重要的。 ③对组织具有较强的依赖性。 ④没有太大的抱负。个人职业生涯的开发与发展往往会受到限制	重视长期的职业稳定性和工作保障性,愿意选择能够提供有保障的工作、体面的收入、可靠的未来生活的职业
自主独立型	①希望随心所欲安排自己的工作方式、工作习惯、时间进度和生活方式,追求能施展个人职业能力的工作环境,最大限度地摆脱组织的限制和约束。 ②追求在工作中享有自身的自由,有较强的职业认同感,认为工作成果与自己的努力紧密相连	希望摆脱那种政府机关、大型企业和事业单位依赖别人的境况。不愿意受别人的摆布,有强烈的技术或自我实现的功能导向。他们追求的这种职业导向往往是在自己独立的工作或参与合伙创办一个实业中实现的
创造型	①有强烈的创造需求和欲望。 ②意志坚定,勇于冒险。 ③能力结构的多元性	希望建立或创设某种完全属于自己的东西:一件署着自己名字的产品或工艺、一家自己的公司或一批反映自我成就的个人财富等

如果决定做一项工作,什么时候觉得好处不大了就马上放弃,这说明还没有找到自己的"职业锚"。一旦找到职业锚,就会愿意为自己所做的事情承担风险、献出时间和精力,失去名誉、地位、金钱、甚至健康也决不放弃!因此,"职业锚"的确定即意味着赖以谋生的职业将转化为自己的事业。从这个角度来讲,任何一个成功的创业者都是找到了自己"职业锚"的人。

3. 根据职业个性确定成功标准

不同的个性特征和职业特性,往往会产生不同的成功标准:

（1）进取型:持这类成功标准的人通常被认为是"野心勃勃",他们在一个组织中,其目标就是全力以赴,达到组织权力结构的最高点,成为组织的"一把手",甚至过程中即使有所牺牲也在所不惜。并且通常会比其他类型显示出更强的进行自主创业的愿望。

（2）安全型:这类人追求在职业生涯中获得认可、得到尊敬,即使不能成为一个组织的领导人,只要工作氛围"安全"、被领导和同事视为"圈内人",他们就会觉得满足。

（3）自由型:这类人在工作过程中不愿意被控制,不愿意被各种死板的条例套住,希望在工作中充分施展自己的聪明才智,得到自由发挥的空间。因此他们特别在意组织的工作氛围、组织文化以及工作方式。

(4)攀登型:喜欢刺激和冒险是这类人的共同特点,他们的成就感来自挑战自我、挑战工作,因此他们往往会厌倦单一不变的工作内容和环境,总是追求职业经历的多样化。

(5)平衡型:在工作、家庭关系和自我发展之间取得平衡对于他们而言是非常有意义。为了工作牺牲其他是不能接受的,因此这类人可能会因为其他原因失去职业生涯更大的成功,但是他们却不认为这是失败。对于他们而言,工作只是人生的一个部分,而不是全部。

需要指出的是,这五种类型都有产生成功创业者的可能,而并非只局限在进取型或攀登型中。

二、创业成功的评价

当创业目标和创业成功标准确定后,创业成功的评价便成为可能而且是必要的环节,它将有助于创业调整职业生涯的节奏和策略。

1. 创业成功的评价原则
进行创业成功与否的评价须体现个性化和利益一致性原则。

1)个性化原则

日本学者田崎仁经过研究后发现每个人的职业价值观是不同的,它在基本理念方面影响和决定着人们的职业选择的方向,决定着人们的工作态度与劳动绩效水平,从而影响人的职业生涯发展情况。他把人的职业价值观分为以下九种类型:

(1)独立经营型。独立经营类型的人不愿受别人指挥,凭自己的能力拥有自己的工作和生活领地,如个体工商户、私人开业医生、私人律师等。

(2)经济型。经济类型的人认为"钱可通神",金钱就是一切。他们认为人与人之间的关系是金钱关系,连父母与子女之间的爱也带有金钱的烙印。

(3)支配型。也称独断专行型。这种类型的人想当组织的领导,无视他人的想法,以能够"支配他人"为心理满足。

(4)自尊型。自尊类型的人受尊敬的欲望很强,渴望能有社会地位和名誉,希望常常受到众人尊敬。这种人在欲望得不到满足时,由于过于强烈的自我意识,有时反而很自卑。

(5)自我实现型。自我实现类型的人对世俗的观点、利益等并不关心,一心一意想发挥个性,追求真理,不考虑收入、地位及他人对自己的看法,尽力挖掘自己的潜力,施展自己的本领,并视此为有意义的生活。

(6)志愿型。志愿类型的人富于同情心,把别人的痛苦视为自己的痛苦,在帮助别人的过程中获得个人心理的满足与快乐。他们不愿意干表面上哗众取宠的事。

(7)家庭中心型。家庭中心类型的人过着十分平凡但又安定的生活,他们重视家庭,为人踏实,生活态度保守,不敢冒险,对待职业生涯也很慎重。

(8)才能型。才能型的人单纯活泼,重视个人才能的表现与被承认。他们把深受周围人的欢迎看作是乐趣,能以不凡的谈吐、新颖的服装博得众人好感,并常把气氛搞活跃。

(9)自由型。自由型的人开始工作时无目的、无计划,但能调整行为以适应职业环境;他们常被周围人认为无责任感,但能承担有限的责任;不麻烦他人,无拘无束,生活随便。

从理论上说，这些不同的职业价值观背后都有可能产生成功的创业者。但是，不同的价值观却一定会产生不同的成功标准。比如志愿型的人认为终己一生为社会做出自己最大的贡献就是成功，哪怕清贫一生，但这种结果对于经济型的人而言是不可接受的。因此，进行创业成功与否的评价必须体现个性化的原则。

2）利益一致原则

对创业成功进行评价时应该遵循一个全面评价、利益一致的原则。自我、亲友、组织以及社会乃至于历史的评价是否一致？我国古代曾有一种不正确的成功观念，所谓"不流芳百世，也要遗臭万年"，西方也有枪杀名人政要以搏"名垂青史"的例子。这些令人不齿的言行就是违背了成功需要体现利益一致的原则。表3-3反映了各类评价者对创业成功标准进行评价的内容和标准。

表3-3 创业成功标准的综合评价体系

评价方式	评价者	评价内容	评价标准
自我评价	本人	自己的才能是否充分施展、需求是否得到满足 是否对自己在企业发展、社会进步中的贡献满意 是否对自己职称、职务、工资待遇的变化满意 是否对处理职业生涯发展与其他人生活动关系的结果满意	根据个人的价值观及个人知识、能力水平
亲友评价	家庭成员、朋友等	是否能够理解 是否给予支持和帮助	根据家庭文化、交际圈层次、氛围
组织评价	同事、组织管理体系	是否有下级、平级同事的赞赏 是否有上级（受雇者）的肯定和表扬 是否有职称、职务的提升或职务责、权、利范围的扩大 是否有行业内相关人士的肯定	根据组织管理体系、组织文化及总体运营水平
社会评价	社会舆论、社会组织	是否有社会舆论的支持和好评 是否有社会组织的承认和奖励	根据社会文明程度、发展阶段
历史评价	历史	是否符合、顺应时代发展、进步规律	根据历史唯物主义的观点

2. 怎样进行创业成功的评价

进行创业成功的评价往往可以通过定性和定量两种方法进行。定量方法较为简单，只要将现实情况与根据事先制定的目标指标进行对比即可。下面主要介绍结合职业生涯周期进行的分阶段评价法和成效评价法两种定性分析方法。

1）分阶段进行评价

国内外的学者们对职业生涯周期的分类有许多种，我们介绍美国学者施恩的观点。他将职业生涯划分为8个阶段（见表3-4）。根据人的生命周期的特点及不同年龄阶段所面临的问题和职业工作主要任务，对自己进行客观地评价是十分必要的。

表 3-4　职业生涯周期表

阶段	年龄段	主要任务
成长、幻想、探索阶段	0~21 岁	（1）发展和发现自己的需要和兴趣，发展和发现自己的能力和才干，为进行实际的职业选择打好基础。 （2）学习职业方面的知识，寻找现实的角色模式，获取丰富信息，发展和发现自己的价值观、动机和抱负，做出合理的受教育决策，将幼年的职业幻想变为可操作的现实。 （3）接受教育和培训，开发工作世界中所需要的基本习惯和技能。在这一阶段所充当的角色是学生、职业工作的候选人、申请者
进入工作世界（应聘者、新学员）	16~25 岁	（1）进入劳动力市场，谋取可能成为一种职业基础的第一项工作。 （2）学会如何寻找、评估和申请一种职业，并做好现实有效的第一项工作的决策和选择。 （3）个人和雇主之间达成正式可行的契约，个人成为一个组织或一种职业的成员
基础培训（实习生、新手）	16~25 岁	（1）了解、熟悉组织，接受组织文化，融入工作群体。 （2）尽快取得组织成员资格，成为一名有效的成员。 （3）适应日常的操作程序，应付工作并承担相应职责
早期职业的正式成员资格	17~30 岁	（1）承担责任，成功的履行与第一次工作分配有关的任务。 （2）发展和展示自己的技能和专长，为提升或进入其他领域的横向职业成长打基础。 （3）根据自身才干和价值观，根据组织中的机会和约束，重估当初追求的职业，决定是否留在这个组织或职业中，或者在自己的需要、组织约束和机会之间寻找一种更好的发展道路
职业中期	25 岁以上	（1）选定一项专业或进入管理部门。 （2）保持技术竞争力，在自己选择的专业或管理领域内继续学习，力争成为一名专家或职业能手。 （3）承担较大责任，确实自己的地位。 （4）开发个人的长期职业计划。 （5）寻求工作、家庭、自我三方面的平衡
职业中期危险阶段	35~45 岁	（1）现实地估价自己的进步、职业抱负及个人前途。 （2）就接受现状或者争取看得见的前途做出具体选择。 （3）建立与他人的良好关系
职业后期	40 岁以后直到退休	（1）成为一名良师，学会发挥影响，指导、指挥别人，对他人承担责任。 （2）扩大、发展、深化技能，或者提高才干，以担负更大范围、更重大的责任。 （3）如果只求安稳，就此停滞不前，则要接受和正视自己影响力和挑战能力的下降
衰退和离职阶段	40 岁之后到退休	（1）学会接受权力、责任、地位的下降。 （2）基于竞争力和进取心下降，要学会接受和发展新的角色。 （3）评估自己的职业生涯，着手准备退休。 （4）离开组织或职业——退休。在失去工作或组织角色之后，面临两大问题或任务。 （5）保持一种认同感，适应角色、生活方式和生活标准的急剧变化。 （6）保持一种自我价值观，运用自己积累的经验和智慧，对他人进行传、帮、带

每个职业生涯阶段都有着特定的任务，对于大多数人而言，在相应阶段实现、完成相应的任务是理所应当的。我们往往看到的是创业者足可彪炳史册的功绩，其实，涓涓细流汇成大海，各个阶段任务的成功实现将会积累成整个人生的成功。

2）创业成效的评价

创业的过程一般应分解成若干个阶段，当阶段目标完成后，要主动进行自我评价。个人可以根据自己情况制定具体的指标来评估成效、查找问题，并有针对性地进行调整修正，直至进行再选择。表3-5列举了创业成效的自我评价项目。

表3-5 创业成效的自我评价

项目	评估内容	调整方向
人生目标	人生目标的层次是否定位不当？ 目标的侧重点是否合理？	人生目标的修正
创业目标	所选择的职业是否适合自己？ 创业目标是否定位不当？	创业目标的重新选择
创业发展途径	是否在发展途径中有太多、太强的竞争对手？ 创业前期准备时间太长或太短？ 资源整合情况如何？	创业发展路线的重新选择
创业规划方案	规划是否周密？ 长期计划是否缺乏战略性？ 短期计划制定是否详细？	实施措施与计划的变更
培训	自我培训是否不足？ 培训内容是否与创业目标一致？	增加有针对性的培训

单元二 成功创业者的素质特征

人的四种气质类型

一、创业者应具备的职业基本素质

成功的创业者往往在各种关键时刻展现出超卓的能力，但是不要忘记，成功者也是从平凡者开始起步的，大多数成功者并不是所谓的"天才"。更重要的是，如果仔细加以剖析，我们会发现，他们具有和大多数人相同的职业基本素质。

所谓职业基本素质是指作为一个从事或即将从事某种职业的社会人，在他身上所具备的该项职业所需的基本条件。从总体看，人们的职业基本素质包括能力、人格、理念和健康四大要素，在每一个要素之中又有若干子要素，如图3-1所示。

1. 能力素质

能力是最重要的职业素质，往往需要经过有针对性的培训方能得到培养和提高。能力素质包括智力、特殊能力、从业能力、知识、社会智力和创造力。

1）智力

智力是指人认识客观事物并运用知识解决实际问题的能力。对于智力水平，心理学采用"智商"（IQ）指标来衡量。一般来说，人的智商标准平均状态为100分，分数越高，智力

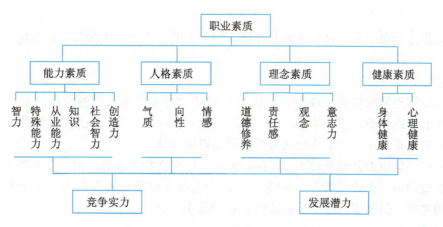

图 3-1 职业基本素质

水平越高。智力一般包括感知力（特别是其中的观察力）、记忆力、思维力和想象力四个方面。

2）特殊能力

人群中有一部分人在某个特殊的领域里具有更为突出的能力，因而会更擅长于某项工作，这就是所谓的特殊能力。国外的专家指出，有人可以在以下这些能力上表现出过人之处：语言能力、数学计算能力、空间判断能力、形态知觉能力、文书事务办公能力、动作协调能力（眼、手动作协调）、手指灵活性、手的灵巧性、眼—手—足的配合能力、辨色能力等。

3）从业能力

这是职业对于从业资格条件的要求，包括能向①、普通教育程度、专门职业培训、环境条件、体力活动、工作职能和兴趣、性格。在涉及某个具体的职业时，我们往往称从业能力为技能，即经过训练而熟练化、规范化的动作系列或思维系列，是从事具体的职业活动的能力。

4）知识

知识是指人们头脑中所记忆的经验和理论。知识分为"一般经验"和"理论"两种。当知识带有逻辑性、体系性、科学性时，就成为理论；而一般经验则是零碎的、片断的。从社会职业活动的角度看，知识可分为一般知识和专业知识，专业知识则包括理论知识和工作经验（操作知识）。

在现实社会中，教育部门负责传授一般知识和专业理论知识，培训机构则着重传授工作经验和操作技能。人们通过这些部门和机构增加知识储备，提高人力资本存量。因此一个人的教育程度（即所谓的学历）、培训状况（可通过相应的资格证书反映）往往是社会判断其知识水平的依据。

5）社会智力

社会智力是指人们所具备的社会活动能力、人际交往能力。一般包括以下内容：计划能力或规划能力、决策能力、组织能力或协调能力、人际关系能力或沟通能力、说服能力、领

---

① 能向是指人们从业能力方向，或者说是智力和各种特殊能力的不同组合结构。一个人要获得成功就必须要让自己选择的职业或者事业与能向尽量保持一致。

导能力等。

一个人的社会智力水平对于其职业生涯、创业生涯的设计、实践和获取成功,都有着巨大的影响。

6)创造力

是使人能够经常取得创造性产物的能力和素质的总和,是人力资源所具有的一种复杂的、高层次的心理特质。创造力以一定的智力水平为基础。创造力比智力复杂、难度还要大,内容也要丰富得多,对于成功的影响作用也更加明显。

毫无疑问,创造力是创业者不可或缺的素质。但应当指出的是,创造力并不神秘,它并不只是少数成功者、少数"天才"的专利。每个人身上都蕴藏着创造力,每个人都是一个潜能巨大的宝库,但需要通过一定的途径将它"导引"出来。

2. 人格素质

人格是心理学范畴的研究对象,人格可以分为气质、向性和情感三个方面。

1)气质

气质是指表现在人的心理活动方面和行为特征方面的具有稳定性的个人特点。它是一个人最基本的心理特征。气质本身其实并无好坏之分,但气质却影响着一个人的工作效率,甚至在一定程度上还关系到事业的成败。

具有某种气质特征的人,会在不同的活动中,都表现出相同的心理活动和外部特点。例如,有的人脾气暴躁,容易冲动;有的人性情温和,不慌不忙;有的人聪慧机敏,灵活好动;有的人反应迟钝,喜欢安静。

人的气质表现是不以人们的活动目的、内容和动机的改变而改变的,而是具有显著的、独特的个人色彩,在活动中表现出突出的个性,任何一种气质都有积极和消极两个方面,这两个方面相伴而生、相互依存。不同气质的人完成同一种工作的效率和所付出精力的大小是不同的。例如,脾气暴躁、易冲动的人难以胜任秘书、财会等工作,性情安静的人难以胜任应急性很强的工作。

2)向性

向性,也可称为性格特征。所谓性格是指表现在人的态度和行为方式中较为稳定的心理特征的综合。性格是经常性的态度和行为方式,不是那种特殊条件下表现出来的态度和行为方式。人的性格形成依赖于所处的社会和家庭环境,一个人的性格塑造与锤炼也必然受到社会大环境的制约和各自的身体状况、社会阅历、知识结构、主观努力的影响。

心理学家把人的向性分为外向型和内向型。外向型的人大多开朗、活泼、为人处事灵活多变,情感外露,独立性强,处事果断,心理活动倾向于外部,但做事马虎、松散、有始无终、容易急躁;内向型的人倾向于内部,但常常墨守成规,反应迟钝,优柔寡断,为人孤僻。但由于一些人的内向和外向的特点并不明显,因而实际上在内向和外向之间还存在一个过渡形态。

一般而言,如果一个人的个性喜好与其从事的职业相适应,就会充满愉快感,而愉快的体验易激活大脑兴奋中心,提高工作效率。

3)情感

情感是人们对待客观事物的态度、体验、感受以及相应的行为反应,是人对待外部的刺激情境的神经反应、主观体验、价值判断和做出行为反应的心理基础。情感可以分为基本情绪和情绪状况两大方面。

3. 理念素质

所谓理念是指具有指导意义的基本生活态度和基本行为准则，在不同领域里可以有不同的表现。从职业发展和创业成功的角度看，理念的内容包括一般道德、职业道德、职业价值观、责任心、意志力、创业观念、创业精神观念等。

对于创业者而言，理念素质显得十分重要，可以说一个成功的创业一定源自于一个正确的理念起点。

4. 健康素质

"健康是革命的本钱"，现代经济学认为健康是人力资本的重要组成部分，以往认为在健康上的花费是消费的观点也被经济学家们否定。定期参加体育、休闲活动，保持身心愉悦，可以释放缓解工作压力，增加工作效率，延长工作时间，实际上是减缓了人力资本的折旧，因而被认为是一种人力资本投资。众所周知，健康包括身体健康和心理健康。世界卫生组织对健康下的定义是"健康，不但是没有身体的缺陷和疾病，还要有完整的生理、心理状态和社会适应能力。"

1）身体健康

身体健康意味着身体结构正常、生理机能良好、体魄强健；意味着抵御疾病的能力较强；还意味着适应社会生活的能力较强。这些对于那些面对艰辛的创业之路的人来说是不可或缺的。

2）心理健康

心理健康是指个体心理在本身及环境条件范围内所能够达到的最佳状态。心理健康能够有利于充分发挥既有的素质，也能够更好地激发自身潜能，还能弥补身体健康的不足。达到心理健康的具体标准为以下六点：①认知过程正常，智力正常；②情绪稳定、乐观、心情舒畅；③意志坚强，做事有目的、有计划、有步骤、有方法、能克服困难达到目的；④人格健全，性格、能力、价值观等均正常；⑤养成健康习惯和行为，无不良行为；⑥精力充沛地适应社会、人际关系。

以上所说的四类职业素质有些是较为明显地可以被自己认识，有些则需要通过一定的辅助工具方能明确；有些是属于先天的禀赋，有些则可以通过后天的训练获得或改进。在创业的每一个阶段，都要有必要对自己的各类职业素质定期进行"盘点"，时刻都清楚自己的强项是什么、潜力是什么、缺乏什么、应弥补什么以及如何弥补等，"自知者明"是所有成功创业者的共同点。

二、成功创业者的特质

创业是极具挑战性的经济活动和社会活动，是对创业者自身智慧、能力、气魄、胆识的全方位考验。创业素质是成功创业者必须具备的，创业素质包括创业意识、创业心理品质、创业精神、竞争意识和创业能力。

1. 创业能力

创业能力是一种特殊的能力，它往往影响创业活动的效率和创业的成败。对于自主创业者而言，这种特殊能力几乎可以称为成功者的特质。

创业能力包括决策能力、经营管理能力、专业技术能力、交往协调能力以及创新能力。

1）决策能力

决策能力是创业者根据主客观条件，因地制宜，正确地确定创业的发展方向、目标、战略以及具体选择实施方案的能力。决策是一个人综合能力的表现，一个创业者首先要成为一个决策者。创业者的决策能力通常包括分析、判断能力和创新能力。

要创业，首先要从众多的创业目标以及方向中进行分析比较，选择最适合发挥自己特长与优势的创业方向和途径、方法。在创业的过程中，能从错综复杂的现象中发现事物的本质，找出存在的真正问题，分析原因，从而正确处理问题，这就要求创业者具有良好的分析能力。所谓判断能力，就是能从客观事物的发展变化中找出因果关系，并善于从中把握事物的发展方向，分析是判断的前提，判断是分析的目的，良好的决策能力是良好的分析能力加果断的判断能力。创业实际就是一个充满创新的事业，所以创业者必须具备创新能力，有创新思维、无思维定式，不墨守成规，能根据客观情况的变化，及时提出新目标、新方案，不断开拓新局面，创出新路子，可以说，不断创新是创业者不断前进的关键环节。

2）经营管理能力

进行自主创业，出色的经营管理能力是必备的。经营管理能力是指对人员、资金的管理能力。它涉及人员的选择、使用、组合和优化；也涉及资金聚集、核算、分配、使用、流动。经营管理能力是一种较高层次的综合能力，是运筹性能力。经营管理能力的形成要从学会经营、学会管理、学会用人、学会理财几个方面去努力。

（1）善于经营。创业者一旦确定了创业目标，就要组织实施，为了在激烈的市场竞争中取得优势，必须善于经营。

（2）懂得管理。要学会质量管理，要始终坚持质量第一的原则。质量不仅是生产物质产品的生命，也是从事服务业和其他工作的生命，创业者必须严格树立牢固的质量观。要学会效益管理，要始终坚持效益最佳原则，效益最佳是创业的终极目标。可以说，无效益的管理是失败的管理，无效益的创业是失败的创业。做到效益最佳要求在创业活动中人、物、资金、场地、时间的使用，都要选择最佳方案运作。做到不闲人员和资金、不空设备和场地、不浪费原料和材料，使创业活动有条不紊地运转。学会管理还要敢于负责，创业者要对本企业、员工、消费者、顾客以及对整个社会都抱有高度的责任感。

（3）学会用人。市场经济的竞争是人才的竞争，谁拥有人才，谁就拥有市场、拥有顾客。一个学校没有品学兼优的教师，这个学校必然办不好；一个企业没有优秀的管理人才、技术人才，这个企业就不会有好的经济效益和社会效益，一个创业者不吸纳德才兼备、志同道合的人共创事业，创业就难以成功。因此，必须学会用人。要善于吸纳比自己强或有某种专长的人共同创业。

（4）精于理财。精于理财首先要学会开源节流。开源就是培植财源，在创业过程中除了抓好主要项目创收外，还要注意广辟资金来源。节流就是节省不必要的开支、树立节约每一滴水、每一度电的思想。大凡百万富翁、亿万富翁都是从几百元、几千元起家的，都经历了聚少成多、勤俭节约的历程。其次，要学会管理资金。一是要把握好资金的预决算，做到心中有数；二是要把握好资金的进出和周转，每笔资金的来源和支出都要记账，做到有账可查；三是把握好资金投入的论证，每投入一笔资金都要进行可行性论证，有利可图才投入，大利大投入、小利小投入，保证使用好每一笔资金。总之，创业者心中时刻装有一把算盘，每做一件事、每用一笔钱，都要掂量一下是否有利于事业的发展，有没有效益，会不会使资金增值,这样,才能理好财。

(5)诚信第一。就创业者个人而言,诚信乃立身之本,"言而无信,不知其可也。"创业者在创业过程中,如不讲信誉,就无法开创出自己的事业;失去信誉,就会寸步难行。诚信,一是要言出即从;二是要讲质量;三是要以诚信动人。

3) 专业技术能力

专业技术能力是创业者掌握和运用专业知识进行专业生产的能力。专业技术能力的形成具有很强的实践性。许多专业知识和专业技巧要在实践中摸索,逐步提高发展、完善。创业者要重视创业过程中知识积累的专业技术方面的经验和职业技能的训练,对于书本上介绍过的知识和经验在加深理解的基础上予以提高、拓宽;对于书本上没有介绍过的知识和经验要去探索,在探索的过程中要详细记录、认真分析,进行总结、归纳,上升为理论,形成自己的经验特色,积累起来。只有这样,专业技术能力才会不断提高。

4) 交往协调能力

交往协调能力是指能够妥善地处理与公众(政府部门、新闻媒体、客户等)之间的关系,以及能够协调下属各部门成员之间关系的能力。创业者应该做到妥当的处理与外界的关系,尤其要争取政府部门、工商以及税务部门的支持与理解,同时要善于团结一切可以团结的人,团结一切可以团结的力量,求同存异共同协调的发展,做到不失原则、灵活有度,善于巧妙地将原则性和灵活性结合起来。总之,创业者搞好内外团结,处理好人际关系,才能建立一个有利于自己创业的和谐环境,为成功创业打好基础。

协调交往能力在书本上是学不到的,它实际上是一种社会实践能力,需要在实践活动中学习,不断积累总结经验。这种能力的形成:一是要敢于与不熟悉的人和事打交道,敢于冒险和接受挑战,敢于承担责任和压力,对自己的决定和想法要充满信心、充满希望。二是养成观察与思考的习惯。社会上存在着许多复杂的人和事,在复杂的人和事面前要多观察多思考,观察的过程实质上是调查的过程,是获取信息的过程,是掌握第一手材料的过程,观察得越仔细,掌握得信息就越准确。观察是为思考做准备,观察之后必须进行思考,做到三思而后行。三是处理好各种关系。可以说,社会活动是靠各种关系来维持的,处理好关系要善于应酬。应酬是职业上的"道具",是处事待人接物的表现。心理学家称:应酬的最高境界是在毫无强迫的气氛里,把诚意传达给别人,使别人受到感应,并产生共识,自愿接受自己的观点。搞好应酬要做到宽以待人。严于律己,尽量做到既了解对方的立场又让对方了解自己的立场。协调交往能力并不是天生的,也不会在学校里就形成了,而是走向社会后慢慢积累社会经验,逐步学习社会知识而形成的。

5) 创新能力

创新是知识经济的主旋律,是企业化解外界风险和取得竞争优势的有效途径,创新能力是创业能力素质的重要组成部分。它包括两方面的含义:一是大脑活动的能力,即创造性思维、创造性想象、独立性思维和捕捉灵感的能力;二是创新实践的能力,即人在创新活动中完成创新任务的具体工作的能力。创新能力是一种综合能力,与人们的知识、技能、经验、心态等有着密切的关系。具有广博的知识、扎实的专业基础知识、熟练的专业技能、丰富的实践经验、良好的心态的人容易形成创新能力,它取决于创新意识、智力、创造性思维和创造性想象等。

2. 创业者心理特质

研究创业者,人们首先感兴趣的是什么样的人更容易成为创业者,成功创业者在工作中的态度和表现如何,即创业者的性格在心理特质和工作特征上的具体表现。创业者的心理特质是其性格中相对固定的、不易改变的组成部分,往往伴随人一生。而工作特征,则是其性格的变动部分,随从事的工作或扮演的角色不同,可能表现不同的特征。创业者心理特质反映的是什么性格的人容易走向创业之路;而创业者工作特征则体现成功创业者在工作中具备哪些共同特点和态度倾向。

1) 创业者心理特质

心理学家们在对创业者的心理特征方面做了大量的研究工作后,发现成功的创业者们往往具有一些不同于常人的共同心理特征,根据心理学的观点,可以把它们确认为是一组表明创业倾向的心理特征,显示这些特征的个人特别有可能有创业行为。这些心理特征,主要包括成就需求、风险承担倾向和控制欲等。简言之,成功的创业者显示出比社会中的其他人拥有更强大的成就动机、风险承担性、控制欲和自信等。

(1) 成就需求。心理学家麦克莱兰从20世纪50年代就开始了关于创业者心理特征的研究工作,他认为成就需求高的人成为创业者的可能性要大得多。他将成就需求定义为:希望做好的欲望,主要不是为了社会承认或声望,而是为了内在的个人自我实现的感觉。他由此推断:一个社会如果普遍拥有高水平的成就需求,这个社会将涌现更多有活力的创业者,这些创业者将促进社会经济的发展。可见创业者是成就需求和经济发展的一个中间变量。

(2) 风险承担倾向。几乎所有创业者的定义都会提到创业者的风险承担倾向。一些研究阐述了创业者作为风险承担者的重要性,并指出创业者是不可计量的不确定性风险的承担者。创业者承担的风险包括资本风险、职业风险、家庭和社会风险以及心理风险。

一些研究发现,自尊与风险承担倾向密切相关,而且可能是其驱动力量。具有很低程度自尊的人或者不承担风险,或者承担很高风险,每一种行动都加强了他们不值一提的这一假设。拥有健康自尊的人能够承担与各种情形相匹配所产生的风险。

大量的文献提到创业者是"中度的风险承担者",即创业者敢于承担风险但不是盲目地冒险。创业者实际上在思考风险和在管理决策中对风险的处理要根据环境或战略来进行,而不是完全依靠个性来进行。

有些研究者按照创业者的风险承担倾向进行分类。研究的结果依据创业者的性别、文化背景、企业发展阶段、所拥有的企业的类型以及所采用的研究方法而不同。

值得注意的是,促使许多人决定创业的因素可能并不是对风险的偏好,而是对自己降低和处理风险能力的信心,这来自于个人乐观的态度、敢于接受挑战的性格和以往成功化解风险的经验。几乎没有一个创业者是完全按照创业之初的设想按部就班、一帆风顺地创立和发展自己的企业的。创业者通过创业中不断创造性地解决各类问题来增强预测和化解风险的能力,创业过程就是一个不断学习和创造的过程。

(3) 控制欲。一些研究成果表明,创业者有一个共性:自信,相信命运是由自己决定和掌握的,而不是其他。控制欲是指人们相信他们控制自己人生的程度。罗特通过测试认为,控制欲与成就需求相一致,创业者倾向于具有高度的控制欲,他们是生活中对事件、他人具有影响力的个人。控制欲低的人感到自己的命运由神灵等外部力量和宿命决定;相反,创业者更倾向于自我依赖、认同、奋斗和治理。控制欲高的人一般具有创业精神的三个特征:自信、创造性和责任感。一些研究发现,希望创业和不希望创业的学生在控制欲的程度上差异甚大。拥有高度控制欲的人更有可能成为成功的创业者。

2）创业者工作特征

研究发现，成功的创业者通常具备以下工作特征：

（1）目的明确，积极主动。创业者是属于那种不用扬鞭自奋蹄的人，对于不确定的环境和全新的事业，充满激情和梦想，并为此不断挑战自我，实现超越。他们做事目的性强，目标明确，讲效率，重实效。对于他们来说，为了完成既定目标，往往长时间地超常艰辛工作，尤其在创业初期通常表现为工作狂倾向。

（2）乐观向上，充满信心。创业是向未知领域的探险，创业者必须表明他们不仅相信自己，而且相信他们正在追求的事业，以此来感染和说服他人，取得信任和支持，这对于事业的成功十分重要。创业者常常要经历许多的挫折和失败，只有始终保持乐观积极的心态才可能在失败之后振作起来，并从失败中汲取教训，将从失败中学习到的东西应用于增加下一次成功的机会中。

（3）心胸开阔，勤学好问。有多大的心胸才能做多大的事。心胸开阔、从善如流是成功的创业者修身待人处事的重要品质。创业者自信而不自满，面对挑战性的工作，他们常常能保持清醒的头脑，认识到自己的局限性和必须不断学习的必要性，他们渴望并从不放弃学习的机会。在任何时候他们都不满足于已掌握的信息，不停地寻找更多信息。在沟通时，他们倾向于提问而不是陈述，注意倾听来自他人的意见、建议和批评，愿意根据新的经验修正既有的观念。研究表明，成功的创业者之所以能发现别人所不能发现的机会，有两个关键因素：第一，这些人能更好地获取关键信息——信息能够帮助识别机会或形成新的创意；第二，这些人能更好地使用信息——整合或解释别人没有注意到的机会。

（4）志存高远，勇于开拓。成功的创业者都是机会的狩猎者。他们抱负远大，使命感强，永不满足现状，善于在不断变化的环境中寻找新的商机，开拓新的事业。成功创业者一定是机会导向型的企业家，他们思考问题的逻辑首先是机会，其次才是实现机会所需的资源。只要有机会，他们就愿意冒适度的风险去追逐和开拓机会中的商业价值。金钱是创业者的动力之一，但创业者不仅为金钱所激励，他们能从事业成功中体验快乐，不把财富作为唯一的最终回报。

需要说明的是，成功的创业者还可能有其他的特质。不同的创业者或许有不同的个性特征，不能说具备了这些特征就能成为成功的创业者，或者说不具备这些特征就不能创业。创业成功的因素是复杂的，它取决于个体因素，同时还受群体因素和其他社会因素的影响。但是具备一些必要的特质或通过创业实践培养这些特质，对于创业成功来说确又是必需和有益的。

单元三 成功创业者的行为特征

成功要经过长期的努力，是平时一言一行、一思一得、一点一滴有意识、有目的的积累。特别要指出的是，一个成功的创业者大多具有共同的几个行为特征：做好职业生涯规划、善于挖掘自我潜能以及善于整合外部资源。

一、善于规划职业生涯

如何选择？选择怎样的创业方向、创业历程？这对创业者来说，始终是一个大命题。现代管理学家们指出，职业生涯规划能够帮助人们做出正确的选择。

所谓职业生涯规划指个人结合自身条件、眼前的机遇和制约因素，为自己选择职业道路、确立职业方向和职业目标，确定教育培训计划、发展计划，以及为实现职业生涯目标而确定行动时间和行动方案。职业生涯规划通过对个人的分析，认识自己，了解自己，正确评估自己的能力、兴趣、性格、需求，并通过对环境的分析明确自己的优势、劣势、发展机会和限制。通过这些分析，正确设定适合主观条件和客观环境的职业发展目标，并制定行动计划，使自己的才能得到充分发挥，在职业生涯中少走弯路，使事业获得成功，实现自己的人生理想。

有人将职业生涯规划的步骤总结为：先觉知、有意愿、量己力、衡外情、订目标、找策略、重实践、善反省、再调整、重出发的循环历程。其中最基本的步骤是知己、知彼和抉择。

1. 知己：了解自己

职业生涯规划的起点就是自我评估，它的主要任务是了解自己的目前状况和发展潜能，即弄明白自己已经做了什么？想要做什么？能做什么？了解自己可以从个人传记特点、个人理念和能力素质等几个方面来进行。

传记特点是作为个体的最基本的信息，在履历表上作为必备的项目。通常是我们了解自己的出发点，但这些基本项目对职业生涯规划的意义其实是十分重大的。一般来说，传记特点包括年龄、性别、教育程度、健康程度、婚姻状况、家庭以及社会关系、经历、负担等。此外，朋友、同龄群体的工作价值观、工作态度、行为特点等不可避免地会影响到个人对职业的偏好、选择从事某一类职业的机会和变换职业的可能性等方面。

2. 知彼：了解环境

不管是作为一名组织中的成员，还是作为一个自主创业者，外部环境的变化对其职业选择也好，创业成功也好，都是十分重要的。

1）社会环境分析

职场往往是社会的"晴雨表"，社会环境的变化会深刻地影响职场。社会环境中流行的工作价值观、政治经济形势、产业结构的变动等因素，无疑都在个人职业选择上留下深深的烙印。

2）行业环境分析

职业生涯的成败与是否"入错行"关系密切，因此，在进行职业生涯规划时，对行业发展现状、国际国内重大事件对行业的影响，目前行业的优势和问题所在，行业发展前景预测等问题进行必要的了解和分析是非常必要的。

比如，我国对行业发展有宏观性的调节政策，我国鼓励、扶持的行业包括电力工业、成套设备制造业、汽车工业、家电工业和微电子业将成为我国近20年中的主导产业。

另外，对于自主创业者而言，还需要对创业所在领域进行市场分析。进行市场分析，可以从市场容量、竞争者、消费者、潜在进入者以及供应商等环节作充分的调查研究。

3）职业分析

进行职业分析主要是认清所选定的职业在社会环境中的发展过程和目前的社会地位，以及社会发展趋势对此职业的影响。从大的方面来讲，职业可以分为脑力劳动类和体力劳动类。不同的职业对劳动者的素质要求是不一样的。如脑力劳动类职业一般可分为八大类：科学研究人员、工程技术人员、经济工作人员、文化教育工作人员、文艺体育人员、医疗卫生人员、行政与事务类人员、法律公安类人员。

4）用人单位分析

不同性质的用人单位适合不同的劳动者。可以说用人单位就是一个人某个时段职业生涯的"生态圈",因而对其职业生涯发展的影响最为直接。我国的用人单位一般包括企业单位、事业单位、政府机关和社会团体,另外还有一定数量的自主就业者,如独立开业的律师、医生等。

5）组织环境分析

在选择用人单位（我们统一称为组织）时,除了从以上四个较为宏观的角度去分析、评估之外,还要对自己任职、即将任职或选择任职的组织进行具体的环境分析。以公司为例,可以从公司的实力、经济状况、管理水平及发展前途、公司的领导人、公司的文化等方面入手进行分析。

3. 抉择：做出选择

做出选择,就是选择未来的职业发展方向,并以此确定最后的成功目标。俗话说"好的开始是成功的一半"。整个职业生涯规划的核心问题就是帮助规划者做出正确的选择,迈出职业、创业的第一步。

1）什么是职业生涯目标

愿望、职业方向和职业目标,这是三个极容易混淆的概念。有人这样表述它们之间的关系："没有愿望,人生就没有动力；没有方向和目标,动力就无所释放；没有目标的实现,就永远无法体会到成功的喜悦。美好愿望只是我们头顶的一块祥云,方向是一个巨大的箭头,目标是箭头指向的明确一点。"

（1）愿望：每个人在职业探索期都会有自己的美好愿望,它是成功的起点、奋斗的动力,尽管它可能是模糊不清、变幻不定、遥不可及的。在进行职业生涯规划时,它不能代替职业目标,但是经过一定的分析、评估后,它可以转化为坚定的职业方向和可实现的目标。

（2）职业方向：职业方向是对职业的选择,如律师、教师、医生、军人、企业管理人员、公务员等。方向正确意味着已经成功了一半。在职业生涯发展的道路上,重要的不是现在所处的位置,而是迈出下一步的方向。选择职业方向时,有两个问题需要注意：一是不能同时有很多方向；二是不能总改方向。每个人的精力、资源毕竟是有限的,更重要的是,人的一生是短暂的,我们不能把时间都浪费在尝试上！

（3）职业生涯目标：职业目标是在特定的职业方向内、特定的职业生涯时段内必须要实现的成果、要达到的目的,它是具体、清晰、可以实现的,并有一定标准可以衡量的。

2）职业生涯目标的设定

在设定职业生涯目标时,我们经常会面临不同机会的选择,有时甚至是"鱼和熊掌,不可兼得"的艰难选择。影响人们进行职业生涯目标的因素很多,从总体上来看,常常可以分为社会因素和个人因素两大类。此外,在确定职业生涯目标时应注意以下几个问题：

（1）目标的存在状态。人的目标有不同的状态。职业生涯目标可以从内、外两个角度来进行设定。

内职业生涯目标侧重于职业生涯过程中的内心感受、包括观念、掌握新知识、提高心理素质和工作能力、工作成果、处理与他人的关系等目标。外职业生涯目标一般是具体的,包括职位、工作内容、工作环境、收入、工作地点以及社会声望等，它侧重于职业过程的外在标记。内职业生涯目标一般认为与人的"职业锚"密切相关，对职业生涯的成功具有原动力性质的驱动力，是外职业生涯目标制定的基础。虽然比较难以量化，但在职业生涯目标的设定中，应给予高度的重视。

（2）目标成功的时间因素。尽早实现职业生涯目标是每个人的愿望，因此，对时间因素的考虑是必不可少的。具体来说，一方面是要将总体目标和阶段性目标相结合，即我们常说的既要有"长计划"，又要有"短安排"。总体安排是战略性的，时间跨度比较长，不宜轻易变更，而阶段性目标则操作性强，比较灵活，时间跨度较短。阶段性目标必须要为总体目标服务，每个阶段性目标之间要有一定的逻辑性，否则将影响总体目标的实现。时间因素的考虑从另一个方面来讲，是指职业生涯目标的设定要有一定的时间坐标，而且越具体越好。"明日复明日，明日何其多"，没有时限的职业生涯规划是没有意义的，对职业生涯的发展也没有实质上的驱动力。

（3）目标的难易程度。每个人的能力是有差异的，因此，准确定位、区分阶段、合乎层次、由易到难、循序渐进地设定职业生涯目标是十分必要的。初涉职场的大学生容易犯好高骛远的毛病，为自己设定在自己能力之外甚至遥不可及的目标，当现实很快击碎梦想时，又容易一蹶不振，丧失斗志，甘于平庸。这两种态度显然都是不可取的。人的职业生涯成长大多都是由低到高步步递进的，就像是一个爬坡的过程。因此，总体目标易远大，不妨让它具有一定的挑战性。因为我们知道，职业生涯规划的一个最重要的目的就是激发自我潜能，设定一个有挑战性的目标是最好的办法；而近期目标易脚踏实地，一步一个脚印，而不宜将目标定得过高。当然，当时机成熟时，应该把握机会乘势而上。

职业生涯规划造就成功者

美国心理学家曾经对哈佛大学的毕业生做过一项长达 25 年的追踪调查，在离开哈佛时，有 60%～70% 的学生没有清晰的职业规划，有 10%～20% 的学生有比较模糊的职业规划，5%～10% 的学生有清晰的职业规划。追踪调查显示，就是那 5%～10% 的人最终成为美国社会的顶尖人物。一般来讲，凡是事业成功的人士，都是对自己的职业具有明确规划的人。

威廉·乔治是美国利敦微波公司总裁，他在大学毕业后非常短的时间内就取得了成功，原因就在于他清晰的职业生涯规划。他 20 岁上大学，学经济管理专业丰富自己的管理知识，24 岁进政府锻炼交际能力，积累社会资源，27 岁时辞职到小公司寻找实践机会，30 岁即如愿成为大公司的总裁。

比尔·盖茨，1955 年出生，20 岁与中学同学保罗·艾伦创立微软公司，31 岁成为亿万富翁。37 岁获国家科技奖章，39 岁成为美国首富。他曾以优异的成绩考入哈佛，学的是法律，但学习成绩却不是很好。他大量地选修数学，因为他对数学感兴趣，曾幻想当一个数学教师。他对电脑技术十分熟悉，在中学时就开始卖软件，他卖的第一件软件是一个游戏软件，一下子获利3万美元。在大学里，他用学校的电脑编辑软件卖钱，被学校发现给予了处分。盖茨聪敏过人，但就在他读大三时申请退学创业，他在离开哈佛不久，BASIC编辑语言就诞生了，这使他一举成名。盖茨天生就是搞计算机的料，但果断地从名牌大学退学，这不是一般人能做到的。可见，盖茨对自己和外部环境的了解十分清晰，职业生涯规划使他获得了成功。

二、善于整合资源

拥有充足的资源是每个创业者梦寐以求的。但资源毕竟是有限的，因此，有效地汇集、利用也就是整合相应资源就成了创业者们的常规"功课"。创业者们要整合的资源种类很多，人力资源和物力资源、内部资源和外部资源，方方面面无所不包。这里介绍两类特殊的人力资源：职业资源和关键人物。

1. 职业资源

所谓职业资源是指集合在个人身上的知识、技能、社会资源以及社会影响力等职业素质的总和。这是个人实现职业生涯不同阶段发展、获得成功的关键因素，可以说，每个人的职业资源所在的系留点就决定了他（她）所处的职业层次。把职业资源分为人力资本、社会资本和品牌资本三个层次。三者分别反映的是个人职业发展的不同阶段。

1）人力资本

人力资本是存在于人体之中，后天获得的具有经济价值的知识、技术、能力和健康等因素之和。这里说的人力资本是基于个体意义的资源集合。人力资本可以通过教育和培训获取，其存量大小是人们开创事业的基础。

2）社会资本

社会资源是基于人的社会属性的资源集合，包括其拥有的资金、经验、信息、人际关系、社会资源。西方大量学者实证研究发现，社会资本是影响个体寻找职业、晋升、报酬与工作绩效、团队绩效以及组织内或组织间知识转移、组织学习与资本获取等一系列组织结果的关键变量。社会资本是人们有意识地并且是长期的积累，渐入佳境的创业者无不拥有充足的社会资本。

3）品牌资本

属于个人职业生涯发展的高级阶段，包括其在职场中的认可度、知名度、成熟度以及个体的创新性和前沿性。这个阶段，不管是身处一个组织，还是作为自主创业者，一定已经走入了事业的成熟期、巅峰期，或者说，创业已经基本获得了成功。

2. 关键人物

关键人物是这样的人：他（她）在你的成长过程中指导你、帮助你、督促你，为你提供咨询，在人际关系出现矛盾时帮你化解，甚至在人生和职业的关键点上为你助一臂之力。他（她）在一个人的职业生涯发展过程中如此重要，所以人们习惯把关键人物称为自己的"贵人"。

1）谁会是关键人物

（1）朋友：拥有一些事业有成或潜力很好的朋友十分重要，他们往往是重要人生的提供者。在这里，朋友的意思是很宽泛的，他可能是你的同事、同学、生意伙伴或者是老师和亲人。多交朋友、广结人脉是许多成功者共同的特点。

（2）上司或领导者：许多人的成功常常是跟随在一个成功的上司或领导者后面取得的。好的上司或领导者的进取心和责任感都很强。进取心使他能不停地升迁、责任感使他能调动你的积极性、发现你的潜力、加强对你的培养，以便他升迁后，你能承担他以前的工作。因此，从工作的第一天起，选择并跟随这样的上司和领导者是最为明智的选择。

（3）陌生人：邂逅的路人为你提供一个重要的信息，一份重要的工作，一个关键的机会，陌生人成为关键人物，很多时候实际上是一种机遇，但是，机遇总是垂青于"有心人"。

2）如何找到关键人物

（1）对机会的理解。在职业生涯中，机会毫无疑问是十分重要的，关键人物实际上就是一种机会。为什么有些人可以不断地出现机会并把握住机会，不断地得到关键人物的帮助，从而迅速取得成功？其实我们仔细分析他们成功的经验会发现：他们不断地创造机会，而不是等待机会的出现。同样地，关键人物很多时候是要自己争取的，守株待兔式地等待关键人物的"降临"是不可取的。

（2）积极的工作态度。对现实不满甚至消极怠工的人，如果试图以怀才不遇自居，梦想得到关键人物的垂青以改变职业命运，这是非常可笑的。只有热爱本职工作的人，才会对工作投入所有的激情和专注，才能在工作中做出出色的业绩，才能吸引关键人物的目光。

（3）主动沟通和表现。主动地沟通，让更多的人了解你；抓住机会表现，让更多的人信任你，这两点是获取关键人物关注的重要途径。

（4）开放的心灵。以一颗开放的心灵关注、思考外界变幻的事物。不能把视野仅仅局限于自己工作的领域、交往也仅仅局限于工作性质相近的人群。要知道，许多关键人物可能并不在你的公司里、不在你的工作领域里、甚至是陌生人。如果没有开放的心灵，也许你将错过他（她）。

三、善于挖掘潜能

人的潜能犹如一座待开发的金矿，蕴藏无穷，价值无比，而我们每一个人都有一座潜能的"金矿"，只要发挥了足够的潜能，任何一个平凡的人，都能成为一个成功的，甚至是杰出的创业者。但是，由于没有有意识地自我进行挖掘潜能，大多数人的力量都没有能够得到充分的发挥。那么如何才能挖掘自我的潜能呢？我们给出两个简便易行的建议：一是设定挑战性的目标；二是用行动激发潜能，并培养好的习惯。

1. 用目标挑战潜能

一般来说，发现和认识人的潜能，是从人的活动（行为）开始的。人的生命周期，就是一个不断活动的周期，从出生后行走、动作、言语的学习，到学习科学文化知识，再到解决社会活动中的各类问题，都表现着一种能力。由于人的潜能是很模糊的，如果仅凭借个人根据经验来判断，往往带有较强的个人主观色彩，缺乏客观的依据，因而会影响对自我潜能的认识。因此，相对于常规的现状分析，潜能评估分析常常需要借助某种测评工具。

我们常可以看到一些这样的新闻报道，比如前些年美国有个农夫，他的孩子被一辆小货车压住了，他在情急之下居然举起了汽车，让别人把自己的孩子解救出来。事后他再也无法把这辆汽车举起来了。这种潜能的瞬间爆发的情况往往是在某种强烈的刺激下出现的，是被动的、暂时的。而要获得创业的巨大成就必须主动地、长久地导引潜能的发挥。专家们认为，可以通过这样的办法进行尝试：将一个目前还不能达成的目标"植入"自己的潜意识。因为根据对许多成功人士进行分析后，专家发现他们有一个共同点，即有挑战性的目标可以激发自我潜能的发挥。心理学家也认为，不断地进行正向的自我暗示，确实是可以让一个人表现出超常的能力。同时，从职业生涯规划的角度来说，能力是根据你已有的工作业绩表现出来的能力，潜能是根据假设的目标估计的潜在能力。想要做什么是建立在能做什么的基础上的，要突破自我、获得卓越成就也就必须具备超常的能力，从而挑战自我的潜能。

2. 用行动激发潜能

美国心理学家奥托说过，"长期形成的风俗习惯，'粘住'或'冻僵'了不少的人。陈规陋习正侵害着我们，阻止我们接受新体验。要提高自己的能力，挖掘更大的潜力，就要让新的经验和信息输入。"根据奥托的建议，激发潜能的最有效方法之一便是克服旧习，培养新的好习惯。心理学家兼哲学家，威廉·詹姆士也说过："种下行动就会收获习惯；种下习惯便会收获性格；种下性格便会收获命运。"积极行动是激发潜能的必由通道。

坏习惯可以毁掉一个天才，好习惯可以造就一个平凡人，关键仍在于自己的选择。你可以养成自己希望的任何习惯。比如有人针对自己办事拖拉的习惯，设定了"现在就去做"的座右铭。无论何时，当"现在就去做"的念头从潜意识闪到意识里时，就立刻采取行动。先从小事上练习"现在就去做"，这样很快便会养成一种强而有力的习惯，在紧要关头或有机会时便会"立刻掌握"。要记住："现在"就是行动的时候。行动可以改变一个人的态度，使一个人由消极转为积极，从而最终掌握自己的命运。

四、创业者必备的素养

创业者是创业活动的组织者，也是创业历险的风险直接承担者。要顺利闯关夺隘，必须具备或培育基本的创业素养。创业素养是创业者进行创业所必需的素质和修养，包括创业知识素养、创业人格品质素养和创业技能素养。

1. 创业知识素养

创业知识是进行创业的基本要素。创业需要三类知识：专业技术知识、经营管理知识和综合性知识。创业实践证明，良好的知识结构对于成功创业具有决定性的作用，创业者不仅要具备必要的专业知识，更要求掌握必备的现代科学、文学、艺术、哲学、伦理学、经济学、社会学、心理学、法学等综合性知识和管理科学知识。

2. 创业人格品质素养

创业人格品质是创业行为的原动力和精神内核。在创业人格品质中，使命责任、创新冒险、坚韧执着、正直诚信这些意识品质与创业成败息息相关。创业是开创性的事业，尤其在困难和不利的情况下，人格品质魅力在关键时刻往往具有决定性的作用。

（1）使命责任。使命感和责任心是驱动创业者勇往直前的力量之源。成功的创业者具有高度的使命感和强烈的责任意识，"修齐治平"是成功人士的共同价值标准和行为准则。创业活动是社会性活动，是各种利益相关者协同运作的系统。只有对自己、对家庭、对员工、对投资者、对顾客、对供应商以及对社会拥有高度使命感和负责精神的创业者，才可能赢得人们信任、尊重和支持。

（2）创新冒险。创新是创业精神的核心要素，创新意识和冒险精神是进行创业的内在要求。创业机会的发现和创意的形成需要进行创造性思维，发挥创造力；同样，机会的开发，资源的整合，商业模式的设计更是创新能力的集中体现。创业的开创性需要有冒险精神，需要有胆识和胆略。同时，在创业实践中也要有风险意识，要注意冒险精神与风险意识的平衡，保持理性思维，降低风险损失。

（3）坚韧执着。创业是对人的意志力的挑战。面对险境，身处逆境能否坚持信念，承受压力，坚持到底常常决定着创业的成败，最后的成功往往就在于再坚持一下的努力之中。

（4）正直诚信。正直诚信是创业者的必备品质，体现了成功创业者的人格魅力：讲信誉，守承诺，言行一致，身体力行，胸襟广阔，厚人薄己，敢于承担责任，勇于自我否定，尊重人才，以人为本，倡导团队合作和学习，帮助团队成员获得成就感，坚持顾客价值、公司价值和社会价值的创造。具有良好口碑的人格魅力可以帮助创业者凝聚人心，鼓舞士气，赢得更多合作者的信任和支持。

3. 创业技能素养

成功创业者不仅具备良好的知识结构，优良的人格品质，还必须掌握应对和处理创业现实问题的基本技能。一般来说，成功的创业者应具备以下基本能力：

（1）决策学习能力——驾驭全局修正错误。正确决策是保证创业活动顺利进行的前提。尤其是有关创业机会的识别和选择、创业团队的组建、创业资金的融通、企业发展战略及商业模式的设计等重大决策直接关系着对创业全局的驾驭和创业的成败。要决策正确，要求创业者具有较强的信息获取和处理能力，能敏锐地洞察环境变动中所产生的商机和挑战，形成有价值的创意并付诸创业行动。特别是要随时了解同行业的经营状况及市场的变化，了解竞争对手的情况，做到"知己知彼"，以便适时调整创业中的竞争策略，使所创之业拥有并保持竞争优势。同时通过不断进行创新思维和创新实践，进行反思学习，总结创新经验，吸取失败教训，及时修正偏差和错误，进一步提高决策能力，促进企业健康成长。

（2）沟通协调能力——建立信任管理冲突。创业团队成员之间以及创业者与其他利益相关者建立信任是进行有效合作的基础，有效沟通是产生信任、凝聚共识、消除误解的重要手段。尤其对企业内部的有效协调，能及时化解冲突，明确责任，协调行动。良好的沟通协调能力及融汇其中的说服影响力是形成共同愿景、集中意志、步调一致的重要保证。

（3）组织执行能力——整合资源实现目标。组织执行能力是指创业者为了有效地实现企业目标，整合各种资源，把企业生产经营活动的各个要素、各个环节，从纵横交错的相互关系上，从时间和空间的相互衔接上，高效地、科学地组织起来并使之开动运行的能力。创业需要有策划创意，创意的实施和战略意图的实现更需要行动力。创业者这种组织执行能力的发挥，可以使企业围绕总体目标的实现形成一个有机整体，并保证其高效率地运转。

（4）组建团队的能力——形成协同优势。正在凸现的创业时代是一个人类开始合作共存的时代。一项针对创业者能力的研究报告指出，组成团队与管理团队是成功创业者需要具备的主要能力之一。一个企业需要细致的"内管家"、活跃的"外交家"，战略的"设计师"，执行的"工程师"，发散思维的"开拓者"，内敛倾向的"保守派"，需要技术研发、市场开拓和财务管理等方方面面的人才，工作分工不同，需要不同个性的人。创业者既要能够把不同专长、不同个性的他们凝聚到一起，更要能够让他们在一起融洽愉快地工作，组成优势互补的创业团队，形成协同优势。

上述创业素养只是创业者素质能力要求的基本方面。想成功进行创业的你应对照它们，实事求是地自我评价，发现不足，并在创业实践中注意扬长避短，不断培育和提高自己的创业素养。当然创业者难以做到具备所有这些素养，但你所组成的团队，则应尽可能具备上述素养和能力。

学习情境二

大学生的成长

知识目标

1. 知道并理解大学生应有的创业意识。
2. 学会选择好自己的职业和创业型事业。
3. 积极投身创业实践活动。

能力目标

1. 掌握创业意识的树立与培养。
2. 掌握职业与创业的关系。

单元一　坚定做一个成功创业者的信念

从学习知识、积累经验到输出知识、创新创业，往往需要长期艰苦的探索和磨炼；由创业型人才成长为一个成功的创业者，非一朝一夕所能成就。一分耕耘一分收获，通往成功的路上没有捷径可走，但是成长的路径却是有前人的足迹可以探寻并作为借鉴的。

李玲玲——"全国大学生创业第一人"

信念坚定，顽强拼搏，直到成功。信念是生命的力量，是创立事业之本，信念是创业的原动力。要相信自己有能力，有条件去开创自己未来的事业，相信自己能够主宰自己的命运，成为创业的成功者。创业信念由创业意识、创业精神和创业意志构成。

一、培养创业意识

所谓创业意识，是指在创业实践活动中对人起动力作用的个性倾向，包括需要、动机、兴趣、思想、信念和世界观等心理成分。创业意识集中体现了创业素质中的社会性质，支配着创业者对创业活动的态度和行为，规定着态度和行为的方向和力度，具有较强的选择性和能动性，是创业素质的重要组成部分。

创意意识不是凭空产生的，也不是靠一时冲动产生的，它需要创业者在创业活动中不断地磨炼、积累和升华。创业意识的形成是漫长而艰辛的，要想取得创业的成功，创业者必须具备自我实现、追求成功的强烈的创业意识。创业的成功是思想上长期准备的结果，事业的成功总是属于有思想准备的人，也属于有创业意识的人。

1. 需要与动机

创业活动是一种综合性很强的社会实践活动，它源于人的强烈的内在需要，这种内在需要是创业活动最初的诱因和动力。创业需要是创业意识的最低层次，它取决于创业者的社会状况、社会地位和阶层等社会性条件，如果没有创业的需要，就绝不可能产生创业行为，也绝不可能形成更高层次的创业意识。

创业是青年人自立人生、实现理想的重要途径，强烈的创业需要是青年走向成熟的标志。青年人从充满浪漫的生活幻想中走出，有意识地用自己的双手去创造美好的生活，会在内心深处产生强烈的创业需要。

但仅有创业需要也并不一定有创业行为，只有当创业需要上升为创业动机时，才能形成创业者创业的强大动力。创业动机就是推动创业者从事创业实践活动所必备的积极的心理状态和动力，创业需要是产生创业动机的基础，创业动机是创业需要具备了满足条件和对象时的客观表现形式。当创业者产生了创业动机时，投身于创业实践活动的创业行为就开始了。

案 例

从下岗工人到商界领袖

朱灿是重庆市的一名下岗工人，下岗后做过推销员等工作，薪水微薄且十分辛苦。2000 年，他学得祖父的一道秘传手艺：香酥鸡柳，并开了家名为"好美味"的小吃店，开始自己的创业之路。2001 年，经过一番周折后，他的事业终于走上了正轨，并把招牌菜香酥鸡柳注册了"怪难吃"的商标；2002 年他组建了怪难吃餐饮连锁有限公司，并援助了第一批下岗工人自主创业；2004 年，"怪难吃"获得全国美食节"中国名菜""中国名点"双料冠军。企业也实现了多元化转换，并取得了加盟商突破千家的骄人成绩。

创业者的动机多种多样，因人而异。以自主创业为例，个人希望得到发展、不喜欢为他人工作、喜欢挑战、希望拥有更多的自由、受到家庭或朋友的影响、家庭传统的承袭、发挥个人专业知识与经验等都有可能成为创业的动因。有人将自主创业动机划分为四种类型：一是被迫型，这类人的社会关系不是很多，手中的资源也有限，但为生计所迫，走上创业之路，如下岗工人、待业居民、进城务工或失去土地的农民、毕业找不到工作的学生等，朱灿就属于这种类型；二是主动型，这类人自身有一定的专业特长或其他资源，如一些科技工作者；三是资源型，他们曾在政府或事业单位掌握过一定的权力，或者在企业有过一定的经历，有一定的市场资源、项目资源、资金资源、信息资源或人情资源，在适当的时机开始创业；四是随机型，他们自身或家庭有良好的条件，自认为满意的机会就创办自己的企业，其随意性较大。

---

2. 理想与信念

创业理想是创业意识的高级形式，是创业者对未来奋斗目标向往和追求的、较为稳定和持久的心理品质，是人生理想的重要组成部分，但创业理想主要是一种职业和事业理想，而非政治理想和道德理想。有了创业理想，创业者的创业行为就会充满朝气和活力。

创业信念总是与创业理想紧密联系在一起的，创业信念是创业者从事创业活动的精神支柱，它能使人产生克服艰难险阻的大无畏精神，使人坚持不懈，勇往直前。创业理想能够促进创业信念的形成，有了创业信念，以创业信念为支持的创业理想就具有了稳固而坚实的精神基础。

二、树立创业精神

杰出的成功者，其环境、条件、机遇和能力等可能千差万别，但他们有一个共同的特点，那就是矢志不渝的创业意识和敢为人先的创业精神。创业精神是时代精神的反映，是特定的时代对人们提出的要求。

1. 创业精神的内涵

党和国家领导人曾经提出了要倡导的 64 个字的创业精神，这就是："解放思想，实事求是；积极探索，勇于创新；艰苦奋斗，知难而进；学习外国，自强不息；谦虚谨慎，不骄不躁；同心同德，顾全大局；勤俭节约，清正廉洁；励精图治，无私奉献"。《人民日报》社论也把这种创业精神称为民族精神、时代精神。

上述创业精神，全面概括了中华儿女的民族气概和精神风采，其内涵主要有三方面：一是必须有远大的理想和坚定的信念。要坚持用科学的理论武装头脑，认真学习马克思列宁主义、毛泽东思想和邓小平理论，认真学习"三个代表"重要思想，树立正确的世界观、人生观和价值观，为实现中华民族的共同理想奉献自己的智慧和力量。二是必须有艰苦创业、顽强拼搏的精神。要有强硬本领，成为本职工作的行家能手；要开阔视野，不怕困难和挫折，坚忍不拔，勇于创新，争创一流。三是必须有实事求是的科学态度和脚踏实地的工作作风。要坚持解放思想与实事求是的统一，既要敢想敢干，又要求真务实；要满腔热情地投身于改革开放和现代化建设的伟大实践，从人民群众丰富生动的劳动创造中汲取营养和力量，在艰苦的环境中磨炼意志，增长才干。

2. 创业精神的体现

创业精神，反映了对开拓创新人才全面素质的要求。对即将创业的青年大学生来说，首先要自信、自主、自立、自强。这"四自"正是新时代青年大学生创业精神的具体体现。

1）自信

即对自我充满信心，相信自己有能力和条件去开创未来的生活和事业。自信心能赋予人主动积极的人生态度和进取精神。不依赖、不等待，不幻想意外。要成为一名成功的创业者，必须坚持信仰如一，拥有使命感和责任感；自信贯穿于创业活动的始终；成功使人更加充满信心，失败和挫折则会更加激发新的拼搏与奋斗的豪情。

2）自主

即具有独立的人格，善于进行独立的选择和采取独立的行为，不受传统和世俗偏见的束缚及舆论和环境的影响，能自己选择生活的道路，善于设计和规划自己的未来，并采取相应的行为。自主是建立在社会需要和个人需要相统一的基础之上的，有损于社会和人民利益的个人行为应遭到唾弃。自主还要有远见、有敢为人先的胆略和实事求是的科学态度，能把握住自己的航向，直至达到成功的彼岸。

3）自立

自立就是具有独立的人格，具有独立性思维能力，不受传统和世俗偏见的束缚，不受舆论和环境的影响，能自己选择自己的道路，善于设计和规划自己的未来，并采取相应的行动。凭借自己的头脑和双手，依靠自己的努力和奋斗，建立起自己生活和事业的基础。当代青年人应具有自立的志向，自谋职业，勤劳致富。

4）自强

即通过创业实践，不断增强自己各方面的能力，进一步磨炼自己的意志，建立起自己的强者形象，要敢说敢当，勇于拼搏，不计较寸尺得失，不贪图眼前利益，不依恋平淡生活，勇于进取。自强就是在自信的基础上，不贪图眼前的利益，不依恋平淡的生活，敢于实践，不断增长自己各方面的能力与才干，勇于使自己成为生活与事业的强者。

对每创业者来说，自信、自主、自立、自强的创业精神是进行创业实践的灵魂和支柱，是开创新生活、追求幸福明天的精神信念。有了这一创业精神，才会有创业的要求和动机，才会有创业的意识和观念，才会有创业的动力和行为。

> **案例**
>
> **试飞英雄李中华**
>
> 2006年，我国自行研制的第三代战斗机歼10开始批量生产并装备部队。在飞机的研发过程中，试飞员李中华发挥了极大的作用，被人们誉为"试飞英雄"。李中华1961年9月出生于辽宁省新宾县，1983年7月毕业于南京航空航天大学，获工学学士学位。毕业后招飞入伍，进入空军某飞行学院学习，1985年7月毕业，并获军事学学士学位。
>
> 入伍以来，李中华历任飞行员、中队长、副大队长、大队长、参谋长、副团长。1994年荣获俄罗斯国家试飞员学校颁发的国际试飞员等级证书。现为空军特级飞行员。他能熟练驾驶我国装备的多型歼击机、歼击轰炸机和运输机执行任务。入伍23年来，李中华安全飞行2250小时，正确处置空中险情15起、空中重大险情5起，先后参加并完成了十余项重大科研试飞任务，在新机鉴定试飞和新技术验证试飞中填补了两项国内空白。先后荣立一等功1次，二等功5次，三等功6次；国家航空工业部门先后为他记一等功4次、二等功5次、三等功6次；他还荣获国家科技进步特等奖1项、二等奖1项。
>
> 回顾李中华的成长过程，他热爱科研试飞事业，安心本职工作，刻苦钻研试飞理论，以积极科学的态度在试飞领域大胆探索，锐意进取，最终取得了令人们尊敬的业绩，为国防现代化作出了杰出的贡献，也在自己的人生历程上写下了绚丽的篇章。在李中华身上集中体现了创业精神自信、自主、自立、自强的全部内涵。

三、磨砺创业意志

创业意志要求创业者树立竞争意识，塑造良好的心理品质，敢于直面竞争、勇于接受挑战、勤于检讨自我、善于面对成功和失败。

1. 竞争意识

竞争是市场经济最重要的特征之一，是企业赖以生存和发展的基础，也是立足社会不可缺乏的一种精神。人生即竞争，竞争本身就是提高，竞争的目的只有一个：取胜。随着我国社会主义市场经济从低级向高级发展，竞争愈来愈激烈。从小规模的分散竞争，发展到大集团集中竞争；从国内竞争发展到国际竞争；从单纯产品竞争，发展到综合实力的竞争。因此，创业者如果缺乏竞争意识，实际上就等于放弃了自己的生存权利。

创业者只有敢于竞争，善于竞争，才能取得成功。创业者创业之初面临的是一个充满压力的市场，如果创业者缺乏竞争的心理准备，甚至害怕竞争，就只能是一事无成。

2. 良好的创业心理品质

创业之路，是充满艰险与曲折的，尤其是自主创业，这就等于是一个人去面对变化莫测的激烈竞争以及随时出现的需要迅速正确解决的问题和矛盾，这需要创业者具有非常强的心理调控能力，能够持续保持一种积极、沉稳的心态，即有良好的创业心理品质。

创业心理品质是对创业者的创业实践过程中的心理和行为起调节作用的个性心理特征，它与人固有的气质、性格有密切的关系，主要体现在人的独立性、敢为性、坚韧性、克制性、适应性、合作性等方面，它反映了创业者的意志和情感。

创业的成功在很大程度上取决于创业者的创业心理品质。正因为创业之路不会一帆风顺，所以，如果不具备良好的心理素质、坚韧的意志，一遇挫折就垂头丧气、一蹶不振，那么，在创业的道路上是走不远的。只有具有处变不惊的良好心理素质和愈挫愈强的顽强意志，才能在创业的道路上自强不息、竞争进取、顽强拼搏，才能从小到大，从无到有，闯出属于自己的一番事业。

> **拓展阅读**
>
> ### 坚持就是胜利
>
> 古今中外，无论哪个领域的成功人士，他们都有一个共同的特点，那就是有金刚般的超人意志力，有百折不挠的坚持力。樵夫砍伐大树，纵然砍击的次数多达一千次，但使大树倒下去的往往是最后一下。有力和无力之区别，勤劳和懒惰之区别，成功和失败之区别，就在于他能不能坚持砍一千下。
>
> 20世纪初，在美国亚利桑那州有位男子，试图找寻位于兹默斯顿小镇附近的丰富银矿矿脉。他努力寻找了几年，终于在一座小山的侧向掘出了大约200米的坑道。但是，这座掘出坑道的银矿却已被挖掘一空了，不得已他只好放弃了计划。10年后，某矿山公司买下兹默斯顿地区的几处矿区。这家矿山公司重新挖掘了当年被放弃的矿脉，就在距离废弃的坑道1米左右的地点，发现了从来未有的丰富银矿脉。这1米的距离，就相当于几百万的美金。
>
> 当今社会不乏这样的人，他们在创取财富的过程中一旦遇到难点和阻力，便松懈下来，在困难面前变得惊慌失措或心灰意冷，再无进取之心。与上面故事的主人公那样，在距离财富只有1米的地方停止了前进的脚步。因为缺乏坚持到底的意志，所以财富与他们失之交臂。

单元二　准确选择创业型事业

前面我们曾经说过,一个人找到自己的"职业锚"的时刻,就是把职业转化为自己事业的时刻。事业和职业是一对意义相近的概念。事业是指个人所从事或经营的事情,侧重于有条理、有规模并有益于公众的事情,还含有成就、功业的意思;职业则是个人服务社会并作为主要生活来源的工作。显然,事业是职业的高级阶段,能在更高层次满足个人的精神追求和实现自我需求。反而言之,要准确地选择创业型事业,首先必须选择好职业。

一、选择好自己的职业

职业选择是个人对自己职业方向的比较、挑选和确定,这是一个人的能力、意愿和职业趋于一致的过程。我们可以在一定的理论指导下,遵循"人职匹配"等原则,在充分了解自身的职业能力、职业意愿以及职业岗位等方面的信息后,进而做出正确的职业选择。

每个人都可以进行职业选择,职业实际上也在对于他们进行"适者生存"的遴选。因此想要圆满地完成职业选择,就应该考虑自己与职业之间的相互一致、相互适应和相互匹配。而且,职业选择并不是个人在面临职业时的一个事件,它是一个过程,要贯穿于人生的各个阶段甚至一生。如果说职业生涯的发展理论,是把人的整个职业过程看作是自我人生的发展过程的话,那么职业选择理论则是引导人们对自我的认同过程。职业选择理论中最具代表性的是帕森斯和霍兰德的理论。

1. 职业—人匹配理论

1909年,美国波士顿大学的帕森斯教授在其所著的《选择一个职业》一书中提出了"职业—人匹配"理论,明确阐明职业选择的三大要素:①应该清楚地了解自己的态度、能力、兴趣、智谋、局限和其他特征;②应清楚地了解职业选择成功的条件,所需知识,在不同职业工作岗位上所占有的优势、不利和补偿、机会和前途;③上述两个条件的平衡。

该理论的内涵就是在清楚认识、了解个人的主观条件和社会职业岗位需求的基础上,将主客观条件与社会职业岗位相对照、相匹配,最后选择一种职业需求与个人特长匹配相当的职业。

"职业—人匹配"理论中的三大要素模式被认为是职业选择的经典原则,它具有较强的可操作性,对职业生涯管理、职业心理学的发展具有重要指导意义。但是,该理论试图找到个体特征与职业要求间的一一对应关系,没有充分考虑个体特征和工作要求中的可变因素,也忽视了社会因素对职业规划的影响和制约作用。

2. 职业性向理论

1971年,美国的职业咨询专家霍兰德提出了职业性向理论,并指出,人格或人的个性(包括价值观及需要等)是决定一个人选择职业的一个重要因素,在其他条件不变的情况下,个性与职业匹配较好的员工,其职业生涯发展往往更为顺利,也更为成功,因此,在进行职业选择时,应尽量考虑将职业与自己的个性相匹配,以提高人力资源利用效率和工作效益。

霍兰德认为,员工对工作的满意度和离职的倾向性,取决于个体的个性与职业相匹配的程度。他划分了六种基本个性类型,表3-6是人格类型与职业范例的对应表:

表 3-6　霍兰德人格类型与职业范例的对应表

类型	偏好	人格特点	职业范例
现实型	需要技能、力量、协调性的体力活动	害羞、真诚、持久、稳定、顺从、实际	机械师、钻井工、装配线工人、农场主
研究型	需要思考、组织和理解的活动	分析、创造、好奇、独立	生物学家、经济学家、记者
社会型	能够帮助和提高别人的活动	社会、友好、合作、理解	社会工作者、教师、议员
传统型	规范、有序、清楚明白的活动	顺从、高效、实际、缺乏想象力、灵活性	会计、业务经理、出纳、档案保管员
事业型	能够影响他人，获得权力	自信、进取、精力充沛、盛气凌人	法官、地产经纪、小企业主
艺术型	需要创造性表达的模糊且无规则可循的活动	富于想象力、无序、杂乱、理想、情绪化、不实际	画家、作家、音乐家

霍兰德的职业性向理论说明，个体之间存在着个性方面的本质差异。当人的个性与工作环境相匹配时，会产生较高的满意度和较低的离职率，有利于个人职业生涯发展，从而增加最终找到可以为之奉献的事业的可能性。

案例

菲尔·强生的职业选择

菲尔·强生的父亲开着一家洗衣店，并且让强生在店里工作，希望他将来能接管家族事务。但强生厌恶洗衣店的工作，懒懒散散、无精打采，即使在父亲的强迫下，勉强做一些工作，然而心事却完全不放在店里。这使他父亲非常苦恼和伤心，觉得自己养育了一个不求上进的儿子，甚至在员工面前深感丢脸。

有一天，强生告诉父亲自己想到机械厂工作，做一名普通工人。抛弃现有蓬勃兴旺的家族事业，却想出去打工，一切从头开始，父亲对他的想法完全无法理解，并且横加阻拦。但是，强生坚持自己的想法，他穿上油腻的粗布工作服，开始了劳动强度更大、时间更长的工作。可是他不但不觉得辛苦，反而觉得十分快乐，边工作还边吹口哨。工作之余，他选修工程学课程，研究引擎、装配机械。1944年菲尔·强生逝世时，已经荣升为波音公司的总裁，并且，他领导制造出了著名的"空中飞行堡垒"轰炸机，为盟军赢得第二次世界大战立下了汗马功劳。

如果当年留在洗衣店里，菲尔·强生和洗衣店的结果将如何呢？或许是这样的：洗衣店破产，菲尔·强生一贫如洗。菲尔·强生依照自己的兴趣和个性选择了适合的职业，最终将职业转化为自己的事业，并获得了成功。

二、了解用人单位

理论上说，任何职业都可以被转化成事业，都可能产生成功的创业者，但是不同性质的职业适合不同的劳动者。可以说提供具体职业的用人单位就是一个人特定时间段职业生涯的

"生态圈",因而对其职业生涯发展的影响最为直接。用人单位一般可以作以下的分类,可以结合上述的"人职匹配"和"职业性向"理论选择好自己的创业天地。

1. 企业单位

企业是从事社会经济活动的单位,企业中的员工可以分为经营、管理、技术和操作等类别。

2. 事业单位

事业单位是指主要由国家财政经费开支、不从事独立经营而从事为社会服务的工作单位。

3. 政府机关

政府机关是国家和地方各级政府行政管理机构的总称。

4. 社会团体

社会团体是社会上各种群众性组织的总称。

5. 自主就业者

自主就业包括各类自由职业者、灵活就业者和个体劳动者。

三、选择可以激发创造力的创业环境

创造力是指个体根据一定的目的和任务,运用一切已知条件和信息,开展能动思维活动,经过反复研究和实践,产生某种新颖的独特的有价值的成果的能力。创造力是创业成功的关键素质。创造力的培养除了个人因素外,尤其与环境因素密切相关,因此,有志于创业的人们应该选择可以激发创造力的创业环境。对于创业者而言,最佳的职业环境应该具备宽松宽容、积极进取、交流合作等特点。需要指出的是,职业环境与一个组织的文化有关。

1. 宽松、宽容的环境

宽松的环境首先是愉快、愉悦的,包括和谐的工作氛围、适合自己的工作环境等。一个人的思想背上沉重的枷锁,他想到的是束缚,那儿还能想到创造?其次鼓励尝试。因循守旧是创造力培养的天敌,一个鼓励尝试的环境是创新的重要条件。同时这种职业环境能产生无畏精神,这里所讲的无畏是指科学的大无畏精神——敢于怀疑和挑战,不迷信权威,不屈服世俗的压力。

宽松、宽容的环境容易产生良好心态。创新要有良好的心态。这个良好的心态首先是积极向上的,比如半杯水,一个消极心态的人会说糟了,只有半杯水了怎么办呢?一个积极心态的人会说,还是这半杯水,会说好啊,太好了还有半杯水。同样是半杯水,因为心态不同便可能导致不同的结果。其次是能经得起挫折和失败。一个好的创业环境应该以一种宽容的态度对待失败,从而使人产生良好的心态。

2. 积极进取的环境

但宽松并不意味着放松,积极进取,包括对事业的追求、对成功的渴望所导致的适度紧张是必要的,适度紧张才可以把创造力发挥出来。

1) 鼓励积极开发创造思维

一个有着良好创业环境的环境往往是思维活跃、乐于进取的。而懒惰的行为源自于懒惰的思想。要克服懒惰的思想就要积极开发创造性思维。创造性思维首先要具有探索精神,或者说要充满好奇心,特别是对司空见惯、熟视无睹的事物和现象,比如大家都熟知的牛顿通

过观察苹果落地而发现万有引力的故事。所有人曾戏称科学是满足科学家好奇心的一个东西。培养创造力没有好奇心是难以想象的。其次要有丰富的想象力，丰富的想象力是创造性发挥的前提和基础，无数开创新纪元的新发明和新发现都被人惊叹为天才的想象，甚至是被认为是异想天开。

2）学习型的组织

所谓学习型组织，就是充分发挥每个员工的创造性的能力，努力形成一种弥漫于群体与组织的学习气氛，凭借着学习，个体价值得到体现，组织绩效得以大幅度提高。美国麻省理工学院教授彼得·圣吉提出了建立学习型组织的"五项修炼"模型。①自我超越：能够不断理清个人的真实愿望、集中精力、培养耐心、实现自我超越；②改善心智模式：心智模式是看待旧事物形成的特定的思维定式，在知识经济时代，这会影响对待新事物的观点；③建立共同愿景：就是组织中人们所共同持有的意象或愿望，简单地说，就是我们想要创造什么；④团队学习：是发展成员整体搭配与实现共同目标能力的过程；⑤系统思考：要求人们用系统的观点对待组织的发展。

3）适度的竞争

好胜是人之常情，好的职业环境能将这种好胜转化为适度的竞争，而适度的竞争是让创业者之间碰撞出智慧的"火花"的好办法。中国有句俗语叫"点将不如激将"，说的就是这个道理。

3. 交流合作的环境

1）通过交流信息产生创新的思想火花

在当今时代，闭门造车想出成就是不可能了，"猫教老虎留一手"式的不完全信息沟通也是不合时宜的。一个好的创业职业环境必须要有完全的信息交流。

2）合作的环境

创业固然需要有创新的个体的行为，但更需要合作，特别是当今世界高新技术要全世界合作。马克思说人是社会的人，生产力是社会生产力。我们今天的创新创造，创造力，个人的作用非常大，但是要合作，这种合作要能协调沟通，发挥团队优势，群体优势，使创新思维和创造力升华，在合作中升华。

交流合作案例

试管婴儿的诞生

"成熟卵子一枚，精子若干毫升，体外混合，受精，受精卵体分裂数次，胚胎植入子宫，怀胎十月，试管婴儿出生，皆大欢喜。"这就是治疗某些不孕症的药方，医生们却耗费了40年时间，通过若干人的合作才获得成功。

鲍勃·爱德华兹是这项成果的核心人物。过程中，他整合了来自多位医生和生理学家的合作和成果。美国科学家格里高利·品卡斯和约翰·洛克早在1937年就成功进行了人的卵细胞体外培养成熟，1960年英国生理学家鲍勃·爱德华兹看到了品卡斯的成果，却很奇怪：为何距离品卡斯的论文发表了20多年，却没有人将这项技术进一步研究下去？他决定继续研究下去，在这个过程中，他利用自己在伦敦剑桥大学的实验室和多位科学家进行了合作，如1951年华裔医学博士张明觉提出的精子"获能"理论为体外受精提供了理论依据，1967年英国科学家巴里·巴维斯特找到了促使卵子体外受精的配方，英国医生帕特里克·斯泰普图发明的腹腔镜可以在不开刀的情况下取出卵子，极大地减少了成本和风险，最终使这项技术可以大规模进入临床阶段。1978年，人类第一例试管婴儿在英国诞生，取名路易丝·乔伊·布朗。

在今天，单打独斗式的创业英雄已经越来越难以出现了，将自己融入一个有着良好环境的创业团体中也许才是最好的选择。

单元三　积极投身创业实践活动

对于处在创业准备期的大学生而言，有了创业热情、创业意愿和创业规划还是不够的，这些终究只是纸上谈兵。参加创业实践活动，不仅可以检视自己的创业规划的可行性，还可以培养创业素质，是大学生走上社会，开始创业之路之前不可或缺的环节。

大学生在校期间可以参与的创业实践活动形式很多，首先是参加各种模拟竞赛类活动，如大学生创业大赛、创业计划书大赛等。其次，大学生还可通过参与社团组织活动、创业见习、职业见习、兼职打工、求职体验、市场和社会调查以及专业实习等活动来接触社会，了解市场，并磨炼自己的心志，提高自己的综合素质。第三，平时可多与有创业经验的亲朋好友交流，甚至还可通过E-mail和电话拜访自己崇拜的商界人士，或向一些专业机构咨询。这些"过来人"的经验之谈往往比看书本的收获更多。通过这种人际交往途径获得最直接的创业技巧与经验，将使大学生在创业过程中受益无穷。其四，投身于真正的创业实践。在毕业前后进入创业启动阶段，可以单独或与同学轮流租赁或承包一个小店铺，或加工、修理，或销售、服务等，在真刀真枪的创业实践中提高自己的创业能力。

本节重点介绍大学生社会实践活动、投身于真正的创业实践以及如何设计自己的创业路线三个问题。

一、积极参加社会实践活动

"纸上得来终觉浅，投身实践觅真知"，大学生们要加强理论与实践相结合，注重实践环节，通过社会实践活动体现社会实践"受教育，长才干，作贡献"的原则。

大学生的社会实践活动在20世纪80年代初拉开序幕，从少数学生的自发活动发展到现今全国范围的有组织、有计划、有目的的每年有数百万大学生参加的社会教育工程。大学生"三下乡"和"四进社区"活动，是新形势下大学生社会实践活动的深化发展，具有扎实的群众基础和广阔的发展前景。大学生社会实践活动主要包括以下几类：

1. 调研类：社会调查、科研攻关

（1）社会调查：围绕经济社会发展的重要问题，开展调查研究，提出解决问题的意见和建议，形成调研成果。高校也应该加强对大学生社会调查的选题、途径、过程的管理和指导，开设社会调查课程或讲座，帮助大学生正确认识社会现象，掌握科学研究方法，提高分析问题和解决问题的能力，努力把握事物的本质和规律。

（2）科研攻关：在社会实践中参与技术改造、工艺革新、技术传播、为积极社会发展献技出力，不断提高自我科学素养，培养良好的学术道德，弘扬求真务实、开拓创新的科学精神。参与科研项目，能通过实验充分锻炼动手能力，找出创业金点子，锻炼策划能力。有关部门也应该规范和促进大学生科技成果转化，鼓励大学生开展创业实践，提高创业技能。

2. 宣传类：科技推广、文化宣传、法律普及、环境保护

（1）科技推广：依据当地的经济和社会发展的实际需要，充分发挥大学生的科学文化水平较高的优势，通过科技服务、文化服务、农业科技调查等多种形式，广泛开展计算机知识、科普知识等技术培训和科技产品的宣传推广，提高当地的生产技术水平。

（2）文化宣传和法律普及：利用深入基层、利用板报、文艺演出、座谈会等形式，在农村基层干部和群众中宣传"三个代表"等理论知识和法律基础知识，使广大群众在实践中深刻领会"三个代表"，明确责任和使命，把爱国主义热情转化为成才报国的实际行动，并通过法律知识来武装和保卫自己，为实现经济社会全面、协调、可持续发展献计出力。在促进农村特别是经济较落后地区社会经济发展中提高自身素质，实现全面发展。

（3）环境保护：充分发挥青年大学生的人才技术优势，在调研的基础上，根据地方需求，大力开展环境保护、心理健康等方面的服务活动，力所能及地帮助地方解决困难。举办环保讲演、在农村基层宣传倡导环保观念，参与治理环境污染的工作和活动。

3. 服务类：挂职锻炼、勤工助学、医疗服务、志愿者服务

（1）挂职锻炼：深入到基层中，担任一定的社会工作，开展社会实践活动，了解基层生活，与劳动人民进行交流，经历基层生活锻炼，同时提供我们力所能及的帮助与支持。

（2）勤工助学：在校期间利用课余时间通过自己的智力、专业特长和其他能力为他人或单位提高的劳动、咨询和技术服，同时获得相应的报酬，为自己赚取学费和生活费。

（3）医疗服务：医学专业的青年大学生深入社区和边远农村，开展现代助医服务宣传、进行医疗卫生保健宣传咨询和开展医疗服务。

（4）志愿者服务："青年志愿者"是当代大学生"学雷锋、树新风"的新型组织，优秀的青年大学生们通过这个组织自发组织起来，参加重大会议、各类比赛等的服务工作。

4. 帮扶类：支教扫盲、企业帮扶、社区援助

（1）支教扫盲：主要任务是培训农村中小学师资，丰富中小学生的暑期生活，为农村中小学实施素质教育服务。开展扫盲活动，帮助青壮年文盲提高文化水平，积极组织农村返乡的大中专学生通过为家乡中小学生举办成才报告会，"大手拉小手"，密切长期联系，加强交流，促进共同提高。

（2）企业帮扶：青年大学生依靠自身的知识优势和专业技能优势，为企业提供服务，帮助企业解决难题，促进企业的运作。

（3）社区援助：在居民社区成立援助服务站，由青年大学生成立家教、法律、健康、科技、心理疏导等各类援助队，帮助社区内的一些单亲和特困家庭。

二、投身于真正的创业实习、实践

对欲进行自我创业的大学生而言，修炼自我的过程，单凭在学校中学习是不能完成的，也很难有条件在自己的企业中完成，绝大多数人只能通过"打工"的方式在别人的企业中完成，这是修炼的基本途径。打工一般是利用课余和寒暑假时间。现在社会留给学生的"打工"机会很多，而利用"打工"也确实可以充分锻炼自己的综合能力，如市场调研、销

售、组织、人力资源管理、财务管理、物流管理以及人际交往等各方面的能力。

大学生"打工"实际工作往往都是烦琐的或者重复性强的工作，但不能小看这些工作。例如做销售，在此过程中，大学生可以观察消费者的消费能力、消费观点、对公司产品及市场相关产品的评价等，掌握市场消息、预测市场需求、洞察市场空白，以市场指导生产。如果担任市场销售的学生团队领导，还可以借机向公司相关销售人员讨教经验，申请到生产现场参观等。担任学生领导，可以带领学生充分发挥团队协作能力，超额完成任务，积累人员管理、物流管理、财务管理等方面的实践基础经验。以后，从事相关的项目创业，在市场方面便有了对照和参考。在其他内容的打工实践中，同样可通过简单的工作综合积累相关经验。

三、设计好自己的创业路线

1. "先就业，后择业，再创业"的创业路线

一般来说，大学生创业应该走一条面对现实、降低起点、先融入社会再寻求发展的道路，也就是"先就业，后择业，再创业"。这种观点虽然存在一定的争议，但对于有志于自主创业的大学生而言却是一条有效的创业路线。有了一段就业和择业的经历，自己各方面的能力都有所提高，当具备了创业的自信心和一定的主观条件，客观上时机也到来时，可以考虑走创业之路。这是一种完善自我、减少创业风险的好途径。但也不能苛求每个人都这样循规蹈矩，对有一定知识产权、发明创造的毕业生，可将自己的技术作为资本投入企业或自己开办公司直接进入创业阶段。

"先就业，后择业，再创业"的过程，是以职业流动观、创业观等取代就业观为基础，并符合市场经济发展规律的。这种就业观是一个有志有为青年在市场经济环境下奋力拼搏、追求发展、事业有成的鲜明写照，是人生事业发展的三部曲。

有了创业的志向，但主客观条件不具备时，可以先就业。即使从事的工作与你创业的志向不一致，也必须为了解决基本生活问题先稳定下来。当基本生活有了保障，并对现有工作不满意而再择业时，应进入欲创业的行业。目的是观察、了解和熟悉该行业。因为对特定待业熟悉是创业成功的基础。仔细观察各行各业，自主创业成功的关键只在"熟悉"二字。熟悉一个行业到一定程度，研究它的规律，具备比较成熟的业务关系和一定量的资金，你就可以自己创业了。

能够选择自己熟悉并感兴趣和喜欢的行业去创业，是最佳的。

由此可见，创业成功者的秘诀就是对创业领域的熟悉再加上勤奋和自信心。所以不要担心自己不如别人聪明能干，因为多数人的智商差别不大。许多工作、许多待业需要的是熟悉、熟悉、再熟悉，而不是天才。只有熟悉以后，才能总结出规律，找到成功的诀窍。

2. 选择合适的创业领域进行实践

1）结合自身特点

如今创业市场商机无限，但对资金、能力、经验都有限的大学生创业者来说，并非"遍地黄金"。在这种情况下，大学生创业只有根据自身特点，找准"落脚点"，才能闯出一片真正适合自己的新天地。

（1）高科技领域。身处高新科技前沿阵地的大学生，在这一领域创业有着"近水楼台先得月"的优势，但并非所有的大学生都适合在高科技领域创业，一般来说，技术功底深

厚、学科成绩优秀的大学生才有成功的把握。有意在这一领域创业的大学生,可积极参加各类创业大赛,获得脱颖而出的机会,同时吸引风险投资。推荐商机:软件开发、网页制作、网络服务、手机游戏开发等。

(2) 智力服务领域。智力是大学生创业的资本,在智力服务领域创业,大学生游刃有余。例如,家教领域就非常适合大学生创业:一方面,这是大学生勤工俭学的传统渠道,积累了丰富的经验;另一方面,大学生能够充分利用高校教育资源,更容易赚到"第一桶金"。此类智力服务创业项目成本较低,一张桌子、一部电话就可开业。推荐商机:家教、家教中介、设计工作室、翻译事务所等。

(3) 连锁加盟领域。统计数据显示,在相同的经营领域,个人创业的成功率低于20%,而加盟创业则高达80%。对创业资源十分有限的大学生来说,借助连锁加盟的品牌、技术、营销、设备优势,可以较少的投资、较低的门槛实现自主创业。但连锁加盟并非"零风险",在市场鱼龙混杂的现状下,大学生涉世不深,在选择加盟项目时更应注意规避风险。一般来说,大学生创业者资金实力较弱,适合选择启动资金不多、人手配备要求不高的加盟项目,从小本经营开始为宜;此外,最好选择运营时间在5年以上、拥有10家以上加盟店的成熟品牌。推荐商机:快餐业、家政服务、校园小型超市、数码速印站等。

(4) 开店。大学生开店,一方面可充分利用高校的学生顾客资源;另一方面,由于熟悉同龄人的消费习惯,入门较为容易。正由于走"学生路线",因此要靠价廉物美来吸引顾客。此外,由于大学生资金有限,不可能选择热闹地段的店面,因此推广工作尤为重要,需要经常在校园里张贴广告或和社团联办活动,才能广为人知。如可在高校内部或周边地区开设餐厅、咖啡屋、美发屋、文具店、书店等。

2) 低成本创业

很多人都渴望创业,但苦于没有资金。想要创业,就必须考虑如何能低成本创业,那如何进行低成本的创业呢?首先必须要有心理准备:要有吃苦和百折不挠的精神、要勤奋,要有正确的方向和方法,要有良好的规划和人生设计。要充分利用现有的资源,要发挥自己的主观能动性,要发挥自己的优势,扬长避短、要善于借势。

3. 先不考虑创业

在打工过程中先创造个人品牌,如一些有名的职业经理人、行销专家、发明家等,然后利用自己的无形资产和别人的有形资产结合,达到无本创业的目的。

创业型人才的成长过程是一个自我不断修炼、不断提高的过程,也许能获得最后成功的只是少数,但是只要坚定创业信念,明确自己的目标并终生为之奋斗,这本身就是一件令人自豪和激动的事情。

学习情境三

创业模拟

知识目标

1. 知道并理解 ERP。
2. 知道并理解创业企业经营管理之道。
3. 理解物理沙盘和电子沙盘的经营技巧。

能力目标

1. 掌握 ERP 经营之道。
2. 掌握提高所有者权益的途径。

单元一　了解沙盘

一、企业模拟经营沙盘的由来

沙盘一词源于军事,它采用各种模型来模拟战场的地形及武器装备的部署情况,结合战略与战术的变化来进行推演。这种方法在军事上获得了极大的成功。商场如战场!自从 1978 年被瑞典皇家工学院的 Klas Mellan 开发之后,ERP 沙盘模拟演练迅速风靡全球。现在国际上许多知名的商学院(如哈佛商学院、瑞典皇家工学院等)和一些管理咨询机构都在用 ERP 沙盘模拟演练,对职业经理人、MBA、经济管理类学生进行培训,以期提高他们在实际经营环境中决策和运作的能力。

20 世纪 80 年代初期,该课程被引入我国,率先在企业的中高层管理者培训中使用并快速发展。21 世纪初用友、金蝶等软件公司相继开发出了 ERP 沙盘模拟演练的教学版,将它推广到高等院校的实验教学过程中。现在,越来越多的高等院校为学生开设了"ERP 沙盘模拟"课程,并且都取得了很好的效果。本书所介绍的是用友公司推出的 ERP 沙盘模拟演练的版本。

目前，沙盘推演已经得到普遍推广，ERP，即企业资源计划沙盘模拟就是其中之一，也就是我们所说的企业模拟经营沙盘实训。

二、企业模拟经营沙盘的概况和意义

企业的目标就是在有限的资源情况下，追求最大的产出。从外延上看，是追求利润，本质是资源的合理利用。企业模拟经营沙盘实训就是通过对抗的方式来进行的相关培训。企业模拟经营沙盘对抗融角色扮演、案例分析和专家诊断于一体，最大的特点是在参与中学习，学员的学习过程接近企业现状，在短短几天的训练中，会遇到企业经营中经常出现的各种典型问题。

企业模拟经营手工沙盘的基础背景，一般设定为一家已经经营了 2 年的生产型企业。此课程一般会把参加训练的学员分成 4~6 组，一般每组 5~6 人，每组各代表不同的虚拟公司。在这个训练中，每个小组的成员将分别担任公司中的重要职位（执行总裁、首席财务官、市场总监、生产总监和采购总监等）。每队要亲自经营一家拥有上亿元资产、销售良好、资金充裕的企业，连续从事 6~8 个会计年度的经营活动。而企业模拟经营电子沙盘对抗更加激烈，可以把训练的学员分成 6~22 个组，每组成员 5~6 人组建虚拟公司。学员从股东那里得到初始资金（资金数额由指导教师决定），自己决定生产什么样的产品。在经营过程中要面对同行竞争、产品老化、市场单一的情况，公司要如何保持成功及不断成长，是每位成员面临的重大挑战。该实训涉及整体战略、产品研发、设备投资改造、生产能力规划与排程、物料需求计划、资金需求规划、市场与销售、财务经济指标分析、团队沟通与建设等多个方面的内容。企业模拟经营沙盘实训过程如图 3-2 所示。

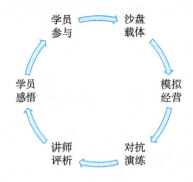

图 3-2　企业模拟经营沙盘实训过程

通过企业模拟经营沙盘对抗，学员要在模拟出来的这几年经营中，在客户、市场、资源及利润等方面进行一番真正的较量。这种模拟有助于学员形成宏观规划、战略布局的思维模式。通过这一模拟，学员可以对生产企业各环节的业务达成一致的理性及感性认识，形成共通的思维模式，形成促进沟通的共同语言。企业模拟经营沙盘对抗可帮助学员站在高层领导的角度认清企业运营状况，建立企业运营的战略视角，了解企业中物流、资金流、信息流如何做到协同统一，认识到 ERP 系统对于提升公司管理的价值；可以帮助学员站在中层经理的角度了解整个公司的运作流程，提高全局和长远策略意识，了解各部门决策对企业业绩产生的影响，同时理解如何用 ERP 系统处理各项业务和由此带来的决策的准确性；可以帮助学员站在一线主管的角度上认识到企业资源的有限性和企业一线生产研发等部门之间的紧密联系，从而提升其策略性思考的能力，提高与下属沟通的技巧；可以帮助学员站在企业员工的角度上从市场、财务、业务、工作流等相关角度深入理解企业资源运营。

单元二　建立模拟企业

一、组建高效的团队

在沙盘对抗实训中，要将所有的学员分成若干个团队，团队就是由少数有互补技能、愿意为了共同的目的、业绩目标和方法而相互承担责任的人们组成的群体。而在每个团队中，各学员分别担任重要职位，包括CEO、财务总监、营销总监、生产总监和采购总监等职位。在经营过程中，团队的合作是必不可少的。要想打造一支高效的团队，应注意以下几点：

1. 有明确的共同目标

团队必须共同发展，并且要共同完成一个目标，这个目标可以使团队的成员向相同的方向努力，能够激发每个团队成员的积极性，并且使队员行动一致。团队要将总体的目标分解为具体的、可度量的、可行的行动目标。这些具体的目标和总体目标要紧密结合，并且要根据情况随时相应的修正。比如团队确立了自己六年发展的总目标，还要分解到每一年和每一季度具体如何运营。

2. 确保团队成员互补的能力

团队必须要发展一个完善的能力组合，比如担任财务总监的成员就要比较细心，对财务的相关知识有一定的了解，而担任CEO职务的人就应该具备比较强的协调能力和组织能力等。

3. 有一位团队型领导

在经营过程中需要做出各种决策，这就需要CEO能够统领全局，协调各部门之间的关系，充分调动起每个学员的积极性，还要能够作出正确的决策。要成为一个高效、统一的团队，团队领导就必须学会在缺乏足够的信息和统一意见的情况下及时做出决定，果断的决策机制往往是以牺牲民主和不同意见为代价而获得的。对于团队领导而言，最难做到的莫过于避免被团队内部虚伪的和谐气氛所误导，并采取种种措施，努力引导和鼓励适当的、有建设性的良性冲突。将被掩盖的问题和不同意见摆到桌面上，通过讨论和合理决策将其加以解决，否则，将对企业的发展造成巨大的影响。

4. 履行好各自的责任

各学员应该按照自己的职位职责进行经营活动，而且应该把自己的工作做好。比如采购总监就应该负责原材料的采购，如果出现差错，直接会影响到以后的生产，而生产的产品数量又影响到交单的情况。所以一个小环节的疏漏，可能会导致满盘皆输。

二、职能定位

在模拟企业中主要设置五个基本职能部门（可根据学员人数适当调整），其主要职责见表3-7。

表 3-7　各职位职责明细表

CEO	财务总监	营销总监	生产总监	采购总监
制定发展战略	日常财务记账和登账	市场调查分析	产品研发管理	编制采购计划
竞争格局分析	向税务部门报税	市场进入策略	管理体系认证	供应商谈判
经营指标确定	提供财务报表	品种发展策略	固定资产投资	签订采购合同
业务策略制定	日常现金管理	广告宣传策略	编制生产计划	监控采购过程
全面预算管理	企业融资策略制定	制定销售计划	平衡生产能力	仓储管理
管理团队协同	成本费用控制	争取订单与谈判	生产车间管理	采购支付抉择
企业绩效分析	资金调度与风险管理	按时交货	成品库存管理	与财务部协调
管理授权与总结	财务分析与协助决策	销售绩效分析	产品外协管理	与生产部协同

各组学员可以根据自己的专长选择不同的职能部门，当人数较多时，可设置各助理职位，如财务助理等。确定好职能后，应按图 3-3 所示重新落座。

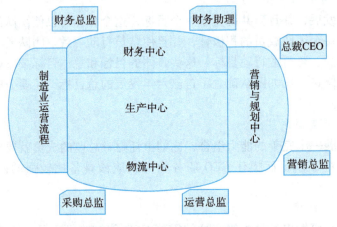

图 3-3　各职能部门座位图

三、公司成立及 CEO 就职演讲

1. 公司命名

在公司成立之后，每个小组要召开第一次员工大会，大会由 CEO 主持。在这次会议中要为自己组建的公司命名。公司名称对一个企业将来的发展而言至关重要，因为公司名称不仅关系到企业在行业内的影响力，还关系到企业所经营的产品投放市场后，消费者对本企业的认可度；品牌命名或公司名称过程符合行业特点、有深层次的文化底蕴、又是广大消费者熟知的、再也找不到第二名称时，企业的竞争力就明显地区别于行业内的企业，为打造知名品牌奠定了基础。因此各小组要集思广益，为自己的企业起一个响亮的名字。

2. 确定企业使命

企业使命英文表示为 MISSION，在企业远景的基础之上，具体的定义企业在全社会经济领域中所经营的活动范围和层次，具体地表述企业在社会经济活动中的身份或角色。它包括的内容为企业的经营哲学、企业的宗旨和企业的形象。在第一次员工大会上，学员还要集体讨论确定企业的宗旨和企业形象等问题。

3. CEO 就职演讲

小组讨论结束后，由 CEO 代表自己的公司进行就职演讲，阐述一下自己公司使命与目标等，为下一步具体经营管理企业打下良好的基础。

四、模拟企业运营流程

以用友 ERP 沙盘模拟课程为例，根据经营的先后顺序，把整个模拟经营过程分为几个阶段依次来循序渐进地了解沙盘实战模拟流程。

1. 模拟公司

首先，学员将以小组为单位建立模拟公司，注册公司名称，组建管理团队，参与模拟竞争。小组要根据每个成员的不同特点进行职能的分工，选举产生模拟企业的第一届总经理，确立组织愿景和使命目标。

2. 经营会议

当学员对模拟企业所处的宏观经济环境和所在行业特性基本了解之后，各公司总经理组织召开经营会议，依据公司战略安排，作出本期经营决策，制定各项经营计划，其中包括融资计划、生产计划、固定资产投资计划、采购计划、市场开发计划、市场营销方案。

3. 环境分析

任何企业的战略，都是针对一定的环境条件制定的。沙盘训练课程为模拟企业设置了全维的外部经营环境、内部运营参数和市场竞争规则。进行环境分析的目地就是要努力从近期在环境因素中所发生的重大事件里，找出对企业生存、发展前景具有较大影响的潜在因素，然后科学地预测其发展趋势，发现环境中蕴藏着的有利机会和主要威胁。

4. 竞争战略

各"公司"根据自己对未来市场预测和市场调研，本着长期利润最大化的原则，制定、调整企业战略，战略内容包括：公司战略（大战略框架），新产品开发战略，投资战略，新市场进入战略，竞争战略。

5. 经理发言

各职能部门经理通过对经营的实质性参与，加深了对经营的理解，体会到了经营短视的危害，树立起为未来负责的发展观，从思想深处构建起战略管理意识，管理的有效性得到显著提高。

6. 沟通交流

通过密集的团队沟通，充分体验交流式反馈的魅力，系统了解企业内部价值链的关系，认识到打破狭隘的部门分割，增强管理者全局意识的重要意义，深刻认识建设积极向上的组织文化的重要性。

7. 财务结算

一期经营结束之后，学员自己动手填报财务报表，盘点经营业绩，进行财务分析，通过数字化管理，提高经营管理的科学性和准确性，理解经营结果和经营行为的逻辑关系。

8. 业绩汇报

各公司在盘点经营业绩之后，围绕经营结果召开期末总结会议，由总经理进行工作述职,认真反思本期各个经营环节的管理工作和策略安排,以及团队协作和计划执行的情况。总结经验,吸取教训,改进管理,提高学员对市场竞争的把握和对企业系统运营的认识。

9. 分析点评

根据各公司期末经营状况,讲师对各公司经营中的成败因素深入剖析,提出指导性的改进意见,并针对本期存在的共性问题,进行高屋建瓴的案例分析与讲解。最后,讲师按照逐层递进的课程安排,引领学员进行重要知识内容的学习,使以往存在的管理误区得以暴露,管理理念得到梳理与更新,提高了洞察市场、理性决策的能力。

总之,沙盘模拟培训是全新的授课方式,学员是主体,老师是客体,学员通过运用学习到的管理知识亲自掌控模拟企业的经营决策,改进管理绩效,推动培训进程。讲师根据需要对学员进行必要的引导,适时启发学员思考,当学员陷入经营困境时提出建议,并对培训中的核心问题进行解析。学员就是通过对模拟经营的自主完整体验,以及在对模拟企业管理成功与失败的反思与总结中,感受企业运营规律,感悟经营管理真谛。学员得到的不再是空洞乏味的概念、理论,而极其宝贵的实践经验和深层次的领会与感悟。

单元三 企业模拟经营电子沙盘

电子沙盘演练可以让各组员了解企业各部门的运营情形,让组员对更加清晰地明白一个企业的生产经营中现金流、物流、信息流是如何互相影响、互相促进的。五个人在短时间内要经营六年,除了定策略、改方案、走流程,还要进行报表处理等,沙盘培训不仅让大家更加熟悉企业经营,让自己的策略在短时间内进行验证,同时也培养大家团队分工协作、相互合作能力。

一、模拟企业的运营流程及操作指南

1. 新道新商战企业模拟经营系统简介

新道新商战沙盘系统 V3.0(以下简称新商战沙盘)是一款针对高、中职院校财经商贸类专业教学而设计的企业经营管理综合模拟实训系统。企业经营管理综合模拟实训是指在训练过程中4~5名学员组成一个团队,合作完成一个制造型企业从建厂开始,投入生产到正常运营经历完整的六年模拟企业运营任务。

新商战沙盘针对总经理(CEO)、财务总监(CFO)、市场总监(CMO)、生产总监(COO)、采购总监(CPO)等岗位,以生产制造型企业运营全过程的管理作为训练内容,通过模拟六年完整的企业运营全过程,训练生产管理、采购管理、营销管理、财务管理、战略管理等方面的实训任务,使学生充分了解企业的运营流程和业务流程,掌握企业经营过程中不同领域的基本管理能力。

2. 新商战沙盘操作流程说明

(1)年度运营总流程。新商战沙盘模拟运营企业经营6个年度,每个年度分设4个季度运行。全年总体运营流程如图3-4所示。

图 3-4　全年总体运营流程

（2）年初运营流程。年初企业运营过程包括年度规划、投放广告、支付广告费、支付所得税、参加订货会、长期贷款。具体运营流程如图 3-5 所示。

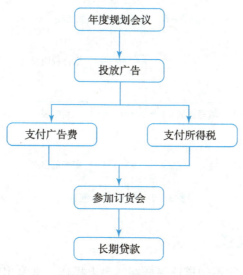

图 3-5　具体运营流程

（3）每季度内运营流程如图 3-6 所示。

（4）年末操作流程。年末操作流程主要包含填写报表和投放广告，具体流程如图 3-7 所示。

（5）流程外运营操作。

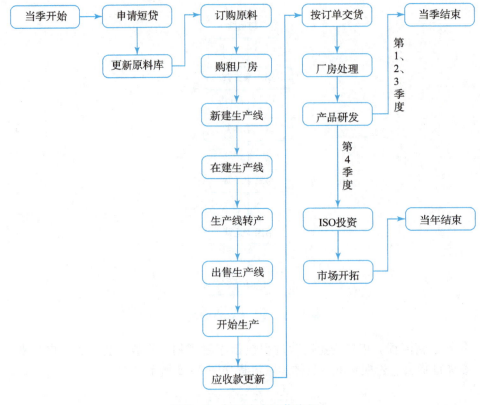

图3-6 每季度内运营流程

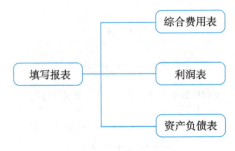

图3-7 年末操作流程

二、模拟企业运营实录

在初次接触沙盘时,往往不知道该怎样在沙盘上操作,常常出现手忙脚乱的情况。本次任务就是结合企业运营规则,解决营运过程中的操作问题。

在一年之初,企业应当谋划全年的经营,预测可能出现的问题和情况,分析可能面临的问题和困难,寻找解决问题的途径和办法,使企业未来的经营活动处于掌控之中。为此,企业首先应当召集各位业务主管召开新年度规划会议,初步制定企业本年度的投资规划,接着,营销总监参加一年一度的产品订货会,竞争本年度的销售订单;然后,根据销售订单情况,调整企业本年度的投资规划,制定本年度的工作计划,开始本年度的各项工作。

1. 新年度规划会议

(1) 新年度全面规划。新年度规划涉及企业在新的一年如何开展各项工作的问题。通过制定新年度规划，可以使各位业务主管做到在经营过程中胸有成竹，知道自己在什么时候该干什么，可以有效预防经营过程中决策的随意性和盲目性，减少经营失误；同时，在制定新年度规划时，各业务主管已经就各项投资决策达成了共识，可以使各项经营活动有条不紊地进行，可以有效提高团队的合作精神，鼓舞士气，提高团队的战斗力和向心力，使团队成员之间更加团结、协调、和谐。

新年度全面规划内容涉及企业的发展战略规划、投资规划、生产规划和资金筹集规划等。要做出科学合理的规划，企业应当结合目前和未来的市场需求、竞争对手可能的策略以及本企业的实际情况进行。在进行规划时，企业首先应当对市场进行准确的预测，包括预测各个市场产品的需求状况和价格水平，预测竞争对手可能的目标市场和产能情况，预测各个竞争对手在新的一年的资金状况（资金的丰裕和不足将极大地影响企业的投资和生产），在此基础上，各业务主管提出新年度规划的初步设想，大家就此进行论证，最后，在权衡各方利弊得失后，做出企业新年度的初步规划。企业在进行新年度规划时，可以从以下方面展开：

第一，市场开拓规划。企业只有开拓了市场才能在该市场销售产品。企业拥有的市场决定了企业产品的销售渠道。开拓市场投入资金会导致企业当期现金的流出，增加企业当期的开拓费用，减少当期的利润。所以，企业在制定市场开拓规划时，应当考虑当期的资金情况和所有者权益情况。只有在资金有保证，减少的利润不会对企业造成严重后果（比如，由于开拓市场增加费用而减少的利润使企业所有者权益为负数）时才能进行。

第二，ISO 认证开发规划。企业只有取得 ISO 认证资格，才能在竞单时取得标有 ISO 条件的订单。不同的市场、不同的产品、不同的时期，对 ISO 认证的要求是不同的，不是所有的市场在任何时候对任何产品都有 ISO 认证要求。所以，企业应当对是否进行 ISO 认证开发进行决策。同样，要进行 ISO 认证，需要投入资金。如果企业决定进行 ISO 认证开发，也应当考虑对资金和所有者权益的影响。

第三，产品研发投资规划。企业在经营前期，产品品种单一，销售收入增长缓慢。企业如果要增加收入，就必须多销售产品。而要多销售产品，除了销售市场要足够多之外，还必须要有多样化的产品，因为每个市场对单一产品的需求总是有限的。为此，企业需要做出是否进行新产品研发的决策。企业如果要进行新产品的研发，就需要投入资金，同样会影响当期现金流量和所有者权益。

第四，设备投资规划。企业生产设备的数量和质量影响产品的生产能力。企业要提高生产能力，就必须对落后的生产设备进行更新，补充现代化的生产设备。要更新设备，需要用现金支付设备款，支付的设备款记入当期的在建工程，设备安装完成后，增加固定资产。所以，设备投资支付的现金不影响当期的所有者权益，但会影响当期的现金流量。正是因为设备投资会影响现金流量，所以，在设备投资时，应当重点考虑资金的问题，防止出现由于资金问题而使投资中断，或者投资完成后由于没有资金不得不停工待料等情况。

(2) 确定可接订单的数量。在新年度规划会议以后，企业要参加一年一度的产品订货会。企业只有参加产品订货会，才能争取到当年的产品销售订单。在产品订货会上，企业要准确拿单，就必须准确计算出当年的产品完工数量，据此确定企业当年甚至每一个季度的可

接订单数量。企业某年某产品可接订单数量的计算公式为

某年某产品可接订单数量＝年初该产品的库存量＋本年该产品的完工数量

公式中，年初产品的库存量可以从沙盘盘面的仓库中找到，也可以从营销总监的营运记录单中找到（实际工作中从有关账簿中找到）。这里，最关键的是确定本年产品的完工数量。

完工产品数量是生产部门通过排产来确定的。在沙盘企业中，生产总监根据企业现有生产线的生产能力，结合企业当期的资金状况确定产品上线时间，再根据产品的生产周期推算产品的下线时间，从而确定出每个季度、每条生产线产品的完工情况。为了准确测算产品的完工时间和数量，沙盘企业可以通过编制"产品生产计划"来进行。当然，企业也可以根据产品上线情况同时确定原材料的需求数量，这样，两者结合，既可确定产品的完工时间和完工数量，同时又可以确定每个季度原材料的需求量。

需要注意的是，在编制"产品生产及材料需求计划"时，企业首先应明确产品在各条生产线上的投产时间，然后根据各生产线的生产周期推算每条生产线投产产品的完工时间，最后，将各条生产线完工产品的数量加总，得出企业在某一时期每种产品的完工数量。同样，依据生产与用料的关系，企业根据产品的投产数量可以推算出各种产品投产时需要投入的原材料数量，然后，将各条生产线上需要的原材料数量加总，可以得到企业在每个季度所需要的原材料数量。采购总监可以根据该信息确定企业需要采购什么、什么时间采购、采购多少等。

2. 参加订货会、支付广告费、登记销售订单

销售产品必须要有销售渠道。对于沙盘企业而言，销售产品的唯一途径就是参加产品订货会，争取销售订单。参加产品订货会需要在目标市场投放广告费，只有投放了广告费，企业才有资格在该市场争取订单。

在参加订货会之前，企业需要分市场、分产品在"竞单表"上登记投放的广告费金额。"竞单表"是企业争取订单的唯一依据，也是企业当期支付广告费的依据，应当采取科学的态度，认真对待。

一般情况下，营销总监代表企业参加订货会，争取销售订单。但为了从容应对竞单过程中可能出现的各种复杂情况，企业也可由营销总监与CEO或采购总监一起参加订货会。竞单时，应当根据企业的可接订单数量选择订单，尽可能按企业的产能争取订单，使企业生产的产品在当年全部销售。应当注意的是，企业争取的订单一定不能突破企业的最大产能，否则，如果不能按期交单，将给企业带来巨大的损失。

沙盘企业中，广告费一般在参加订货会后一次性支付。所以，企业在投放广告时，应当充分考虑企业的支付能力。也就是说，投放的广告费一般不能突破企业年初未经营前现金库中的现金余额。

为了准确掌握销售情况，科学制定本年度工作计划，企业应将参加订货会争取的销售订单进行登记。拿回订单后，财务总监和营销总监分别在任务清单的"订单登记表"中逐一对订单进行登记。为了将已经销售和尚未销售的订单进行区分，营销总监在登记订单时，只登记订单号、销售数量、账期，暂时不登记销售额、成本和毛利，当产品销售时，再进行登记。

3. 制定新年度计划

企业参加订货会取得销售订单后，已经明确了当年的销售任务。企业应当根据销售订单

对前期制定的新年度规划进行调整，制定新年度工作计划。新年度工作计划是企业在新的一年为了开展各项经营活动而事先进行的工作安排，它是企业执行各项任务的基本依据。新年度工作计划一般包括投资计划、生产计划、销售计划、采购计划、资金筹集计划等。沙盘企业中，当企业取得销售订单后，企业的销售任务基本明确，已经不需要制定销售计划了。这样，企业的新年度计划主要围绕生产计划、采购计划和资金的筹集计划来进行。

为了使新年度计划更具有针对性和科学性，计划一般是围绕预算来制定的。预算可以将企业的经营目标分解为一系列具体的经济指标，使生产经营目标进一步具体化，并落实到企业的各个部门，这样企业的全体员工就有了共同努力的方向。沙盘企业中，通过编制预算，特别是现金预算，可以在企业经营之前预见经营过程中可能出现的现金短缺或盈余，便于企业安排资金的筹集和使用；同时，通过预算，可以对企业的规划及时进行调整，防止出现由于资金断流而破产的情况。

现金预算，首先需要预计现金收入和现金支出。实际工作中，现金收入和支出只能进行合理地预计，很难进行准确测算。沙盘企业中，现金收入相对比较单一，主要是销售产品收到的现金，可以根据企业的销售订单和预计交单时间准确地估算。现金支出主要包括投资支出、生产支出、采购材料支出、综合费用支出和日常管理费用支出等。这些支出可以进一步分为固定支出和变动支出两部分。固定支出主要是投资支出、综合费用支出、管理费用支出等，企业可以根据规则和企业的规划准确计算。变动支出是随产品生产数量的变化而变化的支出，主要是生产支出和材料采购支出。企业可以根据当年的生产线和销售订单情况安排生产，在此基础上通过编制"产品生产与材料需求计划"，准确地测算出每个季度投产所需要的加工费。同时，根据材料需求计划确定材料采购计划，准确确定企业在每个季度采购材料所需要的采购费用。这样，通过预计现金收入和现金支出，可以比较准确地预计企业现金的短缺或盈余。

实际工作中，企业要准确编制预算，首先应预计预算期产品的销售量，在此基础上编制销售预算，预计现金收入。之后，编制生产预算和费用预算，预计预算期的现金支出，最后编制现金预算。沙盘企业中，预算编制的程序与实际工作基本相同，但由于业务简化，可以采用简化的程序，即根据销售订单，先编制产品生产计划，再编制材料采购计划，最后编制现金预算。

（1）生产计划。沙盘企业中，编制生产计划的主要目的是确定产品投产的时间和投产的品种（当然也可以预计产品完工的时间），从而预计产品投产需要的加工费和原材料。生产计划主要包括产品生产及材料需求计划、开工计划、原材料需求计划等。

前面我们已经介绍，企业在参加订货会之前，为了准确计算新年产品的完工数量，已经根据自己的生产线情况编制了"产品生产及材料需求计划"。但是，由于取得的销售订单可能与预计有差异，企业有时需要根据取得的销售订单对产品生产计划进行调整，为此，就需要重新编制该计划。然后，企业根据确定的新的"产品生产及材料需求计划"，编制"开工计划"和"材料需求计划"。

"开工计划"是生产总监根据"产品生产及材料需求计划"编制的，它将各条生产线产品投产数量按产品加总，将分散的信息集中在一起，可以直观看出企业在每个季度投产了哪些产品、分别有多少。同时，根据产品的投产数量，能准确确定出每个季度投产产品所需要的加工费。财务总监根据该计划提供的加工费信息，作为编制现金预算的依据之一。

(2) 材料采购计划。企业要保证材料的供应，必须提前订购材料。实际工作中，采购材料可能是现款采购，也可能是赊购。沙盘企业中，一般采用的是现款采购的规则。也就是说，订购的材料到达企业时，必须支付现金。

材料采购计划相当于实际工作中企业编制的"直接材料预算"，它是以生产需求计划为基础编制的。在编制材料采购计划时，主要应当注意三个问题：

第一，订购的数量。

第二，订购的时间。

第三，采购材料付款的时间和金额。

企业编制材料采购计划，可以明确企业订购材料的时间，采购总监可以根据该计划订购材料，防止多订、少订、漏订材料，保证生产的需要。同时，财务总监根据该计划可以了解企业采购材料的资金需要情况，及时纳入现金预算，保证资金的供应。

(3) 现金预算。企业在经营过程中，常常出现现金短缺的"意外"情况，正常经营不得不中断，搞得经营者焦头烂额。其实，仔细分析我们会发现，这种"意外"情况的发生不外乎两方面的原因：第一，企业没有正确编制预算，导致预算与实际严重脱节；第二，企业没有严格按计划进行经营，导致实际严重脱离预算。为了合理安排和筹集资金，企业在经营之前应当根据新年度计划编制现金预算。

现金预算是有关预算的汇总，由现金收入、现金支出、现金多余或不足、资金的筹集和运用四个部分组成。现金收入部分包括期初现金余额和预算期现金收入两部分。现金支出部分包括预算的各项现金支出。现金多余或不足是现金收入合计与现金支出合计的差额。

综上，企业为了合理组织和安排生产，在年初首先应当编制"产品生产及材料需求计划"，明确企业在计划期内根据产能所能生产的产品数量，营销总监可以根据年初库存的产品数量和计划年度的完工产品数量确定可接订单数量，并根据确定的可接订单数量参加产品订货会。订货会结束后，企业根据确定的计划年度产品销售数量安排生产。为了保证材料的供应，生产总监根据确定的生产计划编制"材料需求计划"，采购总监根据生产总监编制的"材料需求计划"编制"材料采购计划"。财务总监根据企业规划确定的费用预算、生产预算和材料需求预算编制资金预算，明确企业在计划期内资金的使用和筹集。

4. 支付应付税

依法纳税是每个公民应尽的义务。企业在年初应支付上年应交的税金。企业按照上年资产负债表中"应交税金"项目的数值交纳税金。交纳税金时，财务总监从现金库中拿出相应现金放在沙盘"综合费用"的"税金"处，并在运营任务清单对应的方格内记录现金的减少数。

参 考 文 献

［1］［美］杰弗里·蒂蒙斯，等．创业学［M］．周伟民，吕长春，译．北京：人民邮电出版社，2006．
［2］刘辉，李强，王秀燕．大学生创新创业教程［M］．上海：上海交通大学出版社，2016．
［3］侯丽萍，张慧全，赵兰杰．大学生创业与创新指导［M］．北京：中国传媒大学出版社，2011．
［4］景宏磊，李海婷．大学生创新创业教程［M］．青岛：中国石油大学出版社，2016．
［5］欧阳峣，蒋璟萍．大学生创业教育讲座［M］．北京：知识产权出版社，2006．
［6］程社明，等．人生发展与职业生涯规划［M］．北京：团结出版社，2003．
［7］赵淑敏．创业融资［M］．北京：清华大学出版社，2009．
［8］沈斐敏，徐国立．大学生创新与创业教程［M］．北京：高等教育出版社，2014．
［9］吴晓义．创业基础：理论、案例与实训［M］．北京：中国人民大学出版社，2013．
［10］王杨．基于信息不对称和产权属性的融资困境分析及对策［J］．经济论坛，2005（23）．